· 部级领导干部历史文化讲座 ·

从家国兴衰看
治国之道

YISHI WEIJIAN
Cong Jiaguoxingshuai Kan Zhiguozhidao

国家图书馆 编

国家图书馆出版社
东方出版社

图书在版编目（CIP）数据

以史为鉴：从家国兴衰看治国之道 / 国家图书馆编 . —北京：国家图书馆
出版社：东方出版社，2022.2

（"部级领导干部历史文化讲座"20周年纪念版）

ISBN 978-7-5013-7401-4

Ⅰ.①以…　Ⅱ.①国…　Ⅲ.①国家—行政管理—中国—古代—文集
Ⅳ.① D691-53

中国版本图书馆CIP数据核字（2021）第253956号

书　　名	以史为鉴：从家国兴衰看治国之道	
著　　者	国家图书馆　编	
责任编辑	王燕来　景　晶	
助理编辑	闫　悦	
责任校对	宋丹丹	
装帧设计	奇文云海	

出版发行　国家图书馆出版社（北京市西城区文津街 7 号　　100034）
　　　　　　（原书目文献出版社　北京图书馆出版社）
　　　　　　010-66114536　63802249　nlcpress@nlc.cn（邮购）

网　　址	http://www.nlcpress.com	
排　　版	阳光盛嘉	
印　　装	三河市龙大印装有限公司	
版次印次	2022 年 2 月第 1 版　2022 年 2 月第 1 次印刷	

开　　本	710×1000　1/16	
印　　张	19	
字　　数	285 千字	
书　　号	ISBN 978-7-5013-7401-4	
定　　价	69.80 元	

以史为鉴

目录

戴　逸

论康雍乾盛世

戴　逸

　　戴逸，1926年生，江苏常熟人。就读于北京大学期间，即投身于中国共产党领导下的学生运动，后奔赴解放区，在华北大学学习和工作。华北大学后改名为中国人民大学，即在该校任教。是享誉海内外的历史学家。曾担任第四届和第五届中国史学会会长，第七届全国人民代表大会代表，国务院学科评议组历史组召集人，中国人民大学清史研究所教授、名誉所长，北京市文史研究馆馆长和中华炎黄文化研究会副会长等职。

数十年来，在历史学领域勤奋耕耘，成果丰硕。其著作主要有：《中国近代史稿》《1689年的中俄尼布楚条约》《简明清史》《清代人物传稿（下）》《中国历史大辞典·清史卷》《中国大百科全书·中国历史卷·清史》《乾隆帝及其时代》《18世纪的中国与世界》《清通鉴》等。

本篇的题目是"论康雍乾盛世"。康雍乾时期，一共有134年。从康熙1662年继位，到乾隆1795年退位，一共是134年，将近一个半世纪的历史。时间很长，历史内容非常丰富，人物事迹众多，关系错综复杂。只能非常概括、非常简略地谈一些要点。

一、康雍乾时期的成绩

康雍乾时期，中国经济、政治、文化有很大的发展，国家的综合国力强大，社会秩序安定，人民生活水平有较大的提高，国家的统一大大地巩固、大大地加强，所以形成了康雍乾盛世。我个人的估计，康雍乾时期不仅在中国历史上发展到了最高峰，而且在全世界也是名列前茅的，这和传统的估计不同。康雍乾时期134年里，是中国历史上最繁荣的时期，没有哪一个朝代能够比得上。我们常说中国最繁荣的是汉朝、唐朝，但是我认为康雍乾时期发展的高度要远远超过汉唐。

中国封建社会是个农业社会，农业生产是衡量国家实力、国家发展的主要标志。康雍乾时期，到乾隆时候，18世纪末，中国的人口达到3亿，这是有正式的人口统计的。中国从乾隆初年，就开始有比较正规、比较准确的人口统计，到乾隆末是3亿人，到道光时是4亿人。我们以往说的4万万同胞，就是道光时的数目，鸦片战争时我们中国有4亿人。耕地面积，在乾隆时有10.5亿亩，粮食生产有2040亿斤，当然这都是估计的数字，很难有准确的数字。这种生产规模、生产总量是史无前例的，历史上从来没有达到这样高的经济水平，能够生产养活3亿人口的粮食。中国历史上的人口数字，从汉代以来就有记录，中国历史上有记录的人口数字最高是7000多万人，记录在案的，宋朝、明朝达到了7000多万，也有人估计实际数目可能还多点，有人估计达到1亿以上了。即使是1亿以上，比起乾隆时期的3亿还是差得很远了。我们知道有多少人就要吃多少粮食，3亿人必须有能够维持这样多人口的粮食生产，它远远超过历史上的人口数字，因此农业生产必然也远远超过历史上的任何朝代。如果说是1亿人的话，也要超过3倍，农业生产必须要超过3倍，才能养活3亿人。因此我说它是中国历史上粮食生产数量最高的时期，应该说它的经济发展是最高的。从横向来比较，跟全世界来比较，当时全世界的人口是9亿人，中国占了3亿，9亿人分布在几十个国家、地区，当时像欧洲最先进的英国，18世纪只有1600万人，跟中国比是小巫见大巫，不能比；法国才2800万人，相当于中国的十分

之一；美国就更少，400 万人。当时全世界只有两个国家人口超过 1 亿，一个是
我们中国，3 亿，另一个是印度，1.4 亿。所以中国的粮食生产当时是全世界各
个国家最高的，中国农业生产的技术水平也很高。当时有个英国农学家叫巴罗，
18 世纪末跟随英国的马嘎尔尼使团到中国来。他考察了当时的中国农业，认为
当时中国农业技术水平是很高的。他说在中国播种 1 粒麦种可以收获 15 粒，而
英国当时在欧洲是农业水平最高的国家，播种 1 粒麦种只能收获 10 粒。因此中
国的农业技术水平是很高的。法国学者谢和奈在《中国的现代化》这本书里说，
18 世纪中国的农业达到了发展的高峰，由于农业技术、农作物品种的多样化和
单位面积产量之高，中国农业在近代农业科学出现以前，是历史上最科学最发
达的农业，所以中国农业在全世界产量最高、最多。因为它要养活 3 亿人，养
活全世界三分之一的人口，必然是产的粮食最多。康雍乾盛世在手工业方面的
发展也是非常高的，像棉布、布匹，苏南的布匹是行销全国的，衣被天下，而
且还对外出口。当时南京的布是对外出口的。另外丝绸、丝织业发展也非常高，
苏州、杭州、南京、广东、四川已经产生了手工工场，有资本主义性质的手工
工场。康雍乾时期的材料就很多了，最典型的是道光时期的材料，说是南京的
丝织机户，私营的丝织资本家，有的拥有五六百张丝织机，可能雇佣的工人就
有一两千人。在采矿业方面，全国的煤矿很多。北京西郊，就是现在的门头沟、
房山这一带小煤窑非常多，乾隆的档案里面就提到了西山一带的小煤窑有 273
处之多。当时北京城里都烧煤。云南的铜矿规模很大，因为国家制币，就是用
的铜，需要量非常大，由国家借给资本来开采。全省的手工产铜的工人和他们
的附属者，还有小商小贩，一共有几十万人，在全世界都没有这样大的矿产规
模。手工业方面，中国可以说也是首屈一指的。所以保罗·肯尼迪在《大国的
兴衰》这本书里说，1750 年，乾隆中叶，中国的工业产量占世界工业总产量的
32.8%，将近三分之一。而当时全欧洲只占 23.2%，比中国少得多，英、法、德、
俄、西班牙、奥地利、意大利等整个欧洲，才占 23.2%。所以康雍乾时期在手
工业方面，中国在全世界也是首屈一指的，因为中国地方大，工业总产值是很
高的。但是这种情况很快就被产业革命以后的西方国家赶上了，而且大大地超

香港会展中心展出的清代王翚、杨晋等绘《康熙南巡图》第六卷（局部），图中上左一是康熙
张炜 / 摄

过了，到 1890 年中国就从 32% 跌落到只占 6.2%，150 年的时间跌落得这么快，而欧洲上升到 62%。可见 19 世纪，一个世纪里，中外企业竞争激烈，发展速度悬殊，差距迅速地扩大，中国经济力量一落千丈。另外市场贸易方面，中国在乾隆后期工农业贸易总值大约有 4.5 亿两，主要是国内贸易，国外贸易很少。而英国主要是国外贸易，英国在 1792 年，相当于乾隆后期，已经是全球性的贸易大国，它的海外贸易总值折合中国银两 1.7 亿两，比中国少三分之一。18 世纪全世界超过 50 万人口的大城市一共有 10 个，中国占了 6 个，就是说城市发展的程度，中国也是最高的。中国 6 个超过 50 万人口的城市是北京、南京、苏州、扬州、杭州、广州。而世界上超过 50 万人口的城市还有 4 个：伦敦、巴黎、江户（就是现在的东京）以及伊斯坦布尔。所以中国大城市的数目也是最多的。从经济上来说，康雍乾时期的中国不仅是中国历史上历朝历代比不上的，而且也是全世界名列前茅的、经济实力最强大的国家。这是经济上的状况。

　　政治上，康雍乾时期也有很多成就，一个最重要的成就就是巩固了中国的统一，组成了一个统一的多民族国家，形成了现在中国的版图。中国现在的版图，

960 多万平方公里基本上是那个时候形成的，所以我们是继承了康雍乾时代的遗产。我们看看清朝刚刚入关的时候，中国的局面是个什么样的呢？清朝入关以后，它就占领了北京、北京附近、华北地区、黄河流域。而南方长江以南是南明，明朝的残余势力。清朝的第一个皇帝顺治，打了 18 年，平定了南明，统一了南中国。接着就是吴三桂等三藩割据，整个长江以南都是他们的，一直打到四川、甘肃。当时清朝也是岌岌可危，三藩之中吴三桂兵强马壮，很强大。而台湾在郑成功收复以后，郑氏集团也没有统一在清朝的中央管辖之下，所以南方在康熙以前是割据的局面。北方主要是蒙古势力，当时的蒙古分成三个部分，一个是喀尔喀蒙古，就是现在的蒙古人民共和国，这是一部分，这是漠北蒙古。另外是漠南蒙古，是我们现在的内蒙古自治区。还有一部分是西蒙古，是在现在的新疆。当年新疆地区，特别是北疆，主要是蒙古人，现在好多是汉人、哈萨克人、维吾尔人，蒙古族反而少了。当年的新疆是准噶尔蒙古最为强大，它的军队曾经打喀尔喀，把整个外蒙古都给吞并了。一支军队打到黑龙江，还往南打到热河，就是围场这一带。另外青海也在它的控制之下。西藏因为宗教原因，也受准噶尔的影响，因为准噶尔蒙古跟达赖的关系非常好。往西其势力扩大到哈萨克，就是现在的哈萨克斯坦，中亚地区都在它的控制之下，维吾尔当时已经被它征服，所以准噶尔的势力非常大，它占领的地方比清朝占领的还广大。当时康熙统一中国的最大劲敌是准噶尔，《康熙王朝》电影里不是说平准噶尔吗？确实如此，康雍乾时期最大的一个敌人就是准噶尔蒙古。三朝经过七八十年的战争才解决这个问题，解决了准噶尔问题才能谈得到中国的统一，要不然究竟是谁来入主中原还很难说，最后是康雍乾胜利了。经过 70 年的战争，战争过程很复杂，是长期激烈的斗争。康熙统一了南方以后（那是在康熙二十多年的时候），北方有两个大的问题：一个是俄罗斯的入侵，俄军越过了乌拉尔山，向西伯利亚扩张，因为西伯利亚基本是无人地区，人很少。它派几十个哥萨克往东如入无人之境，半个世纪就扩张到了太平洋、鄂霍次克海，又往南窜入黑龙江，在黑龙江许多地方建立据点威胁中国。另一个是准噶尔问题，这一问题更加严重，因为俄罗斯人少，它要从欧洲过来，往往 100 人、200 人，几百个人。准噶尔部的根据地是在伊犁，与现在的伊犁距离较近，它控制的地方非常大，它自己本部有 60 万人口，全民皆兵，战斗力很强。当康熙解决了三藩之乱，又解决了台湾问题，立即把战略重点转移到北方。跟俄罗斯在黑龙江打了两次仗，打败了俄罗斯，然后进行谈判，签订了《尼布楚条约》，解决了东边的划界问题。按照当年的《尼布楚条约》，我们的地方很大，后来到了《瑷珲条约》和《北京条约》，俄罗斯又把中国 100 多万平方公里的领土割掉了，割去的领土相当于法国和德国面积的总和，当然，这是后话。康熙解决了俄罗斯的问题，把准噶尔锋芒遏制住了。但是康熙没有完全解决准噶尔问题，因为当时要出兵到新疆，困难程度我们现在难以想象，当时也没汽车、没飞机、没火车，军队都要步行，要带粮食，粮食的运输是个大问题。当年打仗最重要的问题，是粮食问题、后勤问题，后勤供应不上，所以康熙没有完全解决准噶尔问题。到乾隆的时候，一方面国力更强大了，另一方面准噶尔内讧。所以乾隆是乘虚而入，解决了准噶尔问题，收复了伊犁，真正地完成了全国的统一。打败了准噶尔，西藏才归复中央政权。康雍乾时期，完成这样一件事情，花了七八十年的时间，也就是打仗打了七八十年的时间，当然是断断续续，这是个很大的功绩。没有这一段，没有康雍乾这个时期的统一，那么不久以后帝国主义入侵中国，中国肯定是要分崩离析的，也就没有现在的中国，不会有现在中国这样一个 56 个民族的统一的民族大家庭。到后来帝国主义来侵略我们，我们各个民族都能团结起来对付侵略者。如果还像康熙以前，南方和西北都是割据的势力，那帝国主义进来以后很容易就能把中国肢解了。但是经过了康雍乾时期，经过了统一，把各个民族凝聚起来，帝国主义侵略进来，我们才有团结的力量来对抗帝国主义的侵略。这是康雍乾时期对中国的一个很大的贡献。毛泽东、周恩来都多次提到我们是靠着康熙、乾隆吃饭，确实是这样的情况，靠那个时代的遗产，历史的遗产。这是第一个问题，康雍乾时期的成绩。

二、康雍乾时期的政策

明清之际，长期战乱，从李自成、张献忠起义，到明清之间的战争，经过几十年的战火，中国的经济破坏、人民流亡、人口减员、土地荒芜，非常严重。一些历史学家认为，明朝万历年间人口已经达到一亿几千万了。经过这一段以后人口大量减员，社会矛盾相对缓和，人心思治，那个时候老百姓想的就是不要打仗了，赶快过太平日子，渴望有个安定的环境。所以康熙在平定三藩以后，虽然继续跟准噶尔作战，但都是在边疆地区作战，中原地区 100 多年没有战争，这对中国、对康雍乾时期的发展有着重要的意义。100 多年太平，中国历史上还很少有这么长时间的安定局面，这是经济发展的前提。康雍乾时期的经济发展到了最高峰，这是个非常重要的条件，而康雍乾三朝的政策又能够适应当时形势的要求，适应人民的要求，促进了经济的恢复和发展。

　　康雍乾三个皇帝都是比较英明的，首先一条是清朝努力学习汉族的先进的制度和文化。清朝是满族入主中原，比汉族要落后。它的文化、它的经济各方面都比较落后，但是它肯于学习、善于学习汉族的先进制度，吸收先进的文明，这跟元朝不一样。元朝是游牧民族建立的政权，居处迁徙不定，曾想把整个中原地区都变成牧场，那样就不行。清朝虽然进关后也实行了一些制度，像圈地，这表现了满族的落后的东西，但是圈地很快停止了。它在农业方面奖励垦荒，开垦荒地。因为当时荒地很多。奖励垦荒，规定开垦荒地，凡没有种子的给你种子，没有耕牛的借给你耕牛，没有房屋的给你盖房子。而且免田赋。10 年不交税，6 年不交税。地方官在当地垦荒有成绩的，可以升官。实行更名田。什么叫更名田呢？就是明朝的藩王占地非常多，明朝皇帝的子孙一个一个都分封在各个地方，福王、桂王、唐王等许多王，分封到一个地方就占老百姓的地，所以皇室占地很多。在明清之乱以后，这些藩王死的死、逃的逃，这些地成为无主地，政府就把这些地都分给老百姓，分给原来种这些地的佃户，作为他们自己的产业。全国的这类土地很多，实行更名田等于是土地改革，把大量土地都分到老百姓手里，对农业生产的恢复很有作用。另一个在水利方面，清朝特别重视水利，治理黄河、淮河、永定河、运河、浙江的海塘，这几个工程，都很巨大。黄河因为在明清两代经常决口，危害非常大。康熙年轻的时候就把三件事放在心上，一件是三藩；一件是河务，河务就是黄河的事情；一件是通漕运，漕运是运河的事情，就是要把南方的粮食通过运河运到北方，供北京官吏士兵食用。康熙命人把这三件事写在宫里的柱子上，每天都看，对这三件事念念不忘，提醒自己要抓这些大事情。他重用靳辅，这个人是个水利专家，他长期在黄河流域工作，积累了很多治河的经验，在他的治理下，很有成效，达到了"水归故道，漕运无阻"的效果。"水归故道"，就是黄河的水回到原来的河道里边去，不让其泛滥。"漕运无阻"就是运河里边运的漕粮没有阻滞。雍正、乾隆时候继续大力地治河，在水利方面花的钱非常多，有的时候一年的河工费用，数量相当于全年财政收入的三分之一，就是拿国库收入的三分之一来治理河流、水利。各地方修建的各种小型的水利工程也很多，江南地区、四川地区，以及陕西都在挖井，挖了几万口井。由于大搞水利，所以农业生产得以发展。另外，提高农业生产的一个非常重要的、十分关键的措施就是推广农业高产作物，推广种白薯、种玉米、种花生，这几样东西是新作物，都是在哥伦布发现美洲以后引进的，是美洲的土产，在明末传到中国来了，但是没有推广，还没有很普遍。到了康雍乾的时候大量推广高产作物，这些作物的优点一个是产量高，种小麦一亩只能收100斤、200斤，而种白薯、玉米，可以收上千斤、几千斤，产量高了。另外这些作物耐旱，土质要求也不是非常高，而且适于在山区种植，所以粮食产量大大增加。不推广这些高产作物，就养活不了3亿人口、4亿人口，这是很重要的。乾隆对推广高产作物是非常热心的，下了好几次谕旨要种白薯。福建有个老人叫陈世元，到全国各地去推广白薯种植方法，指导如何育秧成活，很感动人。重视农业还表现在大规模地移民，就是从中原人口密集的地区

乾隆戎装画像

向边疆空旷的地区移民，主要是向东北、台湾、蒙古、新疆、西南移民。过去这些地方是地广人稀。郑成功收复台湾时，台湾才十几万人，康熙收复时也不到 20 万人，到 200 年以后就发展到了 200 万人，增加 10 倍，主要是从闽南移民去的。东北原来也是地广人稀，沈阳、铁岭、开原以北全部是森林。当年外国传教士张诚跟着康熙到东北去，据他记载，一过铁岭、开原，没有城市、没有人，只看见森林、沼泽、野兽，现在全是农业。康雍乾时期，虽然这个地方名义是封禁的，是禁区，因为那是清朝发祥之地，但清朝政府仍然采取鼓励移民的态度，所以老百姓自发地往东北跑。所以有一句话叫作"闯关东"，关内地少人多，人没有办法活了，就跑到东北去，所以现在东北人原籍都是山东、河北的。另外到内蒙古去，去内蒙古叫作"走西口"，这都是往边疆移民。明朝时内蒙古没有汉族人，现在汉族人的人数超过蒙古人。当年新疆一个汉族人都没有，现在乌鲁木齐这一带包括伊犁有许多汉族人。随着汉族人的移居，这个地方的生产方式也在改变，原来都是游牧民族，现在游牧跟农耕相杂，半农半牧，这些都是在康雍乾时期开始改变的，边疆地区发展也是在这个时候。还有西南实行改土归流，雍正实行改土归流以后，把西南地区土司全部改成州、县，跟内地一样。土司是世袭的，朝廷没办法改变他的世袭，它是个独立王国。雍正实行改土归流，把土司制度取消，全部由中央政府派遣的流官管理，这是一个很大的改变。这样，湖南、湖北、四川的很多老百姓往西南移动，因此西南的农业也发展起来了。这是农业方面的一个重大的改变。另外，还有赋税制度改革，清朝的赋税制度改革也是非常重要的，最重要的是地丁合一。地丁合一就是把土地税跟丁口税合在一起，按照土地多少来征收。这个地丁合一变化过程很复杂、很漫长，简单地说就是取消了丁口税、人头税。古代有一个人就要征一个人的税，现在你生的孩子多少跟赋税没关系，你占土地多少就纳多少赋税。这个政策对老百姓来讲是件好事，穷人人多可以不纳税，富人人少但占土地多，得多纳税，就是取消了人头税，而且永不加赋。清朝有个祖制，永远不增加赋税，规定了多少，以后永远按照这个税额不再增加税收。当然执行过程中有种种变形，那是另外的事。还有经常减免赋税，清朝康雍乾时期，减免赋税特别多。康熙在位前 40 年一共减免了 9000 万两赋税，9000 万两赋税相当于当时全国 3 年的收入，当时每年大约有 3000 多万两银子收入，也就是说全国的国库收入将近 3 年免掉了。乾隆免税更多，乾隆一共在位 60 年，其中有 4 年不收赋税，普免钱粮，一年的赋税整个不收。除了这 4 年普免钱粮，另外零零碎碎免钱粮的，或者因为灾荒免钱粮的很多。就这样国库钱还很多，乾隆晚年国库的存银有 7000 万两，7000 万两相当于 2 年的国库收入，就是 2 年不收税也没关系，存了这么多的银子。所以乾隆经常说，我库里的钱太多，用不完怎么办？他愁用不完，他也没有现代的工程投资，也不能开工厂，也不能造铁路，没有投资干什么呢？他采取以工代赈的方法，修城，各地方修很多城池。另外造宫殿、圆明园、避暑山庄，北京的市政建设、街道、庙宇、衙署等等。他是以工代赈，和历史上的大兴土木有很大的区别。古代的大兴土木是无偿地服劳役，大家去做工，不给钱的。乾隆是雇人，出工钱，老百姓受惠。所以对大兴土木还要具体分析，并不是所有的大兴土木都一样的。还有搞河工，黄河工程、运河工程，都是巨大的工程。

　　清朝政治上有一个很成功的政策，就是对少数民族的政策。满族入关以后对西北用兵，跟准噶尔打仗，用军事力量来平定割据势力，这完全是必要的，战争也是很激烈的。但是另一方面，满族本身是少数民族，所以它更加理解少数民族的心态，理解少数民族的要求，它制定的政策更多地考虑到少数民族的特点，这一点是非常重要的，汉族做不到。所以清朝时长城失去了作用。长城原来是汉族防止少数民族入侵的一个工事，康熙皇帝说我不用长城，我用人心，人心就是我的长城。笼络少数民族的心，团结他们，这一点是与过去非常不同的。清朝在中央设立理藩院，专门管理少数民族事务。满族入关时人很少，只有几十万人，当时汉族就有上亿人口了，至少按照记录有 7000 万了。那么多的汉族人怎么被几十万的满族人征服了呢？毛泽东曾经向范文澜同志提出了这样一个问题，他说清朝入关的时候 60 万人口，怎么能够征服 7000 万人的明朝？"我想研究一下这个问题，但是我现在没有时间，将来空闲一点再研究罢"。这是毛泽东在 20 世纪 60 年代跟范文澜一次谈话里面讲的。恐怕其中一条，满族历史上团结蒙古族，这是很重要的。当时蒙古族是中国最大的少数民族，也是最强的少数民族。清朝对少数民族的政策方针有两句话，叫作"修其教不易其俗，齐其政不易其宜"。"修其教不易其俗"就是管理其宗教而不改变其风俗；"齐其政不易其宜"就是整顿其政治而不改变其特点。清朝在各个地方都设立了行政管理机构，这是跟历史上不同的。历史上汉唐也曾经统治到新疆，统治到东北，统治到西南，但是当年的统治有两个特点：一个是时间很短。汉武帝、汉宣帝几个皇帝对上述地区的统治到王莽以前就结束了，不到 100 年的时间。唐朝到武则天、唐明皇以后，对西域的统治就结束了，统治的时间很短。另外一个，设立都护府，是设立军事机构，不是行政机构，不是个长期的实际管理机构，行政管理仍然是当地少数民族头人，他们的领袖。这些地方自古以来就是中国的领土，但那个时候跟中央的关系、跟内地的关系是非常松散的，甚至长时期是对立的。所以中国历史上很大的斗争是农业民族跟少数民族、游牧民族之间的斗争。学习中国历史的人都知道，汉朝跟匈奴、鲜卑，唐朝跟突厥，宋朝跟契丹、女真、蒙古，历史上是长时期的农业民族跟游牧民族之间的斗争连续不断，这对我们历史的发展影响极大。但是到清朝康雍乾时期改变了这种状况，一方面是各地方设立行政机构，而各地方设立的行政机构又不一样，根据各地方的情况因地制宜。东北和伊犁是实行将军制，都设立将军：黑龙江将军、盛京将军、吉林将军、伊犁将军，设立将军府，因为这些地方军事斗争比较频繁。西南地区改土归流，干脆改成州县，跟内地一样。蒙古地区设立盟旗，现在内蒙古的盟旗都是清朝时设置的，这个盟旗也是仿照内地的州县，但是又不一样，它的上层都是蒙古的王公，这是为了照顾他们、团结他们。而新疆的某些地区设立伯克制。在西藏派驻藏大臣。所以各地方根据不同的特点，设置不同的机构。我们现在跟香港是"一国两制"，我看中国清朝是"一国多制"。根据当地特点来设立制度，这样形成了中央和地方的紧密关系，和边疆地区的关系也逐步地加强、逐步地巩固，形成了中国的多民族大家庭。所以前面提到近代帝国主义侵略中国，全民族团结一致反抗外来侵略，都认同中国，如西藏抗英、台湾抗日、东北抗日，甲午战争时抗日、云南抗法，许多少数民族都参

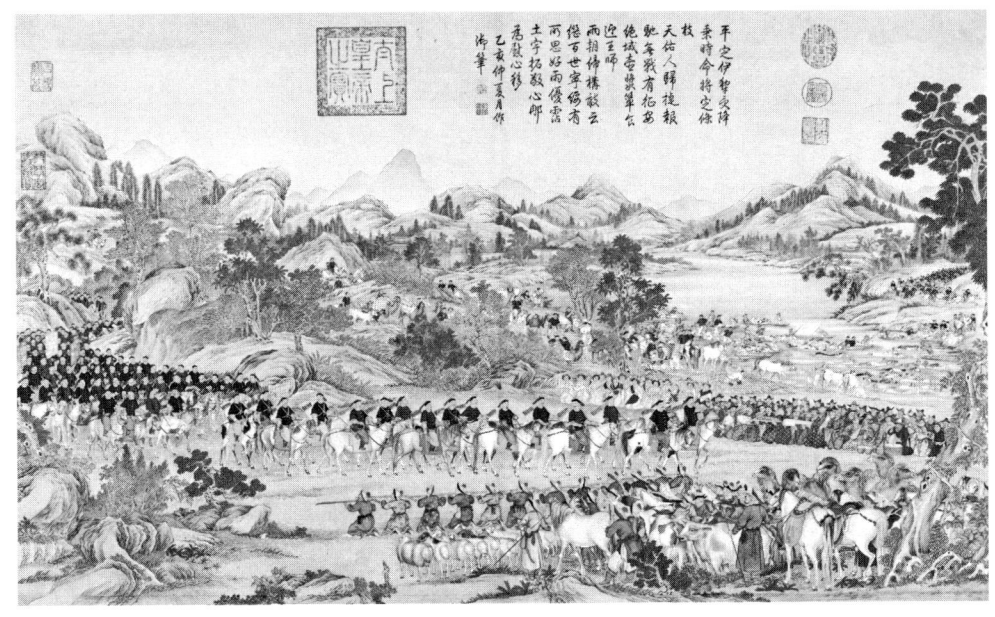

清代郎世宁绘《平定准部回部得胜图·平定伊犁受降》

加反侵略的斗争，形成了中华民族的凝聚力，这个恐怕也是康雍乾时期的一个很大的功劳。

　　文化上康雍乾时期实行尊孔重儒的政策。尊重孔子，重儒学，崇文兴学，大规模地编印了很多图书，举办了很多大规模的文化工程。盛世修典、盛世修史，这是中国历史上的一个优良的传统。大规模的文化工程，像《全唐诗》900卷，把唐朝的诗全部收集起来，一共是48000首。《康熙字典》收了57000字，这是中国收字最多的也是最规范的一本字典，这些都是精品。《皇舆全览图》是康熙年间请西方传教士在全国普遍测量地形后绘制的。这个《皇舆全览图》在18世纪的时候是全世界最先进的地图，是经过实地测量，持续工作了10年绘成的，在地图测绘史上走在了世界的前列。在电视剧《康熙王朝》里面有一张地图，就是指的这张。但是电视剧的表演有点离谱，它说是康熙初年有一个叫周培公的人查了许多古书编的，这是编造的。因为编这样高水平的地图，古书上是查不到的，而必须实地测量。康熙初年是不可能出现这样的地图的，康熙初年还没统一中国呢，不可能到各地方去实际测量，也不可能产生一张水平高的地图，必须要到康熙晚年打败准噶尔，才能到全国测量，包括到西藏、台湾去测量。而且它是由西方传教士编的，西方传教士里面有水平很高的科学家。康熙不惜重金派科学家出去到全国去测量，这样才能够出现如此大范围、大面积、非常准确的地图。雍正的时候刻印了《古今图书集成》，这是一部大的类书，按内容分类，收集古代书籍共1万卷，是由陈梦雷主持的。乾隆时候完成了《明史》。《明史》修纂从顺治开始修了90年，当然顺治时候还没有正式开始修，只是成立了机构，发布了一道谕旨，要修《明史》，就要征集各种资料，因为当时打仗，所以还顾不上修。康熙初年也是打仗，也来不及修。到了康熙中叶才认真地修史了，这就是盛世修史。主纂者为大学者万斯同。万斯同不当清朝的官，但是愿意参加修历史，他是明朝的遗民。在修《明史》的过程中，万斯同的功劳最大了，当然后来还有王鸿绪、张廷玉等人，他们一起修成了《明史》，用了90年时间。乾隆时候又编《四库全书》，这是大家都知道的。按经史子集四部分类，收入图书3500种，存目6700种，正目跟存目两类，一共1万余种。这部书字数太多了，当时条件不能印，印的工程太大了，只能抄写。动用了两三千人抄写了7部《四库全书》，字迹非常工整。北方存放了4部，南方有3部。北方存放在沈阳的文溯阁、北京圆明园的文源阁、北京故宫的文渊阁、承德避暑山庄的文津阁，南方存放在杭州的文澜阁、镇江的文宗阁、扬州的文汇阁，一共7部，现在有好几部已经毁掉了。国家图书馆分馆前这条街叫文津街，为什么叫文津街？就是因为国家图书馆存有一部书——文津阁《四库全书》。这部书原来在避暑山庄存放，后来从避暑山庄搬到北京来，藏在北京图书馆（今国家图书馆），所以这条街改名文津街，就是因为国家图书馆分馆是存放文津阁《四库全书》的地方。当时还有许多文化工程，像《十三经石刻》，蒋衡手写的，现在存放在国子监里边。还有满文《大藏经》，都是很大的文化工程。

三、康雍乾盛世中的阴影

第一，中国是个大国，土地广阔、人口众多，因此工农业生产的总值超过世界各国，当时没有一个国家有中国这么大。美国那时候很小，它18世纪刚刚建国，开始建国时只有13州。中国的国家大，人口的基数也大。尽管我们生产总值超过世界各国，但人均占有的资源、人均占有的产量要低于西欧。当时英国有1600万人口，每人平均占地10亩以上，还有很多荒地，占不了那么多地。而中国人均占地只有3.5亩，少三分之二。所以是地少人多，人满为患，这是中国的一个大问题。中国农民精耕细作，非常勤劳，也非常穷困，在一个单位面积上投入更多的劳力，以求生产更多的粮食。因为人均的占地面积少，所以乾隆时代中国农业人均粮食产量比英国要少一半，农业生产率大大地低于英国，这一点就意味着农民穷困，没有力量购买更多的工业品，买不了那么多的工业品，就难于形成一个广大的市场，限制了工业的发展，所以农村的穷困是经济发展的一个重要的制约因素。当时英国的情况，农民很富有，所以农村跟城市的贸易很兴旺。而中国的贸易有个特点，就是农民把粮食售给城市，换的银子用来交租而不是买工业品。中国真正的工业品下乡，在康雍乾时代是很少的，这是约束中国经济发展的一个很重要的因素。

第二，中国封建专制主义体制历史悠久、根深蒂固。到了康雍乾时期，专制主义中央集权更加厉害了，变本加厉。因为康雍乾时期的专制主义，跟当时中国的版图广大、地区经济发展不平衡、存在多民族的文化传统，都有关系。与此相应，要整合这个广大的地区，要把不相同的利益、不相同的意志、不相同的民族的风俗习惯整合起来，整合成一个国家，需要中央集权。没有中央集权，中国这个版图这么大的国家，经济的差别又这样大，能整合到一起吗？没有个强有力的中央，怎么能整合到一起？那就要分崩离析，天下大乱，谁也不听谁的，地方割据，没有中央的权威。所以高度的专制主义的政治体制与中国的状况相适应，但是这种体制不适于大众的参与，民众参与不了政治。不像欧洲开始有议会了，开始有制宪会议了，城市开始有市民阶级出现了。缺乏民众的参与，这样不能够适应现代社会的需要。而且权力的高度集中，也缺乏约束和制约的力量。

康雍乾时期，商品经济是相当发达的，这样就容易滋生出权钱的交易。所以康雍乾时期贪污腐化是非常严重的，惩治的力度也不可说不大。乾隆时候有一年甘肃发生个赈粮案，涉案官吏，知县以上杀掉了 56 个，包括总督、巡抚、藩司、臬司，当时省的主管许多被处决，知县以上 56 人判死刑，充军的几十个。我们知道清朝时的官是很少的，不像我们现在的官的副职很多，它没有副职的。清朝知县没有副知县，就只有一个知县。就一个甘肃省，而且当年甘肃的县没有今天这么多，杀掉的和充军的有 100 多人，弄得甘肃省都没官了。惩治的力度这么大也没有用，最后照样出了个和珅，大贪污犯，所以这也是当时政治体制上的大问题。

第三，重农轻商。清朝重视农业，刚才我讲了。现在在故宫里还存着一种档案，叫粮食雨水档案，记载着清朝每个县每个月要向中央上报的当地粮食价格，米多少钱，上等米多少钱，中等米多少钱，麦子多少钱，豆多少钱，种种粮食价格。雨水情况，下雨没有，下了几场，收成问题，一成、两成、三成，每个月要呈报一次，可见清朝重视农业的程度。皇帝要经常了解情况，他考虑的是，下雨没有？粮食贵不贵？乾隆皇帝写了几万首诗，最多的就是问各地方下雨的情况怎么样。他非常关心农业，但是很轻视工商，这与西方国家不一样，压抑工商，怀着传统的偏见，不给工商业足够的发展空间。对有的行业加以垄断，比如盐、对外贸易等。另外有的时候禁止开矿，有的时候放松，这是怕矿工聚在一块要闹事，不太平。所以轻视工商业，不给工商业以扶植、支持，不鼓励工商业，搞对外贸易也是不允许的。

第四，中国封建社会实行闭关自守政策，康雍乾时期尤其严格。康熙时候四口通商，全国允许四个口岸可以和外国通商。乾隆时一口通商，只允许广州一个地方通商。就像当年广交会可以通商，其他地方不能通商。康熙时候还允许传教士到中国来，带来了自然科学知识，如天文、数学、历法、地理、物理、化学、医学等，多得很。雍正时候就把传教士通通驱逐出去。乾隆时候就保留了几个传教士：会绘画的郎世宁、搞建筑的蒋友仁、天文学家王致诚，另外还有些人留在中国搞天文。西方商人可以到中国来，但是限制在广州一口，只能到广州。中国商人很难出国。虽然中国商人也有出国的，但出国的限制很厉害，

雍正朝服画像

对船的尺寸有严格规定，特别禁止带铁器。不准带铁器就麻烦了，烧饭的锅不许铁制，只能用砂锅做饭。也不能带斧头、刀等，如碰上海盗就只能束手就擒。对出去的时间也有严格的限制，过了时限回不来就永远不要回来了。带的商品种类也有限制，米不准带，粮食不准带，书籍不准带。书是向外国传播中国文化，是好事，也不准带。福建有个华侨，在外国住了 20 年。这个华侨在印尼是个居民领袖，英文叫作加毕丹。20 年在国外，而且当了加毕丹，他思念故乡，携眷回到中国定居。朝廷说他长期在外"甘心从贼"，被判了刑，家产充公，本人流放黑龙江，妻儿作为奴婢。这么对待华侨，就是怕中国人跟外国人接触，接触以后会造反，造成不稳定的因素。所以乾隆的对外政策十分糟糕，而且自以为是天朝上国，自我封闭，自我满足，不肯睁开眼睛看看世界，不肯了解世界的情况。即使当时中国最先进的知识分子，也不知道英国在哪儿，法国在哪儿，有多大，根本不了解，谁也不知道，谁也不想知道，谁也不可能知道，完全是在封闭的、孤立的小天地，昏昏然、懵懵然地过日子。1793 年英国使团到中国来，使团团长马嘎尔尼，这是个很有名的使团。他是抱着向中国要求通商的目的来的。英国是非常重视跟中国通商的，因为中国是东方一个最富、最大的国家，英国想打开市场跟中国通商。使团庞大，700 人乘坐好几艘大船，带了大批礼物——600 箱礼物。带来的礼物是什么呢？为了炫耀他们的科学成就，带着最先进的科学仪器——天文仪器，装在圆明园一间大屋子里。但是乾隆本人和那些官僚们并没有重视这些。除了天文仪器外，还有兵器、军舰的模型。军舰模型应该是会引起他们注意的，这是武力，但也没有引起注意。乾隆认为，这些科学仪器是英国在炫耀，我们

马嘎尔尼使团随团画家威廉·亚历山大绘制的展现乾隆皇帝前往承德万树园接见马嘎尔尼场景的水彩画

应该告诉英国，你这个没什么神奇的，中国应有尽有，也能制造，这完全是瞎话了。所以中国本来有一个接触外国先进文化的非常好的机会，但是没有抓住。这个机遇丧失了，失去了一个放眼看世界的很好的机会。

　　第五，康雍乾时代发生了很多文字狱，以言论文字治罪，判人重罪，使得知识分子不敢谈政治，不敢谈现实，窒息了自由活泼的思想。中国古代的自然科学是相当发达的，但是以后不行，这是因为中国古代长期实行科举制度，重视八股文章，钻研儒家经典，把自然科学排斥在知识领域之外，不认为它是知识。考科举没有考自然科学的，以前有个算学科，后来连算学科也取消了。康熙本人虽然是很爱好自然科学的，跟着传教士学习自然科学，数学、物理都有相当高的造诣。但仅限于宫廷中，并没有影响到社会上去。社会上儒家思想占统治地位，和自然科学格格不入。这个时期国外自然科学正迅速发展。17世纪下半叶到18世纪初，已经是牛顿的时代，科学突飞猛进，学习研究自然科学形成西方的社会风气，科学极大地普及。而中国的知识分子还在钻研古代的经典，不知自然科学为何物。编《四库全书》的时候发现了中国古代的数学，十本数学书，由戴震进行整理。中国的古算虽然很兴盛，但这是古算，跟现代算学不一样。所以科学技术方面的落后也是中国进一步发展的重大障碍。

我们一开始讲了康雍乾时代的成就，盛世辉煌，但是辉煌中间潜伏了许多阴暗的东西。当时世界是什么情况？18 世纪的时候，乾隆的时候，英国正发生产业革命。瓦特发明了蒸汽机，这是一种划时代的发明，使得人类摆脱了对自然能源的依赖，这样才能有工厂，产生工厂制度，生产力突飞猛进地提高。法国发生了启蒙运动，一大批先进思想家伏尔泰、孟德斯鸠、狄德罗、卢梭等鼓吹博爱、平等、自由。18 世纪末，又发生了法国大革命，1789 年，也就是乾隆五十四年，法国大革命扫荡了欧洲大陆的封建制度，开辟了资本主义新时代，欧洲从此进入新时代了。而中国尽管康雍乾盛世时生产总量、综合国力在中国历史上发展到前所未有的高峰，在世界上也是数一数二的，但中国的经济发展缺乏后劲。1998 年弗兰克的《白银资本》出版，作者把中国的 17、18 世纪，说成是世界的中心，这本书在国外很风行，说当时美洲产的白银全部流到中国来了，这样说未免有点夸大，但迟至 18 世纪中国仍是世界上的强大国家。

1769 年，瓦特发明蒸汽机，推动了欧洲第一次工业革命进程。图为 18 世纪英国伯明翰附近工厂内的蒸汽机

文化传播 / 供图

当时，中国对外贸易每年都是出超，每年都有盈余。中国的白银量不断地增加，货币量也不断地增加，中国商品经济也是在白银的刺激之下迅速地发展。但是中国缺乏后劲。所以这是阴影，没有持久的前进的动力。一个传统的国家要进入近代社会，是政治、经济、文化多种因素持续发展、相互促进的结果，应该说有许多方面要齐头并进，持续发展，这样才能够进入近代化的轨道。康雍乾时期，中国虽然出现了近代因素，但是还有许多滞后的、拖后腿的东西。这些滞后的东西阻碍社会的前进。只有改变这些滞后的因素，只有对当时的制度、政策、观念进行一次大幅度的改革，才能够解放生产力，才能迎接产业革命的到来。但是当时的人们并没有认识到这是滞后因素。社会上的落后的东西有极大的危害性，人们习惯已成，又没有见到更先进的东西，还认为是好东西。没有认识到现实的体制、政策、观念的落后性和不合理性一定要改变。当时的人们，包括最先进的知识分子没有这种认识，也缺乏比较，他们封闭在一个天朝上国的幻梦之中，不了解外国情况，不看看世界的情况。当时世界对中国的了解就不一样了，那时许多外国传教士到中国来了，他们有个制度，传教士都要向罗马教廷写汇报，汇报看到的情况。所以现在在罗马教廷里面有很多关于当时中国的材料、档案，这些档案是用拉丁文、葡萄牙文写的。当时西方已经掀起了一个学习中国的运动，认为中国有很多好东西。但是中国对西方毫无了解，中国也有留学生，是外国传教士带出去的，这些人在中国默默无闻，连名字都不知道。我们是从梵蒂冈的档案中知道他们的。其中有几个学生见到过当时的法国国王路易十四和宰相杜尔阁。这些留学生的文化程度很高，当时中国正在编《四库全书》，理应网罗这些人才，他们就住在北京郊区，但是他们并没有被请来编书，因为当时没有人知道他们。中国的闭关主义耽误了中国多少事！历史是无情的，当你一旦在近代化的起步点上落后一步，就步步落后，因为你所丧失的不仅仅是时间，而且也丧失了近代化的条件。其他国家抢在前面实现近代化，反过来变成中国实现近代化的障碍，因为其他国家抢在前面占领了制高点，中国就上不去了。例如，中国跟日本的近代化起步时间差不多，日本的明治维新跟中国的洋务运动时间是相同的。但日本抢前一步，反过来打中

中日签署《马关条约》场景　　　　　　　　　　　　　　　　　海峰 / 供图

国，甲午战争把中国打得大败，勒索赔款 2.5 亿两，2.5 亿两相当于日本当时 6
年的财政收入，它一下子从中国得到那么多赔款！所以当时日本人说钱这么多，
我们都不知道怎么用了。日本政府就利用这些钱来扩充军事、投资教育、开工
厂。它的经济和军事实力上去了，中国就什么也没有了。中国原来有这么深厚
的底子，是这么强大的国家，后来衰退到如此地步，这值得我们深思，从康雍
乾时期可以总结很多经验教训。当然，落后就要挨打，甲午战争日本打了中国，
1900 年八国联军更是占领了北京，中国赔款 4.5 亿，比甲午战争还加 1 倍。中
国还受得了吗？不是民穷财尽了吗？怎么搞近代化？所以一步落后就步步落后。
直到 20 世纪，成为革命的世纪。落后挨打当然是坏事了，但反过来也刺激了中
国人的觉醒。推翻帝国主义、封建主义的统治，起来闹革命，经过艰难曲折的
路程，现在我们终于摸索到了一条建设中国特色社会主义的道路。

（讲座时间　2002 年）

田余庆

中国古代史上的国家
统一问题

田余庆

田余庆（1924—2014），湖南湘阴人。历史学家。1950年毕业于北京大学史学系，同年加入中国共产党。曾任北京大学讲师、教授、历史系主任，国务院学位委员会历史学科评议组成员、国务院古籍整理出版规划小组成员，《中国大百科全书·中国历史》编辑委员会委员等职。

早年从事中华民国史、中国近代史研究工

作，曾与金毓黻合编《太平天国史料》，并参加编辑《中国近代史资料丛刊》。后来从事中国古代史的教学与研究工作，侧重秦汉史与魏晋南北朝史，参加编著的大学教科书《中国史纲要》（翦伯赞主编）获国家教委特等奖。

本篇的题目是"中国古代史上的国家统一问题"。这是一个很普通的题目，但是所涉及的各个方面和现在国家发展有重要的联系，比如说统一的问题、多民族的问题、大国的问题，都是中国今天的基本国情。这些东西都是在中国古代史上逐渐形成的，世界历史里面独此一家。自古以来的"统一"，毕竟有一个历史发展的过程，是逐渐形成的。所以我今天在这里要讲的就是历史上中国是如何形成统一的；各个民族又是如何陆续进入这个统一国家，从而使这个统一国家成为一个多民族的大国；如何在统一破裂以后，没有例外地，都能够在或长或短的时间之内回归统一；怎么样在几千年的过程里面从一个低水平、低层次的统一走到今天这样一个比较高水平的统一，将来还要进一步有一个更高水平的统一。这个过程贯穿在中国历史上几千年之久，有相当丰富的内容，可以探索。但是因为这个现象只有中国一家所有，在世界上缺乏历史对比，反而觉得很多问题在中国人看来当然如此，而为什么形成这个状况，探讨理论的内涵做得相对不够。今天能够在这里讲到的问题，在我自己看来也是低水平上的现象的探索，对内涵及其理论问题的研究，到现在为止，还处在一个并不高的状态。

　　从两个方面来探讨。一个方面是中国国土开发和统一的关系。因为统一是国家形态，国家首先要有一定的领土作为自己的范围，所以国土开发的步伐及状况跟国家的统一是一个密切相关的问题。第二个方面要探讨的是，各民族包括汉族在内都有一个发育的过程，发育的过程导致了民族矛盾，怎么样使这些矛盾走向统一，从而使各个民族一个又一个进入到这样一个统一的国家里面来，构成一个大国。这两个方面都是植根于中国社会内部，不是属于外力对中国社会的影响，所以都有相当长的发展过程，而这两个方面的发展过程很多时候都是交叉进行的。

　　统一也有另外一个方面的状况，就是可能由于一时的政治原因国家分裂了，又由于一个什么情况它又进入统一了。这种情况历史上出现过，它本身跟国土开发、民族发育的长久过程，没有直接的关系，或者关系很少。这种统一和分裂往往是比较简单一些，时间比较短一些，看来纷纭复杂，实际解决起来也是比较容易的。有一个明显的例子，中国出现过的分裂次数很多，各种大分裂中间有一个五代十国的分裂，五代十国是在唐以后，农民起义颠覆了唐政权，在没有一个接替的新的秩序出现的情况下，北方相继出现了五个短的朝代。这五个短的朝代统治了中国北方不大的一片地方，中原地区，有梁、唐、晋、汉、周五代。这个梁、唐、晋、汉、周，没有一个国家能够跨过长江，统治南方，所以南方又形成"十国"，"十国"中间又有一个国家在北方，实际上南方只有九国。局面一听就是非常复杂，这个复杂局面是一时的、短暂的政治局面，看来与中国长远发展的两个线索没有太直接的关系，虽然政治上纷纭复杂，但收拾起来不难，五十年的时间也就澄清下来。分裂状况的出现也有一些偶然因素、暂时因素在起作用，这些只能个案地来研究。总体地来看、宏观地来看，只好抓住两个主要的线索来观察，其他一些短暂的东西在这里面就不提了。

现在中国统一面临的一个问题是台湾问题。我觉得台湾问题和我所要讲的两个重要的线索都没有直接的关系，在很大程度上是近代以来列强入侵中国以后所造成的问题、带来的后果。我认为政治性的因素是最主要的，解决起来，在策略上政治上会有很复杂的斗争。但是这个问题并不是一个牵涉到中国社会内部的问题，不包括在我要讲的问题中间。

第一个问题是国土开发和国家统一。国土开发和国家统一是对国家的领土这个要素做一个回顾。首先是什么叫统一，有没有定义的问题。这个问题到现在为止没有一个确切的说法，目前写文章的人有一个倾向，就是一步一步把统一向前提。传统的说法，国家统一，有自己一套制度巩固统一，是从秦汉开始。我自己的想法，一个劲往前提并不是一个办法，因为越提越渺茫。把秦汉作为统一的起点，前面有没有一个必然要统一的趋势，有没有这个阶段，这就成了秦汉统一从何而来的问题。我自己的想法是开始从西周算起，西周的大一统是古人的说法，我们科学地分析这个大一统和秦汉的统一也有很多不一样的地方，水平是低层次的，但是毕竟也有相同的东西。西周的大一统是从西周分封开始的，西周有一个中央政权，这个中央政权能够执行自己的主权，在中国北方的范围之内发号施令，让自己的功臣、周室宗亲等等各种各样的人到东方去开辟土地。这是一种国家行为，所造成的后果是让中国北方的西部和东部都开发出来。西周作为统一的开始，是低层次的，这个统一状况与秦的统一状况有直接的内部联系。西周的分封作为统一的第一个时期，大体上是西周到秦。秦汉以后到元，我认为是中国统一的第二个时期。元以后进入到中国统一的第三个时期。第一个时期，在地域上来说，统一的范围大体上是中国北方的东西两部。西部是位于渭水流域周人兴起的地方，中央政权所在直接统治的地方。东部是要开辟的地区，诸侯国所在。这两个部分的开辟、发展走向平衡，是这个阶段统一的地理界限。秦汉以后到元是第二个阶段，这个时候中国北方，东部和西部结合在一起，要开发的地区是广大的中国南方。这个过程比前面那个过程又要长一些。因为增加了更复杂的民族因素，民族因素是各个民族自身发育问题，是绕不过的。历史需要为此付出时间，一千多年时间。到了元以后，我认为中国的统一，从地域方面来说进入了第三个时期，理当是开发大西部。元以后，实际上在东部的南北，没有再出现分裂的可能性，问题在于西部。但是元以后中国缺少自己的能力，缺少开发的条件，比较准确一点说，元以后中国缺乏一个资本主义时代，没有技术力量也没有其他力量能够利用中国东部的力量作为基地来把西部开发起来，所以广大的西部长期处在一个待开发的落后状态。所以我认为我们今天开发西部是一个大政策，是对中国历史上的一个大问题的交代，对中国整体开发的一个交代，而且也是对于中国统一的进一步巩固，开辟一个新的起点。西部不开发出来，处在荒凉的状态，西部又是少数民族集中的地方，处在一个开发滞后的状态，这样一个问题对于中国来说，是不应当继续的。美国在 19 世纪开发西部，实际上也有类似的思考线索在里面，19 世纪的美国靠着 13 州的区域，靠着新英格兰的传统，西部却处在相对的隔绝状态，又有另外一种文化在滋生，那么美国也有可能出现像加拿大——一个英语的加拿大和一个法语的加拿大一样的问题。但是美国大力开发了西部，以至于西部和东部走向平衡，维持了美国今天的国情局面。可是中国缺乏这样一个资本主义时代来完成这样的任务，所以留下了一个开发西部的大问题。这是一个总体的线索。

　　现在回过头来具体讲第一个问题，国土开发和国家统一的问题。中国早期国家的地域是西周分封形成的基业，面积西面到渭水流域，东面一直到海，北面是今天北京这个区域——燕山区域，因为西周分封的最北一个国家就是燕国，就在北京的附近，向南到了长江流域。所谓分封，按当时说法就叫作"授民、授疆土"，授给你民，这个民是什么人呢？大体上是被征服的殷朝的遗民，也有很多殷朝移民以外的各族人。有很多地方授民授的并不多，封君、诸侯自己带去一点随从，就在这个地方白手起家，叫作"筚路蓝缕，以启山林"，这是当时诸侯分封的时候常有的现象。推着小车，穿着破烂的衣服，开山辟野，慢慢形成一个基业，从小到大，慢慢形成一个封国。这个时候政治中心在西，在渭水流域，而大量的国家的活动，很有生气的活动，活跃的部分是在东部的诸侯国家。东西相比，西方是政权所在，命令所出的地方，但是是个狭小的渭水流域，它本身在整个发展过程中间，能开发的，在当时条件来说很有局限。东部是冲积的黄土平原，开发起来相对来说并不是特别的难。所以西部可开发的地方并不多，而东部日渐在开辟，东部的势力慢慢超越西部，以至于西周政权在西部也待不下去，跑到东方来了，这就成为以后的东周。

在进入东周的时候，东部开发已经有二百多年的历史，形成的国家一个又一个。我们今天知道春秋有所谓五霸，五霸以外，比较知名的国家相当多。大体上说，春秋局面还不是高水平的局面，但是在当时应当说取得了很大的成就。二百多年由西周那个筚路蓝缕以启山林的状态转化成为春秋五霸这样一个局面，应当说时间付出的不算太多。因为当时在开发东部的时候所能够使用的工具，基本上是石、木再加上比较贵的青铜工具，铜器因为贵，不是每个人都有铜器可用。而且劳动人手是极其稀少的。一个所谓封国，实际上也就是三五十里，七八十里，百来里。国和国之间有大量的空荒的、没人管的地方，有待开垦的地方，所以国与国也是不相连的，各干各的。在那么一种落后状态之下，二百多年开发出来的一个春秋的局面，应当说这个历史的进步还是可观的。

进入东周以后，新问题出现了。原来东部的秩序直接跟西周的宗主国相联系，因受封而来，要向周王回报，要朝贡、要觐见，有自己的义务。而现在，西周朝廷搬到东面来了，它也不像西周时候那么有尊严、有威望的一个朝廷，在洛阳处在和东周诸侯国家一样的状态。而东周诸侯国家，一个一个挨在一起，就不免产生矛盾，就有各种纠纷，纠纷往往没有更好的手段可以解决，就是打仗，所以一部春秋战国史就是一部战争史。这也就说明分封的时候开了一个新秩序。这个新秩序结了果，促进了东面的开发。东面开发造成了一个问题，开发的国家不能自安其位，彼此必有冲突。分封的秩序成了旧秩序，走向反面，原来的宗主国家又不足以维持。这就是说旧秩序在破坏中。代替旧秩序会是一个什么局面，这就是一个长久的探索过程。首先要解决的问题就是社会政治秩序，由于周王不能履行自己的义务，要用什么东西来代替。所以在春秋时期出现盟会，东方的诸侯自己来，一个诸侯比较强大，比较有影响，纠合周围的国家，联合在一起，解决面临的问题，方式是盟誓。盟会中间用誓约的办法，一条一条地加以解决。所以东周可以说是一个用盟会的办法代替西周，调整社会秩序、国家秩序。盟会主持者总是一个强国，强国主持这样的盟会总要为自己谋福利，所以盟约仅仅只是一种维持而已。最早最有名的一个盟会叫作"葵丘之盟"，这个盟主是齐桓公，这个盟会中间留下了盟约五条，五条盟约中间和国防有很大关系、现实性很强的一条，叫作"无曲防，无遏籴"。"无曲防"，意思是不要利用水道来为自己谋利益，为下游的人造成破坏，不要把河防改道，成为一种攻击对方的手段。不只黄河有这个问题，北方各条水系相沿的各个居民点、各个诸侯国彼此攻击的时候，都使用水作为一种攻击手段。"无遏籴"，就是不阻止粮食的自由交往，既然有那么多国家相连，有了饥荒，希望邻国粮食能够有个交易，但是为了让你得不到粮食，就阻止粮食的买进卖出。过去我们看重这个东西，因为直接关系人民生活，但是现在细想起来，葵丘之盟，一命、二命、三命、四命所说，都不是和百姓生计有关的事情，都是说要维持一个西周所形成的统治秩序，主要是礼法秩序。这种礼法秩序是西周分封的时候要求于诸侯的一种根本秩序。礼和法连在一起，说明当时的礼法还没有完全分离，实际上也就是一回事。礼和法都是一种约束，后来意义就分化了。包括一个诸侯国家维持内部的稳定，不要擅自去改变继承人，因为当时西周所形成的宗法制度，继承是有一定的规矩要遵循的。比如说"嫡长制"，立下了你的继承制，你就不要擅自改变，继承者的立嗣过程是周王所制定的，你擅自改变就违抗了周王，造成继承方面的不稳定；比如说，为了维持礼法制度，你不要以妾为妻，妻和妾的身份地位关系到整个统治秩序，你不应该擅自以妾为妻，改变嫡庶的次序等等。还包括用贤人。前面四命，就是这个内容。第五命包含两款，一款就是上面说的"无曲防，无遏籴"，还有一款就是说不要封而不告，因为在分封制度中间，一个诸侯国也有自己向下属的分封，这个分封是要得到周王的许可，要报告周王的，你不能自己封了之后不报告周王。当时的盟会中这些诸侯所感觉到他们目前所面临的最大问题，还不是国计民生。有比这个更大的，就是礼法秩序的问题。盟誓中，最重要的问题就是尊王，尊王就是尊周王，尊周王就是尊周王所定下的秩序，在自己国内也能够稳定。诸侯最大的心愿在这个地方。吴越在西周的时候还是化外。到了春秋末年，吴越趁着中原战乱的时候，也要跑到中原来争一个霸权，所以最后出现在舞台上的，一个是吴王夫差，一个是越王勾践。这说明号令不能从中央出，周王已经等同于一个诸侯国，还没有诸侯国的实力。诸侯国要自己维持秩序，又要打出周的名号，没有新的名号能够代替它。要变，还没有找到一个办法。西周被认为是一种统一状态的国家，开发了东方以后，反而使统一走向自己的反面，到处是分裂的局面，还找不到出路。

再说说战国的情况。我们将战国和春秋统称东周，实际上是一个时代分成前后两段而已。春秋这个时代大概过了三百年，就是在盟会状态之中维持秩序，局势慢慢就有一种变化。最大的变化，开始于公元前 403 年，这一年，西周的秩序出现了一个大缺口，就是所谓三家分晋。晋国是西周分封的一个大国，经过了西周和春秋这样一个发展过程之后，晋国内部的秩序没有维持住，盟会也阻止不了晋国内部的分化，这个诸侯被底下的三家给颠覆了，所以叫作"三家分晋"。这是一个政治上的偶然事件，但是却是西周分封破坏的一个大标志，接踵而来就有一点像多米诺骨牌，一个又一个事件接踵而来，三五十年出现一个。几个大问题，几个年代一排比，可以看得出来秩序上的变化。公元前 403 年，这是三家分晋。到了公元前 386 年，齐国又出了问题，齐国本来是受封于西周的姜氏，姜氏的齐国被下面的田氏所取代，这是公元前 386 年的事情，和三家分晋挨得很近。那就是说西周的威望，西周所形成的秩序已经出现了第一次、第二次大的突破。到公元前 334 年，出现了一个新的事情，两个强大的诸侯国，一个魏国、一个齐国，在徐州相约称王。称王在当时来说是一个大事，在此之前只有周室，周天子叫作周王，被封的国家最多只能称公，这是一个封建秩序中的等级问题，"徐州相王"说明诸侯也叫作王，意思是说和周天子是平起平坐的，而且周天子是逃亡到洛阳来的一个流亡的政府，没有实力，名分上平起平坐，实力上是超越了周室，也就是说对周的秩序破坏得更进了一步。称了王以后平起平坐，还不行，到了公元前288年，又出现了一个现象，两个强国，西方叫作秦，东方叫作齐，齐秦两个强国彼此相约，我们不称王了，我们叫作帝。在古人的观念里，王是民间的统治者；叫作帝的话，三皇五帝的帝，实际上已经进入到人神之间，超越了世俗的统治者，把周王压到自己的脚底下。这个事情的出现是一个象征，就是王之上还要出现一个新的名号，才能维持秩序。称帝出现了一下，又取消了，没有成熟的条件。到公元前256年，秦国，一个后起的强国、冒冒失失的强国，又是个野性比较强的强国，敢冒天下之大不韪，居然从西面跑到东面，把周王灭掉了。周不存在了，大家都是王，王以上必然要产生新的统治者，必然要出现一个帝。不能是两个帝，必定是一个帝，这一个帝谁来做？战国的后期，实际上就是为了帝的出现来创造条件，敲锣打鼓。

从这里我们就联系到当时舆论的动向，就是我们大家所熟悉的所谓诸子百家争鸣，百家争鸣的现象内容丰富，研究思想史，研究各种历史的都很重视百家争鸣的内容。这是一个新秩序的出现所需要的各种政治舆论，从这个角度来看一看诸子百家和后来形成的政治局面之间的关系。周的秩序破坏以后，春秋盟会不能解决，战国时候硬打硬的打法，彼此抬高地位，我抬一步，你抬一步的办法也还没能解决。到最后应该怎么解决，而解决以后又是个什么状态，应当给未来的新秩序设想一些蓝图。诸子百家中间有许多设计社会政治走向的学说，实际上为未来的统一描绘蓝图，制造舆论。比如九州说，中国的政区的区划，不是一个国、一个国地区分开，而是用九个州来区分。九个州是在西周分封的区域之内，从北面看，冀州、兖州、豫州、青州、徐州、扬州、荆州，从这里进入关内，雍州，与雍州相连的一个梁州，从冀州到梁州，一共是九个州。这九个州的名字并不是在过去都存在，过去也不是这样区划开来的，这纯粹是当时的人自己的设想，还说是当年夏禹治水的时候巡行天下，已经把这九个州划开了，所以叫禹贡九州。禹贡九州之说就成为一种将来将要形成的国家的行政区划。

实际上秦汉统一以后也超越了北方所有的九州而到了南方。将来形成的新的秩序应该是继承夏、商、周的，而夏、商、周被认为是华夏的一统王朝，那么就有人想到今后的制度也应当延续夏、商、周。这个一统又要给它设计一个新的形式，在中心区域保持一个中央直辖的地区，叫作王畿。中央区域之外有一个圈圈包围着中央区域，这就是中央所必须配置的人，也可以有诸侯。在他们这个层次之外又有一个圈圈，这个圈圈应该是可以用绥靖的手段把秩序安定下来。第四个层次，用一些约定的办法保持联系。到最外一个层次，

汉代画像砖中的大禹形象

就是少数民族，他们住在外头。这五个层次当时叫作五服，就是甸服、侯服、绥服、要服、荒服。这也是一种对未来政区的设想。把少数民族放在边疆地区，这种思想是历代帝王都有的，做不做得到是另外一回事。但是整整齐齐的五服是做不到的。这也是战国时候为将要出现的新的秩序的一种说法。从理论上说，夏、商、周以后出现一个新的朝代，朝代的代替有没有什么规律可循呢？也有人从这个方面思考，出现了所谓五德终始。五德终始这一说，理论性的，它认为一个朝代代替另一个朝代，一个秩序代替另一种秩序，是有一定规律可循的，这个规律用德来表示，这个德形象化来说就是五行，金、木、水、火、土。用金、木、水、火、土来表示五种秩序的代替也有不同的解释，有的人认为金、木、水、火、土沿着一种相克的办法，我代替了你，就是克了你；也有的人持另外一种说法，我代替你，是你生了我，是五行相生。说法很不一样，但是都是用抽象的办法说明将要出现一个新的统治秩序。因此到后来秦统一以后，它自己认为自己在五德终始里头，它是代替周，出现的一种德，周的德是火德，克火的是水，所以秦统一以后标榜自己是水德，与水德相关的也有许多其他方

面的表征，什么颜色，什么数字，历法怎么变化，等等。拿历法来说，夏历，就是我们今天用的阴阳合历的农历。夏代以后，商有商的历法，周有周的历法，实际上是一种历法相因相革。夏历，我们今天的农历，有个正月，可是商的历法就不是用正月为岁首，它是用十二月为岁首，到周的时候，它用的是十一月为岁首。到了秦，它觉得要继承这个东西，按这个东西的规律来说，秦的岁首必然是十月。所以我们现在看到历史上记载秦的年月，一直到汉武帝的时候，都是以十月为岁首，汉武帝的时候才有改变。这也是一种为统一地继承夏、商、周的秩序而设计的秩序。至于民间，老百姓怎么办？也有一种办法就是井田，过去农民总是要有土地种，分土地有一个办法，把它系统化，把它规整化，把它理想化，形成井田制，等等。所以看来这种历史的呼唤、历史的铺垫为秦汉的出现、为这个统一国家的出现做了几百年的事情。一个统一，一个秦的统一的出现，上面多少有一个周制作为根据，中间有各种设想、各种蓝图，最后形成了一个秦的统一。

当然秦的统一不光是一个历史的因革而已。秦这么大的一个国家，这么多人所组成的国家，能够接受这个统一，有一个根本的原因，就是中国文化的延续。同样一种文字、同样一种历法、同样一种生活方式的人，战国诸子的思想舆论是容易被接受的，容易有一个共识，容易彼此理解。这样就为秦朝建立统一的制度打下了一个基础。秦的统一，说起来是十年统一战争，大家重视这个方面，实际上是水到渠成，并没有太大的战争，确实是春秋战国几百年的历史铺垫造成的必然的结果。由西周那种我们把它说成是统一，而且古人还认为是夏、商、周相沿一贯的统一，到我们认为确实的、比较有内容的秦汉的统一，这是个统一过程的第一个时期。

与周代的制度相比，秦汉所形成的统一否定了分封制，但是又不是绝对否定。分封制其实也有它存在的必然的理由，因为最高统治世袭，世袭者最可靠的亲信就是自己的血亲。有了这样一个原因，他认为自己最安全的保证就是由血亲来控制局面，所以就有了这样一个分封制度。后来分封制度造成了那么大的祸害，要取消。但是取消以后，统治者仍然是世袭的，他仍然认为不得已的情况之下，还得有分封。分封制在秦统一以后不得不把它作为一个最大的对立面予以否决，郡县制代替分封制，但实际上在以后的朝代，为了最高统治的需要，分封制的因素还不断出现，就连西汉也是这样。西汉跟着刘邦打天下，平起平坐的，都是这个王那个王，地位上没有太大差别，所以只好把这些人都封为王。到后来尾大不掉，一个个都叛变。但是分封制还是吸引着刘邦。封异姓王不可靠，封同姓王，封姓刘的做王。同姓王到了最后也不可靠，而分封制度还有必要，但权力得有限制。最后定下来，分封只能到侯一级，侯的地位相当于一个县，侯国的全部租税所入由你这个侯所有，侯国的行政权是归中央政府的，侯国的官员由中央派，用这个办法暂时解决了问题。后代又从头搞起，晋的时候、唐的时候，一代又一代，分封制，因为这是世袭制所带来的，被认为最可靠的一种统治秩序。

　　秦汉统一的帝国，这样一个帝国不同于世界上任何一个所谓军事或政治帝国。古希腊、古罗马，成吉思汗、拿破仑等等都形成过军事征服，形成过一时的大帝国，但是这些大帝国到后来分崩离析了。为什么？就因为他们所建立的大帝国没有像我们中国出现秦汉大帝国之前那么一种几百年来历史的铺垫，形成的各种条件。特别值得关注的就是蒙古帝国，蒙古帝国在进入中原、建立元朝之前，它在欧洲、中亚、西亚建立了很多汗国，这些汗国有的也延续了很多年。但是蒙古人的业绩只留在中国，建立了元朝，其他地方所建立的汗国一个一个崩溃了。蒙古人自己的归宿还是在中国这块土地上。因为只有中国的土地上才有建立统一大国的长久的传统，有这样一种制度，能够让蒙古族在这个地方建立一个国

秦始皇嬴政画像

家，能够传承，作为一个朝代传承久远。这是一个很值得注意的现象。

秦统一以后，对开发国土做过一件大事，就是50万身份低下的被叫作"七科谪"——七种被贬谪的身份低下、犯了罪的人，到岭南去戍守。这个是个大事，从开发中国的边疆土地来说，一拨一拨去是比较常规的。只有这一次是一个大的行动，从中国北方，一支50万人的戍卒被派到了岭南，把中国南方的国土一直推进到南海边上，把长江和珠江之间大片的还没有开发的土地一次圈到中原政权范围里面来。这对中国以后逐步开发南方起了很大作用。50万在当时是一个极大的数字，50万"七科谪"到了岭南以后，一方面必然要同化到越人里面去，另外一方面这50万人在当地人中间势必会起到传播中原文化的作用，对岭南的开发起了极大的促进作用。现在在岭南地区发现了许多汉代南粤王的遗迹，包括宫殿在内，所涉及的人，他们本人或他们先人就是"七科谪"的时候到南方去的人。南方的开发需要一个很长的过程。南方处在落后状态，又有很多民族存在，那么跟北方连成一气就很难。所以统一有可能在一定情况之下出现分裂，三国就是这样出现的。

三国之所以出现，只能出现在长江边上，因为开发是从北向南开发，长江流域开发的比较早一些。只有这个地方才有可能出现相对独立的国家，和北方对抗，出现一种割据。另一方面，这个地方的发达程度并不是很高，不能长期地脱离北方，所以它能够存在的割据时间不是一个长期的，而是一个短期的。之所以有三国，是因为在中国北方出现了战乱。大量的北方人口向南迁移，长江沿岸，南北两面自然地形成了三个区域，一个是扬州，就是江东地区，开发得早一些；一个是荆州，就是今天的两湖区域；一个是益州，实际上是成都平原，这三个区域在东汉的时候人口增加很多。东汉这个朝代，人口是大量减少的，西汉的人口增加到6000万，东汉建国的时候一下减少到一两千万，慢慢地增加，增加到后期接近西汉的程度。在北方，各个州郡是减员的，只有扬州、荆州、益州是增员的，而且增得很多，扬州大概增加了百分之三四十，荆州增加得最多，百分之六七十，益州增加了百分之六十。就是说这些地区的发展，从人口来看，发展的速度是相当快的。以后魏、蜀、吴三国争权的时候，荆州为什么没有能够出现一个国家呢？因为荆州的地理处在一个"四战"的环境，不可能长期立国，所以荆州就是跟着吴国、蜀国一起和北方对抗。这是在中国南方开发中间出现的一个政治现象。

南方开发的过程中间，有一个很大的事情，就是开发中的南方曾经两次支持过北方政权的偏安，一次是东晋，一次是南宋。没有南方的发展，不足以支持偏安政权，它要是蛮荒一片的话，政权在这里就没有立足的余地。反过来说，要是南方的开发已经到了很高的程度，南北的交往已经不可阻隔，在南北不可分割的情况之下，要在南方搞一个偏安也不容易，因为这个偏安也偏不成，割据割不了，南北是一起的。所以恰恰是在南方的发展中间，是在和北方差距缩小的过程中间，足以有一定的经济实力，又没有达到和北方完全平衡的状态，还可以搞割据，是在这个情形之下出现了两次偏安。中华民族历史上，南北不平衡发展中间，所表现出来的一种分裂的可能性，造成了两次偏安的存在，对中国历史来讲是一种苦涩的成就。是成就，因为毕竟有了南方这个地方可以让北方的一个政权在走投无路的时候能够跑到南方来偏安一阵子，而且偏安不是马上就被消灭了，而是延续了一二百年。东晋的偏安连上南朝一共是二百多年，南宋的偏安也是一百多年。而且在这个偏安政权延续的过程中间，由于来了一个新的政权，它就有自己一套规模，有各种机制带动南方进一步开发，加速了南方的开发，对于南方来说也是起了作用。传统上说，这个政权不是直接被消灭，而是能够有一个可以去的地方，在那儿做一个偏安，这对民族历史来说还是有一定的成就，但是毕竟是被打过来的，被追过来的，被逼过来的，是在屈辱的状态之下存在，所以又很苦涩。我们的历史，包含着那么多复杂的矛盾的现象让我们去思考。

南北不平衡的发展过程大体上是结束在唐五代之际，因为唐五代的时候，应当说南方的水平已经不低于北方，如果说没有以后又一波的民族问题的出现，中国历史会是另外一个样子。但是后面又一个波浪起来，南方又被迫要接受一个南宋偏安的政权。南宋偏安的出现意味着南北又处于分裂状态，南北不平衡表现出来的一种潜在的分裂又出现了。元以后中国的历史，从国土开发的角度来说，不存在分裂的可能性。所以过去可以有偏安，有南宋的偏安，到了蒙古人打到南宋的时候，皇帝再想在这里偏安已经不可能了，只好投海而死。特别是明朝，明朝被灭以后有一个南明，皇帝到南方去，也是想搞偏安，但是没有一个皇帝搞成了，都是在清军的追逐之下，被一个一个消灭掉了，出不了一个割据的局面。为什么？因为这个时候南北一体，已经达到了很难在南方建立偏安局面的状态，所以南明跟过去的东晋、过去的南宋都不一样。以后的历史，是解决中国发达的东部和落后的西部，这样一个发展不平衡的问题，但是这个任务在古代没有条件解决，中国缺少一个资本主义时代，遗留下来的问题，到今天要我们这一代来加以解决。

第二个问题是民族发育和国家统一。民族发育，我想应该包含汉族在内。中国要是只有汉族，不可能形成这样一个统一的大国。但是要使很多文化水平不一样、历史传统背景不一样的民族合在一起形成一个统一的大国，必然要付出代价，付出一些民族之间的代价，这个在历史上来说是不得不如此的。出现一些民族之间的冲突是事实，其中也有很多非冲突、和平的状态，可能时间更久一些。我们考察各民族的状况的时候，有一个出发点，就是要承认各民族都有自己发育的过程，不应该只是从一个是汉族，一个是少数民族这个角度来考虑问题。汉族也有自己发育的过程，汉族要是不经过东晋、十六国和南北朝时期的这二百多年的民族大融合，那就没有隋唐大一统的局面。因为隋唐这个时期的发展，包含着大量非汉族的血统，非汉族的文化，非汉族的各个方面的因素在里头。甚至有人说，隋唐究竟是汉族建立的朝代，还是汉族和鲜卑所合建的朝代？中国缺乏对血统的考虑，这是中国文化的长处，不像英国人一样，计算你是二分之一的血统，四分之一的血统，盎格鲁—撒克逊的血统，中国没有这个说法，也没有这个想法。我们要承认各族有它自身发育的过程，汉族在这个过程中间吸收了很多少数民族的东西，而少数民族从一个落后的状态上升到另外一种状态的时候，完全自主、自觉是不可能的，总是带来一些冲突，带来一些灾难。把这个灾难的问题放在一个民族发育的总趋势、不可免的过程中间去考虑，就比较能够理性地看待这个问题。十六国时期就是一个最大的典型，西晋末年以匈奴、鲜卑、羯、羌、氐五个少数民族为代表的民族都是循着和平的方法进入到中原地区来的，大体上分布在山西、陕西、河北北部、内蒙古、辽宁等地。由于受到农耕文化的影响，有向农业过渡这样一种要求，总是要接近比较方便的农耕区，接近农耕文化，因此向其靠近是一个自然趋势。这些民族后头有一些比其更落后的民族也在兴起，这样一波又一波的推动。而此时，中原地区偏偏又没有一个强大的统一政权，由于边疆的空虚，而割据一方的小政权想找一些和自己关系好一点的民族来守边，就将其招引到边塞地区。种种客观的以及主观的原因，造成了十六国的局面。开始的时候，匈奴、鲜卑、羯、羌、氐等少数民族都是在更接近中原的地方，然后更多的少数民族部落看到中原政权的衰落进入中原形成了十六国时代。十六国都是少数民族政权。我们看这个过程是痛苦的过程，是悲惨的。在这些政权的形成过程中，汉族和各少数民族的死伤都是非常大的。但是毕竟看问题还要从历史的结局来看，十六国局面结束后，几乎没有多少人因为失去政权而离开中国，都留在中国，也几乎没有多少人回到他们原来游牧生活的边疆地区，大部分都沉淀在中原地区。后来他们的子孙也将姓氏改成了汉姓，接受了汉族文化，实际上他们已经融合到了汉族当中，汉族也因此而壮大。所以，民族冲突在困难、苦难的时候是我们很不好接受的，当收获的时候，我们就该想想大量土地的开发，好多都是少数民族沉淀下来所做的，汉族经过那么大创伤以后还是那么大的一个民族，也吸收了好多少数民族在里面。所以恩格斯曾经说："没有哪一次巨大的历史灾难不是以历史的进步为补偿的。"就是说历史的灾难由历史的进步来补偿。我们应用到中国民族之间所造成的这些苦难的时候，这句话非常有启发。因为这句话不是让我们站在历史灾难中来观察。要是站在历史灾难中间来观察，是你打了我，我有死伤，我被迫逃亡，逃到南方去做一个流亡政权，这都是苦涩的东西。不是站在这样的地方来观察历史，而是要站在灾难过去以后，来看看它的后果如何，这个后果往往是有历史的进步，来对这个灾难进行补偿，这个补偿超过这个灾难对民族的作用。有了一个十六国的混战之后，才有了一个统一兴盛的隋唐，没有十六国、南北朝这样一段历史的话，隋唐的局面确实形成不了。因为隋唐文化是很厉害的，朝代是很开放的，民族很开放的。民族血统，从姓氏来判断，少数民族的数量相当大，而且是居于高层领导地位的，五品以上的官就有百多人，武将中间更多，不光是过去的鲜卑，还有后来的突厥、契丹等等。《新唐书》《旧唐书》中的人物传记，重要的文武官吏，看姓氏就可以看出来。除了这些，中国对外国文化也不排斥，这样一个开放的时代，给中国历史带来新血液、新气象。这样的一个时代对中国民族的发展是非常重要的。但是，它却是在分裂之后出现的。看待这个问题往往要从历史的某一个段落终端，回过头来看一看，这样我们会比较理智一些，不完全处在一种情感之中。现在，我们提倡爱国主义当然有重要的作用，爱国主义涉及民族的时候，我们应当理智思考。

民族融合本身也是一个困难的事，也有很多反复，局部的、短期的汉族被当地的少数民族同化，是常有的现象。但是，从总体、全局来看，少数民族被汉族同化，是更大的一个潮流。中国历史上出现的三次大的少数民族在中原地区建立政权，对中华民族的发展起了很大作用。一个是拓跋鲜卑，没有拓跋鲜卑的作用，就没有隋唐的盛世局面的出现。一个是蒙古族，蒙古族结束了一次严重的民族对立、国家分裂的局面，蒙古族也给中国带来了一些国外的文明，在蒙古族进步的过程中间，最先依靠的不是汉族人，而是色目人。把色目人带到中国来之后，又给中国历史、中国文化带来一些新的东西。特别是中国的西藏这样一个难以解决的问题在元朝得到了解决。追溯西藏历史，可以从文成公主起。但是那个时候，西藏并没有被纳入唐朝版图，和唐朝还是一个对等的状态，随时可以脱离。唐后期，吐蕃可以一直打到甘肃，打到陕西，把长安也闹得一塌糊涂。真正把西藏作为中国版图的一部分管起来，作为中央直辖区管起来，是从元朝开始的。第三个是满族，满族解决了中国近代版图的一些困难问题，如天山南北问题、台湾问题。

以上是从国土开发、民族发育两个方面看待中国古代统一问题。这两个方面不断发展的新形势，所诱发的矛盾，使中国的统一有张有弛，有缩有盈，有退有进。但从水平来说，是朝更高水平、更大规模的统一发展。总括起来看，第一，大体上说，西周、东周时期，在统一问题上，最早形成了统一观念，奠定了中国统一第一步的地域基础。第二，秦汉时期，创造了统治大国的制度基础和治国经验，逐步形成了统一规模、统一传统。在技术手段那么低下的状况之下统治这样一个大国，是对世界文明的一个伟大的贡献。但是这个大贡献必不可少的条件，一个是中央集权，中央集权以后必须要有一个专制主义统治，专制主义到最后来了一个皇权。中央集权专制主义的皇权统治，在当时中国这样一个大国是必不可少的条件。可是一旦形成了这样一个制度，一代一代相传，对中国人民来说又是一个沉重的负担，要为这个付出很多代价。我们知道欧洲历史上革命时代，反对路易十四的"朕即国家"，可是"朕即国家"的说法比起中国"朕即国家"的现实来说，晚了两千多年，两千多年以前中国就是"朕即国家"了。由此可知"朕即国家"的观念形成的制度、传统，对中国的影响是很大的，包袱很沉重。资本主义萌芽萌不出来，很重要的原因就是有这样一种传统在里面。这个东西对于中国来说也是需要后代来把它纠正。第三，隋唐收获了十六国以来丰硕的民族融合成果，再次激发了中华民族的蓬勃生机。第四，元明清进一步营造了统一国家的局面，确定了今天中国的版图和民族分布的格局，使中国得以以统一大国的姿态屹立于世界民族之林。

第三个大问题是对历史上统一问题的几点认识。第一点，统一中国需要汉族作为一种维系的中心，要是在古代没有这样一个核心的民族在里面起作用，没有一个核心来与周围各民族相联系的话，这个统一的国家就很难形成。有了这样一个核心，就有可能团结那么多民族一起来建立这个国家，以至于形成了一个拆不开、打不散的民族集体，到今天还是这样的。蒙古族，跑到西方去形成那么大的汗国，一直到了多瑙河、俄罗斯。回过头来还得回到中国这片土地上来安家，而且永远留在中国土地上。其他各民族也是这样，有的消失了自己作为民族的存在，但是民族的成分已经在中华民族里面有了自己的繁荣。中国政权被颠覆过多少次，但是颠覆以后还有恢复，恢复以后的政权基本上还沿着原来统一的格局、统一的路子。而且最可贵的是颠覆者、征服者最后是被这种高级的文明所征服，融合到中华民族里面来了，这是最具有力量的。所以说，一时的统一的武功是伟大的，千秋历史铸成的民族间的向心力、人民的凝聚力才是统一国家的基石。我们常说文治武功，常把武功这一面看成是中国形成局面的动因，其实这一面的作用应该是有分寸地看。没有历史的铺垫，武功能不能成功，成功以后能不能维持都不好说。当年张学良在台湾延平祠参观写过一首诗，后来他把这首诗写下来送给了吕正操，他说郑成功是"丰功岂在尊明朔，确保台湾入版图"。这个意思是说郑成功赶走了荷兰人，把降表投给南明的永历，永历皇帝是明朝最后的逃亡者，那时候的北方已经是清朝的顺治了。没有投降到清去，这就成为一个问题，但是后来郑成功的孙子郑克塽在康熙的时候投降到清。张学良的意思是说，明是前朝，清是后朝，不管是前朝还是后朝都不重要，重要的是他把台湾纳入中国的版图的丰功伟绩。我想这里面有张学良自己个人的身世之感隐在里面，不管他是在大陆还是在台湾，都有这一片台湾入版图的心思愿望。

第二点，汉族本身的维系，主要靠文化传承。在中国历史上的"华夷之辨"，辨文化多，辨种族少。其实周人在比较早的时候也不认为是华夏，因为它在西方。到后来，周统治以后有所谓姜姓之戎、姬姓之戎，姜、姬都是周的国姓，那些人属于周人的一些原始部落，也被看作是戎。所以戎狄的问题在当时主要的不是种族的观念，是一个文化的观念。少数民族入主中原以后，也有一个问题，就是入主者往往最先想凭借自己的武力优势来保存自己，所以也有相当程度的反汉族化。但是毕竟在历史中长期起作用的不是暴力，而是一个处处存在的、天天在起作用的文化的影响。女真人反对过汉族化，蒙古人也反对过汉族化。蒙古人在中原建立了元朝以后，就立刻开科取士。有过一个统计数字，元朝开科取士16次，录取的进士是1100多人，其中蒙古人有300多，而蒙古族人参加过科举考试的，一共是1万多人。所以很快，蒙古人自己也进入到这样一个汉族化的潮流里面来了。特别是清朝，清朝文化有两面性，在北京做皇帝，汉族化倾向很明显；到承德避暑山庄去完全是一种满族原来的状态。还立下了规矩，不许满族人经商，满汉通婚也是不被允许的，这样一些限定并没有影响到以后满族接受先进的汉族文化，而且接受以后，又反馈给这个文化各种各样的创造。满族因为提出了不许经商，不许做这个，不许做那个的规定，所以下层的游手好闲的旗人被养起来，知识分子中间却有很多精英成为了不起的学者，他们用自己的聪明才智，利用了汉族文化，给这个文化增添了自己的贡献，这样的精英很多。其实也不光是满族，其他各族也有，唐朝很多诗人是鲜卑人等等，这都是大家清楚的事。

　　第三点，牢固的统一观念，有效的统一制度。公元前的时间，要把一个像汉朝103个郡国的户口都统计上来，是了不起的一件事情，我们没有理由不相信统计上来的数字。当然后来政权腐败了，就不好说了。西汉统计的有6000多万，每年地方有上计吏专门向皇帝来呈报这个数字，皇帝亲自接受上计。上计吏对朝廷来说是有功之人，留在皇帝身边做郎官。这样的制度是制度中间的一种，其他像三公九卿之类的，功能的发挥等等，就不细说了。十六国的时候后赵的建立者石勒觉得自己的任务是要统一中国。他不认识汉字，听到别人读《汉书》，听到楚汉相争的时候，有人要刘邦把过去六国的后人立起来，作为自己的帮手跟项羽斗。他听到这个之后立刻感到吃惊，这怎么行呢？这哪是好办法？读《汉书》的人读到张良进来之后，听了这个话，不同意，立刻跟刘邦说这个不行，刘邦就收回了成命。石勒听到这个地方才放下心来，说，还是应当如此。所以说一个没有文化的少数民族统治者，在建立政权之后，他的心思是中国统一。我们知道三国中，魏国居于正统，没问题；蜀国，那么疲弱，天天要打仗，没有别的，它只是不打仗就没有存在的基础，叫作汉贼不两立，王业不偏安。吴国，霸业形成很早，但是不敢称王称帝，因为什么呢？它跟中原正统搭不上关系。到最后称了帝，履行皇帝的仪礼，进行郊祀，孙权不肯，说郊祀应该在"中土"，在中原地区，我们这里不行。最后说一说司马光的见解，

汉高祖刘邦画像

司马光觉得，三国争正统，搞来搞去，变来变去都说不清楚，就有个感慨，他说，我"不足以识前代之正闰"，但是"窃以为，苟不能使九州合为一统，皆有天子之名，而无其实也"。不能统一的话，那你这个天子白做了。

最后一点，汉族的包容性。在长期的发展过程中，汉族具有了包容性，有种族的包容性，能够容，所以有今天的大，有容乃大。在几千年的中国历史中，这个包容思想是一直存在的。比如说，编史的人最容易有正朔观念，谁是正统，谁是偏统。但是我们从二十四史中间看得出来，好多不是汉族王朝的历史。以南北朝为例，《南史》记载了南朝的宋、齐、梁、陈等汉族建立的四个政权，叫作《南史》；而记载北方少数民族建立的政权的历史同样有《北史》。《南史》也好，《北史》也好，都是二十四史之一，具有同样的历史地位。后来还有《辽史》《金史》《元史》《清史稿》等。加上中国没有宗教偏见，包容性比较强。没有长期大规模的宗教战争，所以少数民族比较容易吸收汉族的文化。少数民族在自己的土地形成了自己的民族文化的同时，也完成了自己历史性的转化。

第四个大问题，就是中国西部大开发，是巩固中国统一，消除潜在不统一因素的千年大计。这个问题也分两个方面，一个是国土开发，西部占中国国土一大半，处在待开发、没开发、后开发的状态。另一个是东西不平衡越来越严重。而少数民族大部分在西部，所以又存在民族发展不平衡的现象。这两个问题都是西部开发的最关键、最重要的问题。我们希望在中国这次千年大业的大计划中间，能够把中国历史上该做的事情，古人没法做、没有能力做、看不到，而我们能够做、能够看到的东西，兢兢业业地把它做下去。花再多的钱，都是值得的。没有西部的开发，没有西部少数民族状况的上升，西部和东部处在统一国家内部的某种不平衡状态始终会存在，这个统一总是有一点儿隐患。研究历史的人，希望能够有一个对历史负责的全局观念。希望我们的西部开发，是中国西部土地的开发、中国西部民族的开发，能够走上一个正规的路子，使得中国的统一大业的巩固，能够走出关键性的一步。

（讲座时间　2002年）

金冲及

中国近代历史的几个
根本问题

金冲及

金冲及，1930年生，上海人。1951年毕业于复旦大学历史系。曾任复旦大学教务部副主任、教学科学部副主任，文物出版社总编辑，原中共中央文献研究室常务副主任、研究员，国家哲学社会科学规划领导小组成员，第七、八、九届全国政协委员，中国史学会会长，北京大学、复旦大学等校兼职教授。

著有《二十世纪中国的崛起》《转折年

代——中国的 1947 年》《孙中山和辛亥革命》《辛亥革命的前前后后》《金冲及自选集》。主编《毛泽东传（1893—1949）》《周恩来传》《刘少奇传》《朱德传》。和逄先知同志共同主编《毛泽东传（1949—1976）》；和胡绳武教授合著四卷本《辛亥革命史稿》《从辛亥革命到五四运动》等。

本篇的题目是"中国近代历史的几个根本问题"。要讲这个题目，大家首先会提出一个问题：中国近代史究竟指什么？它的时间范围是什么？

对这个问题有不同的说法。历来大致上有两种说法：一种说法比较早一点，认为从 1840 年鸦片战争到 1919 年五四运动；另外一种说法，这些年来被比较多的人认可，那就是从 1840 年鸦片战争到 1949 年中华人民共和国成立。这以外，新中国成立以前国内和海外也有些人认为中国近代史从明清之际开始，把时间提得更早，但这种说法目前在我们国内没有多少影响。

为什么会有前面所说的两种不同说法？ 20 世纪 80 年代初，我有一次到日本去访问，广岛大学教授横山英就专门问了这个问题，说你们对中国近代史和现代史究竟是怎么划分的？我当时是这样回答的，我说近代、现代这一类词，本来就是相对的、可以变动的概念。譬如，我们今天的一切，在现在讲起来当然是现代史，但要是再过几百年，甚至上千年，它也变成古代史了。它不是一个固定的概念。

以往我们比较多地把中国近代史说成从鸦片战争到五四运动，这个大体上是从 1949 年以前流行起来的。那时候，范文澜同志写过一部《中国近代史》，指的是从鸦片战争到五四运动。张闻天同志编写了一部《中国现代革命运动史》，讲的是五四运动以后的革命史。当时把近代、现代那样划分很容易理解，因为那个时候还处在 1949 年以前，当然不可能把近代说到 1949 年，现代只能说是五四运动以后了。现在新中国成立已经 50 多年①，近代现代的概念应该有个变化。更为重要的，从 1840 年鸦片战争到 1949 年中华人民共和国成立，是一个完整的发展阶段，一个完整的过程。它是中国半殖民地半封建社会的历史，它是中国近代民族民主革命的历史。在这段时期，中国人所要解决的是一个共同的问题。所以这个看法现在得到了越来越多人的承认。为什么有时候还会只把五四运动以前称为近代史，我当时跟横山英教授说，这在某种程度上不是个理论问题，理论上这是没有多少可以争论的，主要是个实际问题。因为以往搞近代史研究工作的人，熟悉的是晚清到民国初年的历史，而搞现代史的，很多是从党史教师转过来的，对五四运动以前特别是晚清的历史不那么熟悉，要把它统一起来研究，还比较困难。但是这十来年很可喜的，已经有越来越多的人把它作为一个完整的发展过程来研究，并且取得了很多成果。

从 1840 年到 1949 年，中间一共 109 年，讲一个约数，可以说是 100 年。这个 100 年对中华民族来讲，是决定我们民族生死存亡的 100 年。也就是说，是我们中国从极度衰败、备受各种屈辱以至于濒临灭亡的边缘，到能够重新挺身站立起来并开始大踏步走向现代化，是那么一个重大的转折。像中国这样一个有着几亿人口的东方大国，在 100 年中间能够发生这样翻天覆地的变化，在人类历史上是罕见的。这样一个变化，可以说是几代中国人前仆后继、顽强斗争的结果，是付出了很大的代价才换来的。

这段历史在我们中国的历史上，如果用更宽广的眼光来看，处于什么样的地位？可以说是处于承上启下的地位。在它以前的中国，是古代的中国，而在它以后的中国，是开始实现社会主义现代化的中国。它处在这么一个过渡的过程中。

江泽民同志在党的十五大报告里有这么一段话，他说："鸦片战争后，中国成为半殖民地半封建国家。中华民族面对着两大历史任务：一个是求得民族独立和人民解放；一个是实现国家繁荣富强和人民共同富裕。前一任务是为后一任务扫清障碍，创造必要的前提。"我想这段话把这一段历史所处的地位讲得很清楚了。20 世纪如果一分为二地看，上半个世纪从 1901 到 1949 年，主要解决的是民族独立和人民解放。而从 1949 到 2000 年这后半个世纪，所要解决的是努力实现国家的繁荣富强和人民的共同富裕。前面将近 50 年的奋斗，正是为后面的 50 年扫除障碍。不走好前一步，就谈不上走后一步。江泽民同志用的提法是"创造必要的前提"，所谓"必要"，就是不可缺少的、绕不开的前提。

一、为了中华民族的伟大复兴

"实现中华民族的伟大复兴"，这是贯穿整个中国近代历史中的一个非常突出、响亮的口号。这里可以注意，说的是"中华民族的伟大复兴"，复兴跟一般地讲发展不同，复兴就是指它曾经有过光辉灿烂的过去，要重新振兴，这叫复兴。如果过去一直处在非常落后的状态下，今天只能叫发展，不能叫复兴。大家都知道，中国是一个有着五千多年文明史的国家，她曾经创造过灿烂的古代文明。远一点，两千多年和一千多年前的汉唐盛世，曾在世界上处于领先地位，那不用多说了。就讲近一点的，拿 18 世纪来说，康雍乾时代中国在很多方面仍站在世界的前列。清史研究的权威学者戴逸教授，很早在一次讲座中讲过，在

18 世纪的时候，中国的人口占世界的三分之一。那时世界上一共是九亿人，中国人有三亿，而整个欧洲只有两亿八千万人。讲农业产值，中国也占着世界的三分之一。至于工业，当然那时候的工业很多还是手工业，如果都包括在内的话，中国也占世界的三分之一，所占比重是 33.3%，欧洲则占 28.1%。那个时候，康熙大帝和俄罗斯的彼得大帝和法国的路易十四，处于差不多的年代，中国在很多方面并不逊色于世界的其他地方。尽管如此，也需要看到那时候我们已经暴露出一个很重要的弱点，就是中国社会内部缺少能够使得社会迅速发展的一种内在机制。所以到 19 世纪，中国就落后了，而到 1840 年，就是 19 世纪开始后 40 年，英国发动鸦片战争，强迫中国签订《南京条约》，中国就开始变成一个半殖民地半封建社会。

为什么鸦片战争被称为半殖民地半封建社会的开始呢？这话可以分两个方面来说。我们称它为半殖民地国家，那么，它还是一个半独立国家，假如它完全丧失了独立，那就是殖民地而不是半殖民地了；半封建国家，它的另外一面，又是一个半资本主义的国家，没有这一面，也就谈不上半封建社会。半殖民地

1842 年 8 月，清政府被迫签订中国近代历史上第一个不平等条约——中英《南京条约》。图为签约时的场景

海峰 / 供图

半封建社会的形成有一个过程。特别是资本主义因素的发展，时间更晚一点。鸦片战争给中国带来的一个标志性结果，就是中国开始丧失完全独立的地位，走上了半殖民地的道路。我们近代史划分从这里开始，是有道理的，中国社会面对的主要问题逐渐成为反对外国侵略者和本国的封建势力。

还需要说明，尽管中国社会已发生那样一个变化，但是当时的中国人并不是立刻就能够清醒地看到这一点。甚至可以说，在长达半个多世纪里，中国人还是没有充分认识到自己已经处于那么一个灾难深重的危险的局面。说起来很奇怪，鸦片战争签订了那样屈辱的《南京条约》，中国人怎么还没有能够很好地觉醒呢？我们可以看一下当时在中国可以说是最先进的知识分子之一、能够开始睁开眼睛看世界的那些知识分子中很重要的人物——魏源的情况。

他写了一部很有名的书，叫《海国图志》，介绍世界各国的情况。他在《海国图志》的序言里面，讲到这次战争的失败给中国人带来很大的耻辱，但他并不认为中国从此进入一个不同的历史阶段。他说尽管我们失败了，但是再回想一下当年在康雍乾盛世的时候，新疆的准噶尔（西蒙古的一支）叛乱时，拿那时的中国地图从东北到西南划一条对角线，可以看出准噶尔控制的版图几乎可以跟大清帝国平分秋色。那时它不光控制着新疆，控制着中亚的很大一部分，而且还控制着西藏、青海、外蒙古、内蒙古的大部分。魏源讲，你看准噶尔当年曾经那么猖狂，但这个叛乱最后不是也被削平了吗？因此只要我们能够了解世界的情况，采取三个办法，其中最重要的一条叫"师夷长技以制夷"，就是把外国的坚船利炮这套办法学过来，我们就能

够制住他。只要我们这样做了，大清帝国就不难恢复到过去那样"一怒而四海秋，一喜而四海春"的局面。魏源当时是最先进的知识分子，他的认识也只是到这个地步。

在这以后，又发生了第二次鸦片战争。恐怕很多同志都看过香港过去拍的影片《火烧圆明园》。你看皇上都到承德去避难，英法联军一把火把圆明园全部都烧掉。以后逼迫清政府签订了《天津条约》《北京条约》，对中国人来讲，更是一次奇耻大辱。但是很奇怪，那时候许多人并没有觉得中国已经处于危亡的边缘。相反，因为在英法联军之役结束以后，他们支持清朝政府平定了太平天国。当时的知识分子绝大部分可以说是地主阶级士大夫，他们感到这已得到了足够的甚至超过他们预期的补偿。他们认为这次英法联军不但没有侵占中国的土地，相反来帮助朝廷解决了国内的问题。再加上那时曾国藩、李鸿章他们推行的洋务运动，搞了一些工业，训练了一些新军，这些在当时确实也起过一些积极作用，在人们心里造成一种虚幻的安全感，感觉到中国有办法了。所以那个时候，没有人说中国已经衰败，相反都说这是中兴。现在海外有些人写的中国历史还把这时称为"同治中兴"。现在我们回头看觉得很奇怪，在这个时候怎么还能叫"中兴"呢？可是那时很多人却这样认为。再往后，又发生中法战争。中法战争中，中国又失败了，但很多人认为，这次战争中国人打得并不差，镇南关，就是现在中越边界的友谊关这一仗后，中国军队一直打到谅山，问题就是李鸿章卖国，最后签订了那么屈辱的条约，所以还没有清醒过来。甚至到1894年，也就是说甲午中日战争前夜，许多人还处于盲目自大中。郑观应曾写了一本书——《盛世危言》，这本书影响非常大。毛泽东同志青少年时候就读过这本《盛世危言》，并且是借了这本书来读的。那个时候郑观应主张改革，当时可以说他是思想最先进的知识分子之一。他提倡改革，认为今天应该要说几句危言耸听的话让大家惊醒。但是他还不敢说现在中国已经到了一个衰世，还讲我是在盛世发几句危言。假如他不这样讲，他的压力就太大了。可见，一直到甲午战争前夜，一般人对中国面对的严重的民族危机认识还是很不足的。这也不足为怪，因为中国几千年的文明可以说是建立在自给自足的农业经济基础之上的，是一种农业文明。这个农业经济，总是春夏秋冬周而复始，这样一个环境对人们思维方式的影响根深蒂固，觉得世上的一切都不会有什么大的变化，都不过是在那里循环不已。再加上中国多少年来创造了灿烂的古代文明，建立了统一的国家，更造成人们一种所谓"天朝大国"的心理，觉得一切都不会有大的变化。恩格斯说过："传统是一种巨大的阻力，是历史的惯性力。"这种状况不经过非常强烈的刺激，是很难改变的。结果，周围客观的状况已经发生巨大变化，人们对这些却没有足够的认识。

甲午战争就不一样了。甲午战争中国被日本打败，签订了《马关条约》，中国把自己的领土台湾割给了日本，最初还把辽东半岛也割给日本，赔款2万万两白银。以后因为要收回辽东半岛，又加了3000万两白银。还允许外国人在中国开设工厂。这件事情对中国的影响太大了，当时曾经目睹过这次事变的吴玉章同志，在回忆录里说，他那时候在四川很偏僻的荣县，听到甲午战争失败的消息传来，他跟他的二哥就痛哭不止。《马关条约》是空前未有的亡国条约，全中国都为之震动！他说以前我们只是败给西方的大国，而现在是败给一个东方的小国，而且又败得那么惨，签订的条约又那么苛刻，这是多么大的耻辱啊！严复写给朋友的信中说"大抵东方变局不出数年之中"，他说曾经"中夜起而大哭"，"嗟乎！谁其知之！"意思是有谁知道我这种痛苦的心情呢。这一下，真是把中国人从睡梦中唤醒了。

我们非常熟悉的许多口号都是那时提出来的，如"振兴中华"，就是1894年孙中山先生在檀香山兴中会成立时提出来的。再如"救亡"这个口号，是严复在1895年的一篇文章《救亡决论》里提出来的。这两个口号从他们喊出来以后，可以说影响了几代的中国人。我们近代历史的主旋律是拯救祖国。那时候有一份《中外日报》上讲：我们在洋务运动时期还讲什么自强、求富，现在别再讲那些门面话了，倒不如直截了当地讲救亡。

事情并不是到这里为止。又过了两年多，德国强占胶州湾，然后沙俄强行租借旅顺、大连。英国强行租借威海卫、香港九龙的新界，1898年，签订的租借期是99年，说是99年，事实上是永远不准备还你的。在他们看来，哪有99

年后还你的事情？他们在中国纷纷划分势力范围。又过两年多，爆发了义和团运动。运动起来以后，发生了八国联军进攻中国的事。这件事情不能小看，在世界历史上还从来没有过所有帝国主义强国英国、美国、法国、德国、日本、沙俄等等联合起来向一个半殖民地国家发动武装进攻，那是没有历史先例的。他们占领中国的首都北京整整一年之久，把首都划分成几个区。南边，和宣武区、崇文区②地界差不多。北边，除东城区、西城区以外，从故宫往北又划成一个区，由各国分别占领，中国老百姓要挂他们的国旗，他们还在北京附近到处烧杀抢掠，北京被外国人占领了整整一年！新中国的第一任教育部长马叙伦，在新中国成立前出版的回忆录里面说到，他那时在杭州读书，当听到京师陷落、皇上和皇太后逃难到西安的时候，觉得好像天都塌下来一样，立刻放声大哭。邓小平同志在1990年曾经讲到过这样一段话，他说："我是一个中国人，我懂得外国侵略中国的历史。当我听到西方七国首脑会议决定要制裁中国，马上就联想到一九○○年八国联军侵略中国的历史。七国中除加拿大外，其他六国再加上沙俄和奥地利就是当年组织联军的八个国家。要懂得些中国历史，这是中国发展的一个精神动力。"可见这件事对中国人刺激之深。

中国曾经有过那样灿烂的过去，到这个时候，却沦落到将要被瓜分的悲惨境地。两者之间形成极为强烈的反差，所以孙中山提出"振兴中华"，严复喊出"救亡"的口号以后，会产生那么大的影响，因为他们喊出了所有中国人的共同心声。

进入20世纪以后，特别是第一次世界大战以后，日本日益成为中国的最大威胁。从1915年向北洋政府提出灭亡中国的"二十一条"到1931年发动九一八事变占领中国的东北，再到以后制造华北五省自治运动，一直到卢沟桥事变，一步紧接着一步发生。在近代，整个中华民族的共同命运把这个多民族的国家更加紧密地凝聚在一起，因为日本侵占东北以后，不管是汉族人、满族人、蒙古族人、鄂温克族人等等同样都沦为亡国奴。正如那时很流行的歌曲《离家》所唱的"说什么你的我的，分什么穷的富的，敌人杀来，炮毁枪伤，到头来都是一样"。这就是共同命运。只要国家民族没有前途，就没有什么个人前途可言。所以到 1935 年的时候，田汉作词、聂耳作曲的《义勇军进行曲》唱出了"中华民族到了最危险的时候"。这首歌在工厂、在农村、在城市、在国内、在海外，凡是有中国人的地方到处传唱，大家痛感中华民族到了最危险的时候。这确实是中国前进的一种精神动力。所以 1949 年新中国成立的时候，讨论国歌，马叙伦先生第一个提出是不是在正式国歌制定前把《义勇军进行曲》作为代国歌。当时大家都赞成，因为没有任何一首歌曲像这首歌这样，深入到每个中国人的心里。也有人提出，歌词是不是需要改一下，因为情况变化了，今天不能说中华民族到了最危险的时候。周总理表示，就用原来的歌词，他说："这样才能鼓动情感。修改后，唱起来就不会有那种情感。"这首歌真正代表了中国人的心声，直到今天。

历经 14 年的抗日战争胜利后，中华民族第一次战胜了外来侵略者。战后，国民党要打内战，美国又要来控制中国。又经过三年的解放战争，终于成立了新中国。新中国成立前夜，毛泽东同志在中国人民政治协商会议的一次会议上讲："占人类总数四分之一的中国人从此站立起来了。"经历过那个时代的人听到这句话，几乎都禁不住热泪盈眶！这个胜利得来真不容易啊。中国人受了 100 多年的屈辱欺压，甚至几乎要灭亡，现在终于站起来，这确实是一个历史性的大变动。

"实现中华民族伟大复兴"这个目标，并不是说到新中国成立就完成了。同志们大概都研究过党的十六大报告。报告里边有一个在标题中没有列出来、但是贯穿始终的突出主题，就是"实现中华民族的伟大复兴"。在它的导言里边，先提出历史和时代给中国共产党的庄严历史使命是什么？就是要在中国特色社会主义道路上来实现中华民族的伟大复兴。这个报告结尾的地方，大家也可以注意一下，它谈到十一届三中全会以来，我们党找到了建设中国特色社会主义的正确道路，赋予民族复兴新的强大生机，中华民族的伟大复兴展现出来灿烂的前景。结尾部分又讲到全面建设小康社会，开创中国特色社会主义事业新局面，就是要在中国共产党的坚强领导下，发展社会主义市场经济、社会主义民主政治和社会主义先进文化，不断促进社会主义物质文明、精神文明、政治文明的协调发展，推进中华民族的伟大复兴。这个报告的结语部分一共四个小段，这四个小段都很短，里面有三处提到"实现中华民族伟大复兴"，这个报告从导言中"历史和时代赋予我们党的庄严使命"到结语中"共同创造我们的幸福生活和美好未来"始终贯穿着这么一个重要主题。展望未来的目标是：我们在20年内全面建成小康社会，50年内基本实现社会主义现代化，达到世界中等发达国家的水平，再往后，就是要在建设中国特色社会主义道路上实现中华民族的伟大复兴。这个主题，正是我们中国100多年来以及今后多少年为之奋斗的目标。这是我想讲的第一个问题。

二、中国近代的革命和改革

我们怎么能够把祖国从刚才所说的那种危难之中拯救出来？怎么才能实现中华民族的伟大复兴？怎么能够使得经济文化落后的中国变成一个现代化的国家？

这就涉及一个革命和改革的问题。现在有一种说法：我们不是要搞现代化吗？但是在中国近代历史上突出的是革命，就是近代民族民主革命，那是不是走入误区了呢？实际上就是说，我们过去那么多先烈抛头颅洒热血，那么大的牺牲，是不是多余？是不是需要经过革命，只要像洋务运动和清末新政那样，中国就能够实现现代化？当然不能得出这样的结论。从道理上说，恐怕整个人类社会一直处在一个不停顿的变革中，新的事物不断代替旧的事物，这是谁都阻挡不住的，这是历史发展的必然趋势。但这种变革存在着两种形式：一种是在原有的社会秩序下进行渐进的改革；另一种是在短时间内改革原有的社会秩序，然后在这个基础上来推进各项改革。前者我们一般叫改革，有时又叫它改良，后者就是革命。当然从广义上讲，小平同志说改革也是一种革命，那是从新事物代替旧事物这个意义上来讲的。

这两种方式哪一种方式好呢？应该着重采用哪一种方式呢？这不是简单地搬用某一个原理就可以解决的。一切都要根据当时当地的具体历史条件来决定。

一般地说，渐进的改革是人类社会前进的经常方式，而革命是它的补充方式。当然，在改革过程中，有时候革命也改变了原有社会秩序的某一个部分而推动历史前进。在一种新的社会制度建立起来以后，通常都需要经过一个漫长的相对稳定的渐进的发展过程。如果客观条件不成熟，是不会立刻发生从根本上改变原有社会秩序的那种革命。只有随着社会经济的积累到一定程度时，当原有的社会秩序已经不能适应新的情况，甚至成为社会生产力发展的障碍时，革命才会发生。而当革命成功，建立起新的社会秩序以后，又会开始比较温和的渐进式的改革。

人类的历史大致上就是如此。拿中国的情况来讲，在近代中国，当国家的命运还没有掌握在人民手里的时候，当统治者拒绝一切根本的社会变革的情况下，进行大规模现代化建设只能是一句空话。如果事情真能用和平的办法解决，如果这条路还有一点希望能够走得通，那怎么会有那么多人不惜抛头颅、洒热血，作出巨大的自我牺牲，来奋起革命？中国人只有在国家民族的生死存亡悬于一发的不得已的情况下，才会万众一心地起来拼命。千百万人奋不顾身地投身革命，绝不是任何人想这样做就能这样做的，而是由深刻的社会原因造成的。中国近代的革命就是中华民族到了最危险的时候，已经处于被灭亡的边缘的情况下，大家要求政府能够领导人民抵抗外来侵略、在内部进行根本改革，为之付出一次又一次的努力，这些最后都落空了，只有在这种情况下，才迫使人们下决心，拿起武器进行革命。

大家都知道，孙中山在1894年成立兴中会的前夜，还赶到天津去见李鸿章，他提出的主张，还是一个很温和的改革的主张，但是李鸿章连见都不见他。所以他自己讲，本来认为李鸿章也许是一个比较识时务的大吏，如果能接受他的意见，那当然比流血牺牲要好，但到这个时候，他所抱的希望完全破灭，最后就走上革命的道路。所以孙中山说过这么一句话，革命是万不得已的事情，而且不能一直革下去。

再拿毛泽东同志来讲，五四时期他曾编过《湘江评论》。那个时候他主张"呼声革命"，也就是无血革命，否则就是以暴易暴。他反对"炸弹革命"，反对

"流血革命"。他讲的民众大联合，是联合起来向政府发出共同的呼声，要它进行改革，所以民众大联合等等还是很温和的。为什么他最后选择了革命？在给蔡和森的一封信里面他这样讲："我看俄国式的革命，是无可如何的山穷水尽诸路皆不通了的一个变计，并不是有更好的方法弃而不采，单要采这个恐怖的方法。"他说那是山穷水尽别的路都走不通以后才采取的办法。如果离开当时的具体历史条件，来评论这些问题，只能是毫无意义的空话。

现在有的人说大革命时期国共合作，为什么以后要搞土地革命啊？这样讲的人忘掉了一个最根本的事实：国共合作是怎么破裂的。当时国民党下狠心大屠杀，据党的六大的报告说杀了 31 万人。毛泽东同志在 1964 年的六七月间两次接见外宾的时候，说过两段话。一段话，他说："那时候，我们也没有准备打仗。我是一个知识分子，当一个小学教员，也没有学过军事，怎么知道打仗呢？就是由于国民党搞白色恐怖，把工会、农会都打掉了，把五万共产党员杀了一大批，抓了一大批，我们才拿起枪来，上山打游击。"还有一段话，他说："他要打，我就打。这个方法是从反动派那里学来的。我们就是从蒋介石那里学来的，蒋介石打我，我就打他。他可以打我，难道我就不能打他呀？"这就把事情说得很清楚了。现在很多人，尤其是不熟悉、不了解那一段历史的人可能会说：那时合作下去多好啊，为什么要走上一条武装斗争的道路呢？要造成十年内战呢？这样做不是消耗了我们的国力，妨碍了我们的现代化吗？大家可以想一想，人家是已经拿了刀杀过来了，杀了你 30 多万人，中国共产党人的鲜血已经流得太多了！在这种情况下，你是束手待毙呢？还是拿起武器来进行反抗？我想这个道理是很明显的。抗战胜利后，共产党也是尽了很大力量希望能够得到和平的。《周恩来选集》里谈到战后国共谈判有三个阶段，前两个阶段我们是真心实意希望能够和平解决的，我们实际上作了非常大的让步，南方很多根据地都放弃了。严格讲，政协决议提出的行政院对立法院负责，这一套并不是共产党的新民主主义主张，某种程度上还是接近旧民主主义的，有点像西方式的政府向国会负责，但要是真能实现的话，它比原来蒋介石的独裁政治来讲，还是前进了一步。另外我们保证要求地方上的地方自治等等，各种措施，我们是真心实意想做到的。但蒋介石认为可以在三个月到六个月内消灭共产党，用大军压境对共产党进行"追剿"，那你说我们能不反抗吗？所以 1949 年中央特地出了一本小册子，也在报上刊登过，题目叫《战争的责任属于谁？》，是为了说清这个问题：这场战争怎么会发生？它的责任在谁？革命确实是在一种不得已的情况下采取的手段。革命当然要付出巨大的代价。但是我们也要看到，革命在短时间内对阻碍社会前进的旧事物所起的扫荡作用是平时多少年也无法比拟的，而且要彻底得多，从而为以后的社会经济的迅速发展开辟了广阔的道路。

　　我们可以把眼光放得更宽一点，看看世界历史，也可以看到这一点。大家都熟悉美国独立战争、法国大革命，不都是流血的革命吗？但是正因为通过这样的流血革命，以及在革命的过程中对旧的社会秩序进行了比较彻底的扫荡，才会有以后西方资本主义的大发展。美国的南北战争，死人无数，但是正因为经过这场战争，把南方的奴隶制扫除，使得美国形成统一的国内市场，并且把当时先进的生产方式推广到全国，那对美国的前进起了什么作用？！要是没有那次战争，就没有后来美国的发展。有些人的眼睛就好像只是停在过程中的某些现象上，而不是放眼从更广阔的历史发展来看待它。再从世界近代史来看，譬如说，在德国，在意大利，在日本，当然也经过了一些战争，但整体来说，它在历史转折关头，没有像美国、法国那样对旧的社会秩序进行那样一场比较彻底的扫荡，旧事物残留得多，对以后产生的负面影响就大。为什么恰恰是德国、日本、意大利后来会发展成为军国主义国家和法西斯，我想都跟这有关。所以革命在一个短时间内，会造成损失，甚至要付出不小的代价，但是在历史的转折关头，只有革命才能扫荡旧的秩序，建立起一个新的秩序。我想这个道理是明显的。当然还可以回到我们前面所说的那个道理：革命不是只凭任何人的主观愿望和意志，你要搞革命，千百万人就会跟着你不惜抛头颅、洒热血一起奋起拼命。不会有这样的事情。它是客观历史发展的一个结果，如果条件不成熟，任何人要做也做不起来。而当革命取得胜利、对旧的社会秩序进行毁灭性的扫荡、把新的社会制度建立起来以后，情况就不同了，又得经过一个漫长的在一个相对稳定的环境里面进行一步一步的改革。这就像要拆掉一个旧的建筑，那是比较容易的。我们在新闻联播里常常看到各地要拆除某些旧房子甚至有些水坝，用定向爆破的方法，一炸，几十米的建筑"哗"一下子就塌了，可以在短时间内完成。但是要在这个地方重新建起一个新的高楼大厦，可不是短期内能完成的了，只能是一块砖一块砖地砌，没有别的路可以走。

在新中国已经成立并且展开大规模建设以后，再搬用以往革命时期的那些想法和做法，是完全错误的。这种错误的出现，也可以理解，因为革命的时候，人们总是非常强烈地追求一种完美的理想社会的实现。这种情绪，有时达到一种狂热的程度。当革命胜利以后，人们往往容易在思想上形成一种习惯。因为前面的胜利就是那么大刀阔斧干出来的，以为我们用同样的方法，也能够很快地在建设中取得同样的成果，但是忽略了或者根本没有认识到这样的想法并不符合已经改变了的客观实际，在新的客观实际的条件下，就不能再采用过去那样的方法。这可能是一个很重要的教训。毛泽东同志曾经写过一篇文章，说我们在春夏之间、秋冬之间，需要换衣服，但人们常常在这个时候没有意识到这个变化，没有换衣服，就容易得病。这个比喻打得很好。从革命时期转到建设时期，就像春夏之间、秋冬之间，周围的客观情况已经变化了，你自己的主观意识、一切做法都要同它适应。这个时候不去适应，还采用原来的办法，就会造成很严重的后果。当然反过来又要说到，我们不能把过去的办法用到今天，但是我们也不能把今天的想法和做法搬到过去。认为过去的革命是不需要的，甚至还认为它是对建设主要起了破坏作用，好像不发生革命，中国的现代化建设倒还会更早地到来，这同样也不是实事求是的，也是不符合当时的客观实际的。

再回到我们刚才说的，就是党的十六大报告里边讲的，中华民族在近代面临着两大历史任务，一个是求得民族独立和人民解放，一个是实现国家繁荣富强和人民共同富裕，前者是为后者扫清障碍，创造必要的前提。路要一步一步走，每个阶段有不同的历史任务，不能把过去的事情拿到今天来做，同样也不能把今天的事情、今天的做法，套到过去，认为过去也能够那样来做。

三、中国共产党的历史责任

在近代中国，谁能够领导人民，将祖国从危难中拯救出来，结束黑暗的旧社会制度，使中国走上现代化的道路，谁就能够得到人民的信任和拥戴。

我听原新四军五师的副政委任质斌同志说过，抗日战争时期，他们到敌后去，老百姓对日本侵略者充满仇恨，枪支又遍地都是，只要你能够登高一呼，只要你能够领导人民抗日，大家一下子就能够起来。也就是说，谁能够代表人民的愿望，人民的要求，人民就拥护谁，就跟着谁走，相反，你不能代表人民的要求和人民的愿望，不能代表他们的利益，你就会被人民所抛弃。这里有没有一个核心力量是十分重要的。刚才我们说中国曾经处在那么严重的民族危机中间，在中国社会内部蕴藏着潜在的巨大的革命力量。但要是没有正确的引路人，那么尽管客观条件也许很成熟，没有正确的主观指导，或者说抓不住机遇，丧失机遇，也会失败。所以小平同志不止一次地讲道："没有毛主席，至少我们中国人民还要在黑暗中摸索更长的时间。"要找到一条正确的道路很不容易。能够正确地引导我们中华民族胜利前进、符合人民解放要求的这种政治力量，在近代中国是有的，那就是中国共产党。

在中国共产党成立前，为了替国家寻找出路，中国人进行过多种多样的尝试，都失败了。

刚才我说到洋务运动，证明只搬用一点西方的某些工业技术和洋枪洋炮，不从根本上触及和改变占主导地位的封建社会制度和政治制度，这样的改革不能带来根本的变化。甲午战争前人们抱有很大希望的洋务运动，最后证明它不能解决中国的问题。

戊戌变法是想依靠皇上的力量，不摧毁旧的社会势力，自上而下地进行改革，也没有能够成功。

义和团运动是下层群众自己起来的，当然各地也有一些小地主参加。义和团也是一个复杂的问题，它具有两重性。一个是外国人当时欺侮中国人到这个地步，怎么能够怪中国人要起来反抗呢？而中国那时又没有先进的阶级、先进的政党来领导。主要是下层的农民或者市民起来反抗，一定同时又会带来很多愚昧落后的东西。我们怎么能够因为义和团运动中表现出来的一些愚昧落后的东西，就说他们不应该起来反抗。当然反过来，也不能因为他们起来反抗，就对那些愚昧落后的东西加以美化。我在一次国际学术讨论会上说义和团运动是在不成熟的社会条件下产生的一个不成熟的运动。它是中国人民的反抗行动，但是它在这种不成熟的社会条件下不能够也没有解决问题。

最后就出现了辛亥革命，辛亥革命的意义是应该充分肯定的。结束了中国几千年的君主专制统治，是一个了不起的大事。辛亥革命使得人们的思想得到很大的解放。连皇帝这个一向被看成最神圣不可侵犯的天子，如今都能够拉下马，那么还有什么陈腐的东西不能丢掉呢？这是可以自然引出的结论。同时，封建的统治经过几千年的经营，已经形成一个很严密的控制网络，这个网络的中心点就是至高无上的皇帝。这个最高统治者是整个旧社会秩序的头，辛亥革命把这个头给砍掉了，整个旧的统治秩序一下子就乱了套了，这就为以后的进步打开了闸门。

要讲辛亥革命的功绩，还有很多。说民国是块招牌，这不错，但有这块招牌跟没有这块招牌大不一样。过去，老百姓叫子民，叫蚁民。孙中山说民国的《临时约法》里边只有一句是他写上的"中华民国之主权属于国民全体"，不管人民是不是真正成了国家的主人，但从道理上讲，他们有了自然做国家主人的意识。这是观念上一个很大的变化。所以辛亥革命后只有七年多，就发生了五四运动。从这种意义上也可以说，没有辛亥革命就没有五四运动。党的十五大报告把辛亥革命称为 20 世纪中国历史上的第一次历史性巨变，这个评价是公允的。但是报告里面也提到，它毕竟没有改变中国半殖民地半封建社会的性质，也没有改变人民的悲惨境遇，它使我们在 20 世纪的前进中跨出了一大步，但它并没有完成历史交给它的任务。

那是什么原因呢？实践证明，要想在中国国土上摧毁旧势力，建立新社会，实现国家的独立、富强和现代化，需要具备几个条件。

第一个条件，要有一个能够正确把握航向的革命政党，作为引路人。这就需要正确理论的指导，要能够正确地分析国情，要能提出正确的路线和政策。辛亥革命的时候中心口号是反对清朝政府，有的人对这个口号完全否定。事实上，在当时的中国，要抵抗外来的侵略也好，要实现国内的根本社会改革也好，首先必须推翻当时统治中国的清朝封建专制政府，这是当时中国历史前进必须抓住的一个中心环节。孙中山也多次解释，这个口号反对的仅仅是压迫人民的那些人。

中国是一个统一的多民族的国家。与世界其他国家相比，确实有其独特的地方。在世界历史上曾经有过很多大的帝国，譬如亚历山大统治时期的马其顿帝国、罗马帝国、奥斯曼帝国，甚至于大不列颠那个曾称为"日不落"的帝国，但是这些大帝国最后都崩溃了，而中国，五十六个民族能够成为一个国家，而且历久不散，共同组成中华民族的大家庭。这是什么原因呢？我想很重要的原因就是，这一个多民族国家的形成不是靠短期的武力征服达到的，它是在几千年长时期的经济、文化交流中间互相融合，你中有我，我中有你，逐渐成为一个整体。这一点非常重要。刚才说的那些靠短期武力征服而形成的大帝国，不久就分开了。中国就不同。大家看辛亥革命时期把口号叫得那么响，但是在辛亥革命起来以后，在中国并没有出现种族清洗。要是像现在世界上一些民族矛盾很激烈的地方那样，来个种族清洗很容易发生，但在中国并没有发生。五十六个民族形成统一的多民族国家，这不是一种偶然的事情。

辛亥革命提出的口号，抓住了当时的中心环节，但它没有提出反对帝国主义的口号，没有提出反对封建势力的口号。这样一来，实际上就把帝国主义、封建主义这两个主要对手给放过去了，好像只要把清朝政府推倒了，革命就成功了。反对帝国主义、反对封建势力这些口号是到共产党成立后才提出来的。

第二个条件，是需要团结一切可以团结的力量，特别是要发动并且依靠占人口绝大多数的工人和农民。这也是辛亥革命所缺少的。当时革命派主要是学生，然后联络一些新军，大部分省的独立主要是依靠新军发动的。学生在里面做了很多工作，否则军队行动不起来，有些地方还依靠来自下层社会的会党。会党带有一些江湖性质，有很大的破坏性，但在共产党成立以前，也有它积极的方面。这些人作为一股巨大的冲击力量，能够一下子把当地的政府推倒，但是再前进一步，就显得力量太单薄了，依靠这一点力量，怎么来领导和管理整个社会？从全国范围来说，帝国主义和封建势力是盘根错节、非常强大的力量，要是没有把占人口中最大多数的工人农民发动起来，很快就会觉得自己的力量非常单薄，甚至孤立无援，这就容易走向妥协。

第三个条件，要有一个由一大批有共同理想和严格纪律的先进分子所组成的政党。辛亥革命中领导革命的是中国同盟会，它虽然制定了纲领，就是孙中山的三民主义，但三民主义中被多数人接受的只有民族主义。其次才是民权主义。至于民生主义接受的就更少了。这个党在组织上十分松弛，没有严格的纪律。所以辛亥革命一开始，章太炎就讲了一句话，说"革命军兴，革命党消"。就是革命军一起来，革命党就不存在了，这个党就不能再起号召与核心作用了。

这三点归结起来，就是要解决中国的问题，需要有一个能够指出正确方向的党，这个党能够发动和依靠最广大的人民，首先是工人农民，形成一个坚不可摧的力量，而且又有一批有共同理想和严格纪律的先进分子成为它的核心。没有这些，中国的问题解决不了，而中国共产党就是这样的一个党。毛泽东在说到中国共产党的成立时就讲道："包括辛亥革命那样全国规模的运动，都失败了。国家的情况一天一天坏，环境迫使人们活不下去，怀疑产生了，增长了，发展了。"正是在这种情况下，大家要找一条新的路。正好十月革命一声炮响，给我们送来了马克思列宁主义。辛亥革命以后十年，中国共产党就成立了。

这个党，一开始就有两个特点：

一个是，有着正确的理论作为指导，这就是马克思列宁主义。中国共产党从成立开始，长远目标就是要在中国建设社会主义、共产主义的社会。到第二年，在党的二大，提出我们党主要反对的是帝国主义和国内的封建军阀，提出反帝反封建的目标。所以，一开始就有正确理论的指导，而且逐步用这个理论来指导研究中国的国情，提出一个正确的纲领。

另一个是，集结起一批有献身精神的先进分子，深入到工人农民之中去做群众工作。第一个翻译《共产党宣言》的陈望道先生，是共产党的最初发起组的成员，我跟他很熟，在新中国成立初期曾问过他党最初开始活动时的情况。他说那时，他和茅盾一起，等工厂一放工，就站在厂门口向工人们演讲，结果没有人听，后来，才慢慢找到办法，先办工人夜校，教工人们文化，然后逐渐进行政治教育和组织工作。

中国共产党成立以后，最早做的事情就是两件：一件是宣传马克思主义，努力用马克思主义分析中国的实际情况，办了几个杂志，包括后期的《新青年》《共产党》《向导》这些杂志。另外一件就是从事工人运动，当时成立了中国劳动组合书记部。在工人农民之间，中国共产党是从工人工作入手的。党的老一辈的领导人，毛泽东同志、周恩来同志、刘少奇同志他们最初不是先搞农民运动，都是首先在城市里接受了先进的思想，到工人中间去做工作，以后再到农村。所以共产党领导的中国革命的主力军虽然是农民，但并不是旧式的农民战争，是用马克思主义武装代表工人阶级利益

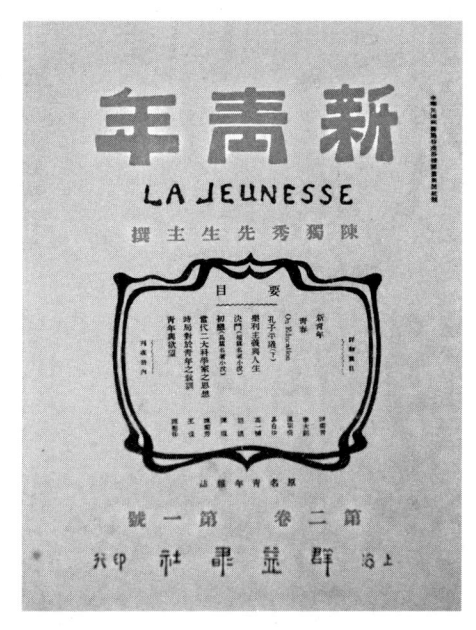

《新青年》第二卷第一号

的力量来领导。总之，中国共产党成立初期具备这么两个特点，一个是有正确的理论为指导，一个是直接到劳苦群众中间去做工作。这样的党是中国历史上从来不曾有过的。这个党一经产生，中国的面貌就发生了根本的变化。

当然，在中国这样一个人口众多、经济文化落后的东方农业大国，要把马克思主义的普遍原理同中国的具体实际结合起来，是极不容易的，并没有什么现成的答案。新的问题一个又一个提出来，只能在实践中摸索前进。想要了解中国近代历史，"探索"这两个字恐怕是一个关键性的词。离开"探索"这两个字，很多问题都无法理解。中国是一个在东方的有着几亿人口的以农业为主

体的古老大国。在这样一个大国里，怎么进行革命，怎么进行建设，马克思主义的书本上没有现成的答案，西方的办法、苏联的办法都不能照搬来用，完全要靠我们自己去闯。中国的民族危机极端深重，中华民族正处在生死存亡的关头，周围的变化非常快，许多问题都要立刻作出决定，不允许人们都从从容容地调查清楚以后再来前进。打一个比喻，好像一条船要驶向一个根本没有航标的、甚至没有人走过的汪洋大海里去，不知道什么地方有暗礁，什么地方有浅滩，什么地方有漩涡，周围的环境又是狂风暴雨，要你马上把好舵前进。在这种情况下，突然在哪里触上暗礁，受到些损伤，灌了点水，都不稀奇，只要船不沉就好。船最后能够在这样的探索中找到一条正确的航道，驶向自己的目的地，更是了不得。无论在革命时期也好，建设时期也好，在这过程中间的很多挫折，恐怕都需要跟整个探索的过程联系起来才能理解。

在革命时期，我们的党曾经犯过三次"左"倾错误，这对学过党史的人都是常识。但是也可以进一步提出一些问题：这三次"左"倾，为什么当一次"左"倾纠正以后，接下来又是一次"左"倾，而且一次比一次厉害，这是什么原因？当然，这里有主要负责人，有共产国际的原因，但当时党的领导干部甚至党员中大多数人是支持的，这又是什么原因？这三次"左"倾，有什么相同的地方，又有什么不同的地方？这些都是可以探讨的。

我们可以看看这三次"左"倾是怎么一次次发展起来的。第一次"左"倾跟以后两次的不同点在于：它是中国共产党在大革命遭受惨重失败后发生的。刚才已经讲到，国民党在全国进行了大屠杀，当时一共杀了31万多人（1927年3月到1928年上半年），其中共产党人有26000人。在那种情况下，党内就出现了第一次"左"倾错误——"左"倾盲动主义。它最明显的标志是在全国各地，不顾当地的主客观条件，都要求起来暴动，谁不暴动谁就是机会主义，而且认为党的任务就是最后在全国实现总暴动。大家知道，在大革命失败后，中国共产党的力量受到非常大的摧残。大量工会农会被解散，工人农民运动也消沉下去。国民党的统治，在北伐战争以后得到了一个暂时的稳定时期，以前我们不大愿意讲这一点，但这是事实。从1928年国民党军队进入北京、天津以后，一直到 1929 年 3 月蒋桂战争爆发，差不多 9 个月的时间，国内的内战停了下来。全国的交通恢复了，包括几条大铁路。近代中国，从 1915 年以后，在军阀割据、军阀混战的状况下，铁路经常中断，那时候恢复了。在这 9 个月里面，民族工商业得到一些恢复和发展。很多人对国民党抱有希望，因为它还打着孙中山的三民主义的旗号。在这样敌我力量悬殊的情况下，怎么能不顾条件搞全国的总暴动呢？但是我们也可以理解，出现这种现象有两个原因：一个原因是，在大革命失败以后国民党的大屠杀下，不少同志牺牲了，人们有一种强烈的复仇心理；另外，那个时候有一批人动摇甚至叛变，很多坚持下来革命的人，对那些背叛的行为充满了鄙视和憎恨，觉得在这种情况下谁不敢起来坚决行动就是可耻的动摇和背叛。另一个原因是，那个时候大革命高潮刚过去不久，全国曾出现过那么轰轰烈烈的场面，北伐军胜利北进，各地工农运动风起云涌，很多人一直沉浸在这样的陶醉中，突然遇到这么严重的挫折，很不能适应，总觉得这个局面不会长久，只要坚持奋斗，一个新的局面很快又可以打开。第一次盲动就是在这么一个状况下发生的。

瞿秋白同志当时写了一篇文章，题目是《中国革命是什么样的革命？》，他提出一个问题："革命是低落吗？"并且这样回答："革命潮流的低落与消沉，在现时的中国必须有三个条件：一、反革命的统治能相当解决中国社会关系中的严重问题（如土地问题、劳资问题等）；二、反革命的统治能够逐渐稳定；三、革命的群众溃散而消沉。如今事实上中国绝对没有这些条件。"所以他就得出结论，说"中国革命是高涨而不是低落，中国革命的高涨而且是无间断的性质，——各地农民暴动的继续爆发以及城市工人中斗争的日益剧烈，显然有汇合而成总暴动的趋势"。我们今天看起来，好像当时的盲动主义很可笑，敌我力量这么悬殊，怎么还这样硬拼啊？但读读瞿秋白同志那段话，他们当时并不是简单地盲目地受到共产国际的影响，也经过他们自己的深思熟虑。他提出的这些问题都是事实。在国民党统治下，中国的社会根本矛盾有没有解决？一个也没有解决。它的统治能不能稳定？离瞿秋白讲那些话只隔了三四个月，国民党集团内部的战争就爆发了，它的统治并不稳定。人民的革命意志是不是都消除了？没有。所以他认为，从这里可以得出结论，革命当然是在不断高涨。但事实上，问题要看到两面：一方面，这些问题确实没有解决，因此中国的革命还会继续一步一步地发展；另一方面，在当时情况下，双方力量对比太悬殊了，所以眼前的任务还不是什么总暴动，只能是争取群众，而且特别要到敌人统治力量薄弱的农村中去争取群众，一步一步走向全国革命的高潮。这次"左"倾错误，因为造成很多损失，隔了半年就停止了。

第二次"左"倾错误，与第一次相隔了两年。它跟第一次"左"倾有一个很明显的不同。第一次，是在革命失败的情况下，带有拼命性质的蛮干，第二次"左"倾是在革命走向逐步复兴，国民党统治集团内部又出现新的危机的情况下，对形势作出过分乐观的估计而采取的冒险主义行动。纠正第一次"左"倾错误的1928年的党的六大，所制定的基本路线是正确的，中国还是半殖民地半封建社会，中国革命还是资产阶级民主革命，现在正处在两个高潮中间的低潮的时候，党的总方针是争取群众。党的六大后的两年之中，各方面的工作显然是有成效的：一个是，在国民党统治区，原来几乎被打散了的组织，一个一个地重新恢复起来，并且要求大家下去做群众工作，深入到群众中间去；另一个是，红军和革命根据地的力量有了很大的发展，1930年全国红军已经有了13个军，62700多人，大概3万支枪，建立起了大小15个革命根据地，开展土地革命，建立了自己的政权和武装。而国民党到1930年的时候爆发了规模空前的以蒋介石为一方，以阎锡山、冯玉祥、李宗仁等为另一方的中原大战，双方出动的兵力有160万人，在平汉铁路、津浦铁路、陇海铁路这三条铁路线上，打了四个月，根本顾不上对付共产党，内部危机也很深重。再加上共产国际又有四次来信。那时共产国际把苏联的利益和做法强加给各国共产党。苏联正反对布哈林的右倾，就要求各国共产党都要反右倾。它在来信里边说中国现在又到了一个总危机的时候，说"左"倾盲动主义错误现在已经克服了。党的六大时并没有讲明现在所处两个高潮之间的低潮有多长时间，多少时间又可以走向高潮，而共产党人心里一般都有很急切的愿望，希望能够快一点渡过这个低潮，很容易认为现在新的高潮又要到来了。李立三的冒险主义并不是号召立刻举行全国总暴动，他的计划大体上是先搞南京兵暴，然后上海总罢工，再以后是武汉的总同盟罢工，在湖北首先取得一省胜利，建立苏维埃政权。对红军，他跟第一次盲动主义时不一样，比较注意到这个力量，要求他们会合起来，一方面军、二方面军（当时叫二、六军团）、四方面军会攻武汉，那时候主张叫一方面军，先打南昌，以后要攻长沙。但是这一套计划实际上是行不通的。他准备要首先取得胜利的是武汉，但项英到武汉以后一看，共产党员只有 150 个人，当地的赤色工会会员只有 200 多人，你说这个地方，能首先胜利吗？六届四中全会上顾顺章（后来成为大叛徒）有个发言，他说李立三曾跟他讲，某地要暴动，你给我派六个营级指挥员去那里指挥暴动，顾顺章回答我们一共只有三个，要我派六个怎么派？李立三就发火了，说这都什么时候了，你还讨价还价？那次是在革命胜利发展的形势之下，刚刚有那么一点复兴，又被胜利冲昏头脑，对情况作出过分乐观的估计。当然，李立三路线后来的失败，还有一个原因，就是得罪了共产国际。因为世界范围内，1929 年以后出现了严重的经济危机，当时称为总危机，而苏联第一个五年计划刚开始，所以苏联希望各地的革命运动能够牵制住帝国主义的力量，使自己能够很好地恢复和发展起来，而李立三却说中国革命的胜利是世界革命胜利的起点，苏联也应该准备参加战争，蒙古应该出兵来支持中国，这不就得罪了共产国际？他还讲共产国际不了解中国情况，当然又得罪了。后来共产国际给他上纲为"半托洛斯基主义"，就是跟托洛斯基的不断革命、世界革命理论联系起来了。

第三次"左"倾是紧跟着第二次"左"倾来的，就是那一批从共产国际派回来的王明、博古，包括张闻天、王稼祥等人（张闻天、王稼祥二人的思想后来有了很大的变化）带来的。他们跟第二次"左"倾又有不同，打的旗号叫国际路线，声称要执行共产国际的路线。那时共产国际在中国共产党内有很高的威信，中国共产党在党章里规定是共产国际的一个支部，要听从它的命令。他们来后提出的国际路线，就是进攻路线。那个时候国民党统治区里面的工人运动已经越来越低落了，而红军和革命根据地日益发展壮大，所以他们又有一个变化，就是把越来越多的注意力集中到红军和根据地方面去。本来，中共中央越来越看重红军和根据地，好像是好事，为什么后来反而又成为坏事了呢？因为原来他们一直以城市为中心，对红军和根据地只要求起些配合作用，并没有把它们看得很重，因此也没有太多的干涉。而第三次"左"倾就不同，他们在城市工作中认为刘少奇是右倾机会主义，而重点放在红军和农村根据地方面。当他们没有更多地插手红军和根据地前，当地自己做主的余地还大一些，所以很快发展起来了，而这些人一进去以后，就把权拿过来了。临时中央到中央苏区，就是一方面军那里，派从莫斯科回来的夏曦到红二、六军团去，派张国焘到四方面军、鄂豫皖根据地去，直接控制这些地区，一切要听他们的指挥。那个时候，情况就跟以前大不一样了。革命根据地最大的损失就是在他们来了以后。第三次"左"倾错误的一个高峰是1934年1月的六届五中全会。它的政治决议案是这样写的："目前的形势是中国领土内存在着两个绝对相反的政权，两个绝对相反的世界，正在进行生死存亡的斗争。"在粉碎第五次"围剿"的决战面前，苏维埃道路与殖民地道路之间谁战胜谁的问题正式尖锐地被提了出来，已经到了一个谁战胜谁的决战的时期。所以，在军事上就提出要形成百万钢铁红军，是大量扩军，是御敌于国门之外，就是跟人家打阵地战，如广昌战役等等，在土地问题上，实行地主不分田，富农分坏田；在统一战线方面，又提出中间派是最危险的敌人。用这样一整套的政策，又打着国际路线的旗号，统治了四年之久，就使整个根据地几乎全盘失败，逼着红军走上长征的路。

中国共产党内的三次"左"倾错误一次一次地发展下来也有内在的规律可以寻找。这三次"左"倾有不同，也有相同的地方，归结起来是这样三点：一是主观主义。主观脱离客观，不根据实际情况办事，只是从主观的愿望出发，或者是从马克思主义的书本出发，希望革命尽快走向高潮。博古在党的七大的发言里面检讨自己，说我一碰到事情，不是先想到实际情况，怎样去分析这个问题，而是马上去想马克思恩格斯的经典著作中是怎么讲的，外国如苏联或者西班牙是怎么做的，而对中国革命的长期性、复杂性、艰苦性估计不足，总希望能够很快地取得胜利，结果造成更大的损失。二是群众路线问题。因为这些问题尽管是新的问题，处在第一线工作的人在碰了钉子以后，往往就提出不同的意见，但是这些意见总是在很长时间内没有被听取和接纳。这里就涉及群众路线、党内集体领导和党内民主的问题。第一次"左"倾的时候，项英、王若飞等人提出过现在革命形势不是高潮其实是低潮。第二次，李立三路线的时候，何孟雄等人提出了不同的意见，而红军领导人在要他们进攻南昌时没有执行，认为在这种情况下不可能那样打。第三次"左"倾，反对的人更多了，而"左"倾领导人批评罗明路线，认为是右倾保守思想，实行残酷斗争，无情打击，所以错误不能及时纠正。三是这三次错误确实都跟共产国际有关，共产国际要负很大责任。中国的事情要由远在万里之外的莫斯科指挥，那怎么行啊？派来中国的代表也并不都是什么一流人才，更不了解中国情况。所以毛泽东在《反对本本主义》里说："中国革命斗争的胜利要靠中国同志了解中国情况。"这句话就是在这种情况下说的。我们可以看到，后来毛泽东找到"农村包围城市""武装夺取政权"这么一条独特的中国革命胜利的道路，得来多么不易！

我们讲了三个问题，第一个是主观主义，就是不实事求是。第二个是没有党内民主，不走群众路线。第三个是共产国际瞎指挥，中国共产党不能独立自主地处理自己的问题。所以《中国共产党中央委员会关于建国以来党的若干历史问题的决议》就讲毛泽东思想的活的灵魂有三个基本方面：一个是实事求是，一个是群众路线，一个是独立自主。这几点确实是中国人付出了惨重的代价，在实践中间最后总结得出的最基本的经验教训。有了这些，中国革命才能取得胜利。

注释：

①本文发表于《中共党史研究》2005年第3期，所以文中出现的时间都是以发表时的时间为参照。——编者注

②2010年崇文区和东城区合并成新的东城区，宣武区和西城区合并成新的西城区。——编者注

（讲座时间 2004年）

葛兆光

古代中国人的"天下观"

葛兆光

葛兆光，1950年生，原籍福建福州。1984年北京大学中文系研究生毕业。曾任清华大学教授、博士生导师，现任复旦大学学术委员会委员、历史系教授。兼任国家古籍整理出版规划小组成员，全国高校古籍整理研究委员会委员，中国社会科学院研究生院、北京大学、四川大学、中国人民大学兼职教授。

主要研究领域是中国宗教史、思想史和文

化史。主要著作有:《禅宗与中国文化》《道教与中国文化》《古诗文要籍叙录》《汉字的魔方:中国古典诗歌语言学札记》《想象力的世界——道教与唐代文学》《唐诗选注》《中国经典十种》《中国禅思想史——从6世纪到9世纪》《葛兆光自选集》《中国宗教与文学论集》《中国思想史第一卷——七世纪前中国的知识、思想与信仰世界》《中国思想史第二卷——七世纪至十九世纪中国的知识、思想与信仰》《古代中国社会与文化十讲》《域外中国学十论》《屈服史及其他:六朝隋唐道教的思想史研究》《思想史研究课堂讲录》《古代中国文化讲义》《西潮又东风:晚清民初思想、宗教与学术十讲》《古代中国的历史、思想与宗教》等。其著作曾获第一届中国图书奖、第一届长江读书奖、第七届吴玉章人文社会科学一等奖等,有多种被译成英文、日文和韩文在国外出版。

本篇的题目是"古代中国人的'天下观'"。虽然讲古代的内容,但会涉及很多现代的问题。

《混一疆理历代国都之图》绘制于中国明代初期。这幅地图非常宝贵,现保存于日本京都大谷大学图书馆,中国没有保存。在这幅地图的左侧,出现了阿拉伯半岛和非洲的图像,据有关专家说,在非洲倒锥形图像中间出现的水面,是当时人所知道的非洲南部的大湖区。但是那个时候连欧洲人都无法画出非洲的图像。欧洲人是在绕过好望角后,才知道整个非洲大陆是一个倒锥形。这个问题中国学术界至今无法解释。据说《混一疆理历代国都之图》是根据元代的一幅地图画的，那么这幅地图说明了什么呢？说明古代中国人的世界地理知识似乎不像现在我们想象的那么少。

那么，为什么在中国人的传统观念里面，始终认为自己在"天下"的中央，是"天下"唯一的大国，而周边只是一些不足道的国家呢？今天我们要讨论以下三个问题：

第一，中国人对于世界的认知就是对自我的认知。认识外面的世界，实际上反过来是要认识自我。很多学者指出，中国从古代走向现代，一个很重要的标志就是中国人的世界观从"天下"转变为"万国"。就是说从原来认为世界就是一个"天下"，到认识了世界上有很多国家，很多不管大小但是在政治上平等的国家；从古代的朝贡体系转向现代的条约体系，即由条约来约定国际关系的体系；同时也伴随着从君主制度到共和制度的转变。在这个变化的背后我们可以看到，中国人在近代以前，好像沉湎在一个古代的"天下"观念里面。可是我们要问，古代人真的不知道有"万国"的存在吗？那么这幅地图是怎么画出来的呢？可见，古代中国人实际的地理知识和思想观念上的世界观不一定一致，这是我们要说明的第一个问题。

第二，如果古代中国人很早就知道有"万国"存在，知道了世界的图像，那么为什么这些知识并不能改变他们的思想呢？甚至到了清代，中国人依然停留在"万国来朝"的观念里面。闭关自守的思想和狂妄自大的心态导致我们在现代化的道路上遇到很多障碍。

第三，古代人想象中的"天下"是怎样影响了中国特色的世界主义和民族主义呢？从古至今，中国人的世界主义和民族主义一直有别于其他国家。比如说，世界各国尤其是一些地区的民族主义常常是跟传统相连的。它通过捍卫自己的传统、强调自己的历史，来凸显自己的民族特色。可是中国的民族主义呢？它是一种反传统的民族主义。我们今天讨论古代中国人的"天下观"，可能会涉及这个方面。

这种"天下观"并不是中国人独有的，西方人也一样。1481年欧洲人所

绘的以耶路撒冷为中心的世界地
图，反映了中世纪以来，欧洲人对
于"天下"的想象。地图中间的圆
心，是欧洲人想象的"天下"的中
央──耶路撒冷。左上方是欧洲，
右上方是亚洲，下方是非洲。欧洲
的古代世界地图，也是由左上方的
欧洲，右上方的亚洲和下方的非洲
构成。地图周围画了 12 个人，像
在吹气，代表 12 个月的变化。左

明崇祯本《山海经》（郭璞注、蒋应镐绘）中的插图

边画了一排相貌古怪的人，就是欧洲人想象中外面世界的人。可见，欧洲人认
为非我族类，就不算是人，即使是人，也长得很奇怪。15 世纪《自然之书》中
对异国人的想象，跟中国的《山海经》中对异国人的想象差不多。可见欧洲人
也有以自我为中心的"天下"观念。地理大发现以后，欧洲人进入东方，揭开
了东方的帷幕，但是以自我为中心的"天下"观念在欧洲人的脑海中又延续了
很长一段时间。1545 年欧洲人画的《亚洲图》中，仍然把亚洲人画得非常奇怪。

古代中国人是怎样想象"天下"的呢？

第一，汉代以前，古代中国人不讲"世界"这个词，"世界"是佛教用语。
那时候中国人讲"天下"，"普天之下莫非王土，率土之滨莫非王臣"，这个是古
代人的想象。春秋战国时代，中国已经形成了一个稳定的"天下观"。这个"天
下观"强调，中国所在的地方是世界的中心，也是文明的中心。春秋战国时期
的中国人认为，洛阳是"天下"的中心，所以有"洛者天之中也"之说。为什
么呢？因为这个想象中的"天下观"是在东周时期形成的，当时的周天子虽然
没有多大的力量，但是无论测量天文，还是测定节气，都是以洛阳为中心。

第二，大地就好像一个棋盘，或者像一个回字形，由中央向外不断地延伸。
第一圈是王所在的京城，第二圈叫作华夏或者诸夏，第三圈是周边的各族。大
概在东周列国时代，形成了所谓中国的概念。中国不仅仅是地理上的概念，同

样也是文明上的概念。

第三，在古代中国人的观念里面，地理空间越往外，就越荒凉，住在那里的人就越野蛮，文明的等级也就越低。所以文明也是跟地理空间相关的，中间最文明，越往外就越不文明。

那么，古代中国人的"天下"是怎样来的呢？

一、天圆与地方："天下"、中国与"四夷"

传说大禹治水时，他治理过的地方就叫九州。九州包括冀州、兖州、青州、徐州、扬州、荆州、豫州、梁州、雍州。如果以上北下南来看的话，是顺时针方向从北向东、向南、向西，划出了一块地区，大约只包括今河北、山东、江苏、湖北、湖南、河南、四川、陕西、山西这一圈。我的老家福建当时在化外，叫"南蛮鴃舌"之人，被看作"野蛮人"。一直到唐代，韩愈"一封朝奏九重天，夕贬潮阳路八千"。可见当时被贬到潮州是很惨的。当年苏东坡被贬到岭南，在当时看来也很惨。苏东坡说："日啖荔枝三百颗，不辞长作岭南人。"如果我一天能吃三百颗荔枝的话，那我就在这当岭南人吧！可见，岭南在古代中国人的观念里面是很边远的地方。

古代儒家经典里面，有"天下"就是"五服"的记载。"王"所在的洛阳一带为"中心"，叫王畿。王畿周边叫"五百里甸服"，甸是郊外的意思。"五百里甸服"是指这五百里的范围是王城的郊外。再外面五百里叫作侯服，由封侯管理。再外面五百里叫绥服。古代，为了防止人从马车上掉下来，在车的两边装了一条绳子，像现在的扶手一样，这条绳子叫绥。再外面五百里叫要服。"要"是约定的意思，要服即双方约定好你臣服我，做我的朝贡国，但是允许你有相对的独立性。再外面五百里就是荒服。荒服是指只要形式上朝贡就可以了，由于那里太荒凉，皇帝不屑于管理那里。后来还有"九服"之说，它把"五服"更加细化了。由此形成一种观念，好像在古代人心目中，方圆五千里空间就是古代人能够知道的"天下"。《山海经》里就描绘了这样一个方形的"天下"，它包括《北山经》《南山经》《东山经》《西山经》《大荒南经》《大荒北经》《大荒东经》《大荒西经》等等。

清代嘉庆年间的李汝珍，写了一本小说，叫《镜花缘》。《镜花缘》里的主人公唐敖，与林之洋和多九公一同漂洋过海，到了好多国家。那些国家其实就是《山海经》里记载的想象中"天下"的边缘国家。其中包括多毛国、狗头国、奇肢国、穿胸国，还有君子国、女人国等等。尽管古代中国人的地理知识可能不止这些，但是他想象的"天下"始终是在这样一个范围内，这是一个根深蒂固的"天下观"。

为什么古代人会有这样的想象呢？我觉得道理既简单又复杂。简单地说，古代中国人相信"天圆地方"。在他们的想象中，天是圆的，像一个斗笠一样覆盖在大地上，中心是北极星和北斗星所在的位置。大地是方的，就像棋盘，中心是洛阳一带。这种想法占据了古代思想世界的主流。

在《天地定位图》中，"天圆如倚盖"，周围是二十八宿。"地方如棋局"，大地是方的，像棋局一样。"地倾西北界"，西北处于高处，像撒马尔罕、瓦剌这些西域的地方，属于高处。"地不满东南"，东南这一带都是海。这种观念在

体现古代中国人"天下观"的北京天坛圜丘坛　　　　　　　　杜雪琼/供图

当时非常流行，它不仅有一些似是而非的知识支持，而且还有很多想象的支持。汉代的一块画像石描绘到，天帝坐在北极，俯视"天下"，掌控着"天下"四季的变化，他驾驭的那辆车就是北斗，这就是古代人的想象。

很多考古学家都指出，古代人"天圆地方"的想象根深蒂固。过去祭祀用的玉琮是天圆地方的，河南濮阳发现的五千年前的古墓也有青龙白虎北斗的图像，就连天坛也是天圆地方。现代人的观念认为世界"无处非中"，地球上没有哪一个地方可以算是中心，因为地球上任何一个点都可能是中心。但是古代中国人始终非常强烈地认为，中国所在的这个地方是中央。这个观念对后来的一系列政治、经济、文化政策都产生了影响。

朝贡体制观念的基础就是古代中国人的"天下观"。古代中国的国力曾经非常强大，正因如此，古代中国人认为中国是"天下"的中央，是最文明、最发达的地方。但是现在有很多人，包括日本人、韩国人，对中国古代的朝贡体系有很多误解。其实中国的朝贡体系是一个文化意义大于政治意义的国际关系，象征性的朝贡要远远大于实质性的控制。古代中国人特别满足于周边各个国家来进贡，而不在意他们进贡了什么贡品。中国在朝贡体制上从来没有经济的考虑。朝贡国一般都送他们国家比较稀有的物品。比如说，朝鲜的纸不错，就进贡一些纸，人参不错，就进贡一些人参。朝贡体制没有在经济上给中国带来什么实惠。相反，琉球、安南、朝鲜等国来进贡时，天朝大国还要送给它们更多的礼物，以表示自己更加富有。朝贡体制在很大程度上构成了一个以中国为中心的贸易圈。中国需要的是大宗香料和一些缺少的药材，而中国出口最大宗的是丝绸和瓷器。这个贸易圈实际上刺激了中国的进出口贸易关系。

二、古代中国对"天下"的怀疑与幻想

古代中国也有人对这种"天下观"产生怀疑，曾经大胆幻想，外面是不是有一个更广袤的世界。战国时代的邹衍认为，大禹治水所包括的九州只是一个小九州，叫作"赤县神州"。它的外面有八个大州，八个大州和赤县神州合起

来才是一个中九州。中九州的外面被海包围着，在海的外面还有八个大九州，合起来九九八十一个州，那才算是真正的"天下"。由于邹衍的说法没有什么根据，所以古代中国人很快就把他的思想边缘化了。一直到明代后期，西洋人"九万里来航"，邹衍的观点才被接受。

汉代曾经有过一次很好的契机来改变中国人传统的"天下观"。公元前139年，就是汉武帝建元二年，张骞出使西域。13年后，张骞回到长安，向汉武帝报告了他所见到的外部世界。他把大宛（今费尔干纳盆地）、康居（今塔吉克斯坦、阿塞拜疆、乌兹别克斯坦及哈萨克斯坦南部）、大月氏（今帕米尔高原以西、阿富汗境内）、大夏（今印度西北、巴基斯坦、克什米尔附近），以及听说的乌孙、安息（伊朗境内）、条枝（叙利亚一带）、身毒（印度）的情况介绍回来。遗憾的是，这些见闻并没有真正改变古代中国人心灵深处的"天下观"。

尽管中国跟外部世界的交往受到地理的限制，但中国人对外部世界绝对不缺乏了解。在传说由梁元帝画的《职贡图》中，画的都是外国人，可见当时有很多外国人来中国。新疆克孜尔壁画里面的牧羊人，很明显是中亚人的形象。壁画里的外族供养人也不是汉族人。在敦煌454窟的壁画《维摩诘经变·各国王子》中，各个国家的人都有。可见，中国人当时的实际知识远远超出了以汉族为主的中国的边界。

敦煌莫高窟壁画《维摩诘经变·各国王子》（局部）

三、佛教传入中国与中国的"世界观"

中国人很少用战争的方式来一统天下，因为觉得自己靠文化就可以威服异邦。不过汉族人也有控制不了局面的时候，比如说十六国时代。但被认为这是游牧民族偶然的做法，干脆用修边界的方法与他们隔开。西晋发生动乱时，一位叫江统的人写了一篇《徙戎论》，建议把游牧民族迁徙到另外一个地方。中国人在很长时间里关于"天下"的划分观念始终没有改变。

改变中国人"天下观"的一个重大契机是佛教的传入。佛教对于中国文明是一个根本性的震撼。它的冲击力与西方文明对中国的震撼相仿，但也有区别。佛教不是靠坚船利炮，而是以文化交流的形式进入中国的。也正因如此，两者在文化交流中彼此交融。但是佛教有三个根本的观念跟中国传统文明不能相容。

第一，按照佛教的观点，宗教权力与世俗皇权是并立的。如果佛教征服了中国，中国就会跟欧洲一样，出现由宗教代表的神权和由政治代表的皇权组成的两个权力中心。佛教刚刚进入中国时也试图这样做，认为世俗皇权不能够凌驾于宗教佛法僧之上。所以在东晋发生过一次意义重大的辩论。东晋的慧远和尚写过一篇文章，叫《沙门不敬王者论》，主张和尚不需要尊敬世俗的皇帝，引发了一场大辩论。辩论一直持续到武则天时代，结果是佛教要臣服于世俗的皇权。可是佛教从一开始进入中国就跟儒家伦理剧烈冲突。儒家伦理认为皇权是绝对的，君权是绝对的。这导致佛教跟中国世俗格格不入。

第二，按照佛教的说法，"天下"的中心不是中国而是印度，而且这个观点有科学上的支持。佛教徒向中国人提出一个问题，如果说洛阳是世界的中心，那么洛阳有多少时间日下无影？就是说如果在洛阳立一个杆，有多少时间太阳当顶，照下来没有影子？从严格意义上说，洛阳只有夏至这一天日下无影，甚至夏至这一天也不一定是正照。而印度日下无影的时间则很长，佛教僧人以此为据，认为天下的中心应该在印度。

第三，佛教徒认为佛教的真理远远高于儒家的真理，这一点也是中国人无法接受的。因此佛教与中国的传统文明产生了三个不能相容的矛盾。

　　宋代有一幅地图，叫《华夷图》，在当时看来有华有"夷"就是"天下"了。《华夷图》主要也只包括汉族中国这一圈，周边的国家要仔细看才看得见。宋代有一幅按照唐代地图翻制的《舆地图》。所谓"舆地"就是舟车所到的地方，泛指"天下"。《舆地图》画的也还是以汉族为主的中国这一部分。最清楚的一幅地图是《地理图》，从海域上来看，这幅图是目前我们看到的宋代以前最准确的地图。它反映了那个时代中国人对于"天下"的想象，可见那个时候中国人头脑里的"天下"基本上还是局限在汉族地区，至于四边的民族和国家可以存而不论。成吉思汗曾经攻打到匈牙利，他的"天下"可谓广阔。但是元朝的世界地图画的还是以中国为中心的这一块地方。

　　佛教就不同了。佛教告诉中国人，世界是由四大部分组成的，其中的一个部分叫南赡部州，中国只是南赡部州里的一小块地方，南赡部州还包括印度等很多国家。按照佛教的说法，世界上有四个天子，可是中国人向来认为"国无二君，天无二日"，怎么能有四个天子呢？这对中国的"世界观"产生了很大的冲击。在一幅宋代绘制的佛教地图中，中国只占世界的三分之一，另外两个部分分别是现在的中亚一带和印度。尽管佛教对中国的"天下观"产生了很大的冲击，但是中国人还是没有改变自己观念里的那个"天下"。

　　蒙元帝国时期，中国的疆域十分辽阔，横跨欧亚两洲。当时北京有一个阿拉伯人，叫扎马鲁丁，他曾经用木头为忽必烈做了一个地球仪。他将地球做了三分地七分水的科学划分，而且还在上面画了经线和纬线。可见当时阿拉伯关于世界的最先进知识已经传到中国来了。中国人在那个时候对实际的世界知识已经了解得很多。可是非常遗憾，中国人在思想上还是停留在想象的"天下"里面，从而导致后来清朝一系列政策的失误。

四、文化民族主义之一：关于"世界"的想象与心情

　　15 世纪以后，哥伦布、麦哲伦成了西方的骄傲，也成了西方人在"世界"上地位的象征。欧洲人要认识自己而且要给自己以自信，证明自己才是世界上

最高的文明，所以他们开始调查文明程度不高的民族。人类学在很大程度上是欧洲人在对所谓的文明程度不高的民族进行调查和研究过程中发展起来的。马克思最早引用的摩尔根的《古代社会》实际上也是在这个背景下完成的。

19 世纪后半期，处于受欺侮地位的中国人一方面对西方羡慕不已，力图在科学技术上与西方人平起平坐；另一方面对西方变成了"世界的中心"很不满，于是在最危机、最软弱、最没落的时候反而激起了一种极端的文化上的民族主义。这种民族主义情绪常常表现在学术上。所以，有人在那时就提出来：谁说是西方人发现了新大陆？

1865 年在秘鲁北部的一个山洞里，发现了一块石碑，石碑上刻着两个字"武当"。这个石碑的照片我们现在还有。大概因为洋人不认得汉字，所以照片发表时"武当"两个字是反的。1897 年，正是甲午海战战败，《马关条约》签订之后，天津出版的一份报纸又登了一个消息。据说在墨西哥一个叫索诸拉的地方，发现了一个中国神像。从那个时候开始，关于美洲文明起源于中国的想象、5 世纪中国人到达美洲的传闻、明代郑和下西洋发现新大陆的考证、第一幅世界地图的绘制在中国的故事，100 年来一直是热门的话题。其实，这多少有些民族主义的想象和心理在起作用。

20 世纪 70 年代，有一位清华大学毕业的老先生，叫卫聚贤，他是梁启超的学生。他写了一本很厚的书，叫《中国人发现美洲》。书中搜罗了各种各样的资料，提出了很多古怪的看法。比如说扶桑就是加州（California）的红木，李白曾经到过美洲。里面甚至说，向日葵是中国人传到美洲去的，因为孔子时代就有葵。但是他不知道孔子时代的葵是一种菜，不是现在的向日葵。

大家应该注意到，这些说法强弱高低的曲线是随着中国政治、文化、军事各个方面的发展而变化的。改革开放以后，这些说法又出现了，而且有愈演愈烈之势。比如某学者提出说，美洲的印加王国就是中国的殷商王国。为什么呢？他解释说，殷商被西周打败的时间是公元前 1100 年左右，就在那个时候美洲突然出现了一个高度的文明，叫奥尔梅克文明。这位教授推断殷商被西周打败后，经过长途跋涉，迁移到墨西哥。也有人说，印第安人、爱斯基摩人与中国人长得有些像。还有人说，印第安人之所以叫印第安人，原因是殷商后人怀念故乡，一见面就问"殷地安否？"事实上，印第安人名字的由来是因为欧洲人寻找印度，而误把美洲当作印度而得名的。

这些事情虽然看起来很荒唐，但其背后却有一定的合理性，这实际上是一种来自民族主义的想象。现在中国的国力越来越强盛，中国人是文明的中心这个传统观念又开始慢慢地发酵。这表现了中国人希望成为世界文明中心的一种痛苦心情。这件事情让我感触很深。首先，我认为学术研究一定要有证据。如果你认为印第安人、爱斯基摩人和中国人有血缘关系，那么要用 DNA 进行分析。其次，要有实物证据。我们现在只看到了模模糊糊的照片，实物已经不在了。最后，中国人是否到过美洲，需要天文学、航海学等学科知识来支持。

五、利玛窦《山海舆地全图》之后：中国"世界观"的转变

我们应该承认，秦汉以后中国人对于世界已经有了一定的了解。但是"天下观"的真正改变是在 1584 年，也就是明代万历十二年。来自意大利的传教士利玛窦（Matteo Ricci）到达广东肇庆不久，得到知府王泮支持，刻印了《山海舆地全图》，这是第一次在中国刻印西方样式的世界地图。

1584—1610 年间，根据《山海舆地全图》画的各种各样的地图不断出现，我们现在看到的有 12 种。中国人的地理知识是与政治相关的。当时利玛窦非常担心，他在日记里写道：皇帝要是看见我把中国画得这么小，会不会说我藐视中国人呢？当时的确有一些守旧的大臣攻击利玛窦的世界地图，说他有意夸大外国，藐视明朝。甚至有人说《山海舆地全图》不过是邹衍"大九州"说法的变化。

那个时候阳明学派很流行，而阳明学派在这方面很开明，所以很多信奉他的人都接受了这幅地图。值得一提的是，万历皇帝也欣然接受了这幅地图，并且命太监们帮他复制一份出来。这幅地图现在收藏在南京博物院，世界上仅此一幅。皇帝把这个地图接受下来，这幅地图就有了合法性，于是迅速地被中国

人所接纳。

那个时候西方很多地理知识都传入中国。故宫里面保存着西方的地球仪和西方的世界地图。清朝初年有一个比利时传教士叫南怀仁，他画过分成两半球的地图。一直到清代，《四库全书》和《图书编》里面仍然用利玛窦的世界地图。但是这些地图把中国放得很大，而且把长城拉直了。明代崇祯年间画的《天下九边分野人迹路程全图》也沿用了利玛窦的世界地图，只不过它把古代的中国地图和欧洲人的世界地图混成一团，而且仍然把中国放在中间。欧洲的世界地图给古代中国人的"天下观"带来很多的困扰，至少体现在以下四个方面：

第一，人类生活的世界不再是平面的，而是圆的。古代天圆地方的古老观念被打破了。可是天圆地方的古老宇宙观是中国朝贡体制和"天下"观念的基础，所以当时人怎么也不能想象。有人说如果地球是圆的，那美利坚人不就掉下去了吗？也有人说，如果地球是圆的，那么我们从中国往下打一个洞，不就到外国了吗？还有人说，如果地球是圆的，太阳从东边出西边落，晚上到哪里去了呢？按照中国人的想法，太阳晚上就休息了，它怎么能转呢？很多中国人对地球是圆的说法想不通。

第二，按照这个世界地图，中国只占亚细亚的 1/10，亚细亚又只占世界的 1/15，中国不是浩大无边的大国，反而很小。这与古代中国人的"天下观"截然不同。

第三，按照这幅世界地图来说，古代中国的"天下""中国""四夷"的说法是不成立的。中国不一定是世界的中心，"四夷"则有可能是另一些文明国度，在他们看来，中国可能是"四夷"。

第四，应该接受"东海西海，心同理同"的想法，承认世界各种文明是平等的、共通的，承认有一些超越民族、国家、疆域的普遍主义真理。过去这种观念在中国是没有的。

古代中国天下观的最终挑战来自鸦片战争以后，以坚船利炮做后盾推行强权的西方文明。明代的《东夷图说》里面，把印度人画得很准确。乾隆年间谢遂画的《职贡图》，也把大西洋诸国人画得很像。《四库全书》本的《皇清职贡图》说明，清朝乾隆年间对外国人的衣食住行已经多有了解。可是中国人在观念上始终坚持天下万国应该向中央帝国纳贡的想法。乾隆时期发生的马嘎尔尼使团礼仪之争说明，虽然中国人不缺乏世界知识，但是当时的皇帝、官员仍然停留在想象的"天下"里边。

最后我们要讲的问题是，现在我们是不是还有这些传统的观念？美国学者亨廷顿曾经在《文明的冲突与世界秩序的重建》一书中，用一大段来讨论大中国及其共荣圈的问题。他说，历史上中国自认为涵盖一个中国区，就是我们所说的中国文明区，其中包括韩国、越南、琉球，有时还要加上日本。中国认为出于安全的理由，一定要加强控制亚洲内区。而且这个控制范围还要延伸到周边小国组成的外围区。这些人要承认中国的优越地位，应该向中国进贡。

亨廷顿并不研究中国，他的观念来自一位已经去世的美国学者，他是研究中国的权威，叫费正清。亨廷顿说中国人至今依赖类似的模式理解世界。他认为中国的这个观念不是抽象的，而是促成文化、经济甚至是政治大中华快速成长的基础。亨廷顿的结论是：一个统一的、强势的大中华可能危及美国的安全。他认为中国关于世界秩序的意向不过是内部秩序的放大，也是中国文明认同不断扩大的缩影，它可以复制成越来越大的同心圆。所以他认为中国应该接受多极或者多边的安全观念，乐于接受这种新的国际秩序。亨廷顿也提醒，如果美国政府不防备的话，中国的同心圆有可能跟美国的同心圆发生冲突。所以他提出一个策略，让日本、韩国以及中国周边的一些跟美国关系比较好的国家充当力量制衡者。

今天我们虽然讨论古代中国人的"天下观"这样一个历史问题，但是历史往往与现实相关。我们学历史的人，虽然会把自己的研究范围放在古代、近代的中国，但是实际上也会时时关心时事，这就是我今天要讲的内容，谢谢大家！

（讲座时间　2006 年）

李文海

从民族沉沦到民族复兴

李文海

李文海（1932—2013），江苏无锡人。1952
年进入中国人民大学学习。1955年毕业后留
校任教，长期从事中国近现代史的教学与研究
工作。曾任北京市委宣传部副部长，中国人民
大学清史研究所所长、学术委员会主任、历史
系主任、中国人民大学校长，中国史学会会长
等职。

个人专著有：《世纪之交的晚清社会》《历

史并不遥远》《南窗谈往》《李文海自选集》《伟大的革命先行者孙中山》。合著:《近代中国灾荒纪年》《近代中国灾荒纪年续编》《灾荒与饥馑:1840—1919》《中国近代十大灾荒》《太平天国社会风情》《义和团运动史事要录》《历史名人话人生》等。主编:《清史编年》《民国时期社会调查资料汇编》《清通鉴》《中国近代爱国主义论纲》《中国荒政全书》等。其著作曾获中国图书奖2项,北京市哲学社会科学优秀成果一等奖3项、二等奖1项,中华优秀出版物图书奖1项,教育部人文社会科学优秀成果二等奖1项,"五个一工程"奖1项。

本篇的题目是"从民族沉沦到民族复兴"。实际上是回顾一下中华民族伟大复兴的历程,着重分析一下学术界对于这段历史存在着一些什么样的争论和分歧,以及怎样看待这些所谓"热点"问题。"中华民族伟大复兴"这个主题,它的重要性反映在党的十七大报告里面的这样两句话。一句话是:"我们党自诞生之日起就勇敢担当起带领中国人民创造幸福生活、实现中华民族伟大复兴的历史使命。"还有一句话是:"我们一定要居安思危、增强忧患意识,始终保持对马克思主义、对中国特色社会主义、对实现中华民族伟大复兴的坚定信念。"这里讲的一个共产党人、一个马克思主义者应该有三个信念。一个就是对马克思主义的信念，一个就是对中国特色社会主义的信念，一个就是对中华民族伟大复兴的信念。可见，这是两个历史使命之一，又是必须始终坚持的三个信念之一。

但是我想，如果不把历史搞清楚，对这一段历史如果不能有一个准确的认识，就很难对历史使命有深刻认识，也不可能自觉树立坚定的信念，所以今天跟大家讲讲历史。我主要讲四个问题。

一、众说纷纭的历史迷雾

第一，民族的沉沦。

我们这个民族在很长一段历史时期一直走在世界的前列，著名的汉唐文明对世界产生了重要影响。一直到清代所谓的"康乾盛世"，无论是经济、政治、文化，总之综合国力在全世界还是名列前茅的。不过这个时候已经是"落日的辉煌"，夕阳无限好，只是已经接近黄昏了。

18世纪末到19世纪初，一方面，中国走到了封建社会的末世，僵化的、没落的封建制度和君主专制主义的政治统治，扼杀了人们的创造精神，阻碍着先进生产力的发展，阻碍着科学技术的进步。封建政权没有力量去解决各种各样的社会矛盾和社会危机。另外一方面，英国、美国、法国等几个主要的西方国家先后通过资产阶级革命，挣脱了封建主义的束缚，建立了资产阶级的政权，实行并且完成了工业革命，使得资本主义制度得到了确立，资本主义经济得到了迅速的发展。在这种情况下，中国远远地落在一些资本主义国家的后面。鸦片战争之后，殖民主义的侵略压迫加重，加深了中国的落后，使得中国一天天沉沦到半殖民地半封建社会的深渊，民族的沉沦从此开始。

对于这样一个从先进转化成落后的过程，美国布热津斯基在《大失败》一书里有这么一段描述。他说"19世纪强加给中国的一系列条约、协定和治外法权的条款，使人们清楚地看到：不仅中国作为一个国家地位低下，而且中国人作为一个民族同样地位低下。这一衰败的现实同中国人的自我意识发生着猛烈的冲突。中国人认为在过去，甚至就在不久以前，他们在文化上和政治上，还都比那伙蛮横的侵略者们富有和强大得多。事实上，中国在经济和政治上发生大滑坡只是近代的事。""这些事实驳斥了西方流行的看法：中国是一个停滞和颓废的帝国，而更加生机勃勃和更富进取精神的欧洲人可以随时欺侮它。"这本书写于 20 世纪 90 年代初，预言到 21 世纪"共产主义将不可逆转地在历史上衰亡"，所以它绝不是"共产党的宣传"，绝不是"共产主义的意识形态"。

随着中国的衰落，世界对我们这个国家和民族的看法也发生了 180 度的大转弯。吴义雄《在宗教与世俗之间——基督教新教传教士在华南沿海的早期活动研究》一书中作过这样的描述：16 世纪到 18 世纪这一段时期，欧洲人普遍认为中国是一个幅员辽阔、繁荣富强、物产丰富、政治清明，拥有最古老、最优秀的文化，最优雅的艺术，最先进的技术的美好国家。但是到了 18 世纪末 19世纪初，"越来越多的西方人士，对一度被视为'样板'的中华帝国产生了轻蔑和敌视的态度，以侮辱和谩骂取代了以前的尊敬和颂扬。贫穷而野蛮，落后而停滞，闭塞而傲慢，道德败坏，极度虚弱。再加上腐败的专制主义政治制度，构成了新的、但显然是否定性的西方人的中国观。"

从鸦片战争开始，与我们的国家和民族日益沉沦的同时，中国人民就开展了顽强的、执着的争取中华民族伟大复兴的艰苦斗争。一直到党的十五大，我们庄严地宣布，"展望下世纪，我们的目标是……到世纪中叶建国一百年时，基本实现现代化，建成富强民主文明的社会主义国家"，也就是基本实现中华民族的伟大复兴。从民族沉沦到民族复兴，中国人民经历了从 19 世纪到 21 世纪整整 200 年的时间。在这 200 年的时间里，我们民族的经历大概可以概括成 3 句话 12 个字：一是多灾多难；二是不屈不挠；三是自立自强。研究中华民族伟大复兴的历史，也就是我们通常讲的中国近现代史，最重要的是客观地、真实地、实事求是地了解、认识我们的民族到底曾经经历了怎样难以想象的灾难，经历了怎样艰苦卓绝的顽强斗争。

我认为研究这段历史主要是要抓住两个问题，一个是辛酸史，即我们民族经历了怎样的灾难；一个是斗争史，即我们民族经历了什么样的艰苦斗争，才取得了今天的辉煌。但是实际情况并不是这样，在这个领域里存在着许多的混乱。可以这样说，几乎没有一个重大的历史事件，没有一个重要的历史人物，不存在着重大的意见分歧。这种意见分歧不仅反映在学术界，也反映到我们经常接触到的各种日常生活里面。我想思想活跃是好事情，但是其中夹杂着许多错误的观点。这种错误的观点形成了一股思潮，这股思潮又通过各种形式各种途径，渗透到社会的各个方面，尤其对青少年影响巨大。这是一个很大的问题，不能不引起我们的高度重视。所以我今天要对这一段历史里面的一些热点问题进行讨论，就是因为这些问题太重要了。

第二，从"革命范式"到"现代化范式"的转变。

在介绍我们国家学术界的状况之前，我们不妨先看看俄罗斯的情况，这或许会给我们提供一点借鉴，也加深一下我们对这个问题的认识。2007年6月，俄罗斯召开了一次全国社会科学教师会议，专门研讨教科书和学校的历史教育问题，普京参加了会议并且发表了讲话。普京严肃地批评了由于过去人文科学和历史教育领域的混乱，造成了社会的思想像"一锅粥"，教师的头脑里面也是"一锅粥"。他特别批评了历史虚无主义和媚外思想。他说，过去史学家过于强调苏联历史的污点，造成书刊和教材中有大量的糟粕和泡沫，现在必须剔除这些糟粕，去伪存真。虽然苏联有这样那样的缺点，但也曾经有过辉煌显著的成就，苏联历史绝不单单是肃反和劳改营。完全否定苏联的历史，说苏联历史一团漆黑，一无是处，这是一种历史虚无主义。普京还说"俄罗斯必须抵制国外教师爷的干涉""不容许他人以教师爷的身份指挥我们。俄罗斯应加强公民爱国主义教育"。为了扭转历史教育和思想领域的混乱局面，俄罗斯将从改革历史教学和重编历史教科书入手，从青少年抓起，带动全社会珍惜本国的历史文化传统，摒弃历史虚无主义和媚外思想，形成俄罗斯的民族思想。

我觉得俄罗斯正在讨论的这些问题很值得我们认真思考。我们国内的历史教学和历史教科书里面有没有历史虚无主义，有没有媚外思想？有一些问题是不是本来已经很清楚了，现在也弄成"一锅粥"了？

普京为什么对历史问题（包括中学、大学的历史教学）如此敏感，如此重视呢？一个十分重要的原因就是他接受了苏联解体的历史教训。对于苏联解体、苏共瓦解的原因，学术界的认识并不完全一致，有很多分歧。但是有一点大家基本都承认，就是苏联解体、苏共瓦解的切入点首先是从对历史的扭曲开始的。

龚自珍曾说过，"欲灭其国者，必先去其史"。要想颠覆这个国家，首先要重新改造它的历史。日本占领东三省的时候，日本占领台湾的时候，都是首先篡改历史。一直到今天，日本的教科书问题仍然是一个十分尖锐的问题。陈水扁搞"台独"，也首先篡改历史，所谓"去中国化"。大家都知道台湾发生的事情，连中正堂的匾也要取掉，蒋氏父子的墓也要迁。周恩来同志有一段话，很值得我们思考。他说："历史对一个国家、一个民族，就像记忆对于个人一样。一个人丧失了记忆就会成为白痴，一个民族如果忘记了历史，就会成为一个愚昧的民族，而一个愚昧的民族是不可能建设社会主义的。"所以现在围绕着历史问题的斗争，唯物史观跟历史虚无主义的斗争，绝不是一个抽象的学术问题，而是一个非常尖锐的现实问题。

普京说俄罗斯有按照国外教师爷指挥的情况，中国有没有？我想，中国不但有，而且这个毛病还是很重。在介绍中国学术界的情况之前，我再讲一点欧美汉学家对中国近现代历史是怎样看待的，再来看看我们中国的学术界在思想上、学术上的分歧和矛盾。

美国杜克大学的德里克教授写过一篇名为《革命之后的史学：中国近现代史研究中的当代危机》的文章。他说，当今美国的汉学界，一定程度上也包括欧洲的汉学界，在对中国近代史的研究上经历了一个从"革命范式"到"现代化范式"变化的情形。他说，20世纪六七十年代，革命一直是美国汉学界，也是欧洲汉学界历史解释的范式。"不仅近代中国史是以革命史为中心来书写的，那些并不是直接研究革命问题的著作也是以革命成就为标准，据此来解释、评判其他历史问题的"。尽管当时意见并不一致，但是占主导地位的是对革命的正面评价"革命给中国引进了一种新型的政治，使远比此前为多的人们得以参与政治，使无权言政的人们得以发言。它将人们从过去的被压迫状态中解放出来，

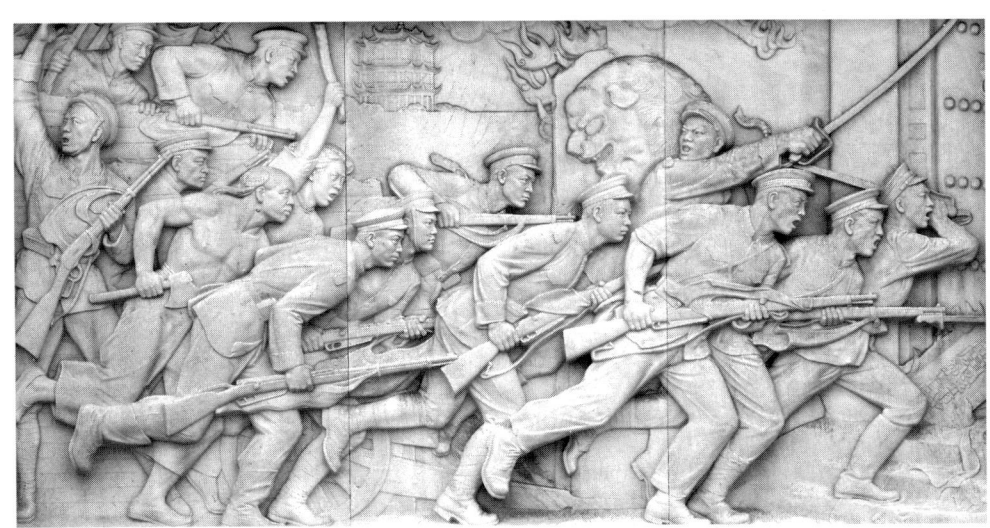

1911 年爆发的辛亥革命，推翻了清朝的专制统治，结束了统治中国 2000 多年的专制制度，开创了完全意义上的近代民族民主革命。图为人民英雄纪念碑汉白玉浮雕《武昌起义》

樊甲山 / 供图

并使他们摆脱了传统的思想奴役。革命使中国摆脱了帝国主义，并转变为一个现代主权国家，革命还清除了或由历史形成的、或由近代帝国主义导致的种种发展障碍，解决了发展问题"。

但是德里克教授说，这种看法到 20 世纪 80 年代中期就改变了。"先前一直被描述为解放史诗的革命史，现在却变成了衰落与失败的故事，它甚至被描写为一种畸变，一种对中国历史正常道路的偏离"。德里克教授列举了一系列在美国"有影响的著作"。这些著作的作者有的宣称："革命并不意味着被压迫者对压迫阶级的胜利，而是使中国社会的不良分子得以掌握权力；革命使潜存于中国文化里边的恶劣习性与态度泛滥成灾，中国革命不仅没有使中国现代化，反而强化了它前现代的状态。"

总而言之，他们这些人"或者否定革命是近代中国历史的中心事件，或者在仍然肯定其中心地位的前提下，把它理解为至少是一场失败和一种中国的发展的障碍"。大家看看这些话，再回顾一下中国学术界这几年对于革命的批评，就会明白原来源头在这里。实际上，上面所说的"范式"变化的情形，几乎在中国近代史的研究中亦步亦趋地得到充分的反映。

历史虚无主义在我国史学领域的表现到了 20 世纪 90 年代，有人提出了所谓"告别革命论"。他们说，"如果要对 20 世纪中国进行反省"，头一个应该进行的"根本性反省"就是革命革糟了。我们的民族患了一种"革命崇拜症"，而"革命容易使人发疯发狂，丧失理性"；"革命方式"有很多弊病，产生很多后遗症，"包括它给社会带来的各种破坏"；如果"老是革命，整个民族的生命能量就在革命中耗尽了"。所以，"20 世纪的革命方式确实带给中国很深的灾难"。这种思想在高等学校的学生里面影响巨大。

这种历史虚无主义思潮，渗透在对近现代历史的各个方面。如有的文章说，"殖民主义在世界范围内推动了现代化进程"；"革命很坏，殖民主义很好"，"如果没有近代西方的殖民主义，人类，特别是东方各民族的自然才能将永远沉睡，得不到发展"；中华民族"几千年的历史中，占据主导地位的是流氓价值观"；农民战争杀人如麻、流血成河，"造成对社会生产大规模的破坏"，没有一点积极作用；太平天国是"邪教"，义和团运动"貌似爱国，实属误国、害国"，辛亥革命更不用说，完完全全是"搞糟了"。

另外一方面，对于在历史上起过消极作用的，甚至起过反动作用（当然情况比较复杂，有些人功过都有，不能简单化）的人物高唱赞歌，大肆吹捧。如说鸦片战争时的琦善是"头脑清醒的外交家"；李鸿章是"最伟大的悲剧英雄"；袁世凯是"缔造民国的共和元勋"，是一位前无古人的教育家；慈禧太后是一位文明、高雅的，喜欢法国文化、有政治头脑的"优秀的政治家"，是"真诚地主张进步与革新"的。甚至美化汉奸、歌颂汉奸在一些人那里也成了一种时尚。有人公开发表文章说，汪伪政权并不代表日本人的利益，而是代表沦陷区人民的利益。我觉得这完全是一种情绪化的语言，不是一种科学的态度。

有一部电影大家都知道，那就是引起很大争论的《色·戒》。对于《色·戒》这部电影的评价，网上有两种完全不同的意见。许多网友特别是青年观众，愤怒地批评这部影片是地地道道的"汉奸文艺"。我觉得张爱玲写这部作品不奇怪，李安拍这部作品也不奇怪。问题就是这部电影放映了以后，在中国内地，有一段时间内一片叫好声,这很值得我们深思。中国传媒大学有位叫刘建平的大学生,他针对《色·戒》说了这么一段话:"如果先辈们争取民族独立斗争的历史被诬蔑而非价值化,如果我们赖以为人处世、立国的民族精神被蚕食,如果我们沉迷于插科打诨的小品式娱乐或者是肉体横陈的艺术中醉生梦死,这样的全球化对中国来说,就不是文明和进步,而是新的蔑视和奴役。"像这些问题很值得我们思考,希望大家能够关注。

那么,在共和国史领域里面到底是什么情况呢?我给大家念两段第七届国史学术年会上一些同志的发言。一位同志说:"不能不警惕,一些片面歪曲、全盘否定历史,进而否定共产党领导、质疑共产党执政的情况也确实存在。"还有一位同志说:"由于国史学科的特殊性质,各种反对党的领导、敌视社会主义制度的势力和思潮,也往往披上国史研究的学术外衣,用貌似客观而实则混淆时空、偷换概念、歪曲事实、以偏概全等方法,来为他们否定中华人民共和国的历史,进而否定中国共产党的执政资格制造舆论。人们只要稍加注意便不难发现,现在中华人民共和国的历史,几乎没有一个重大事件不被他们攻击和篡改。"

如果把我刚才介绍的这些观点串起来,就形成了中国近代历史研究中的另外一个体系。现在有些人十分热衷的就是要颠覆过去的体系,建造另外一个体系。问题是这个体系到底符合不符合历史的真实?

按照这些观点,中国近现代史就会呈现出另外一副面貌,就是殖民主义、帝国主义、封建专制主义统治者,甚至汉奸卖国贼都成了推动中国社会前进的积极力量和发展的动力。而革命者、改革者、爱国者,拿起武器斗争的农民们统统成了阻碍现代化、破坏社会生产的捣乱分子。广大人民群众是盲目跟随,被任意愚弄的群盲。

那么,历史的真实面目到底如何呢?

二、民族复兴之路的历史考察

从19世纪中叶到21世纪中叶,中华民族从沉沦到复兴,经历了200多年的时间。在这段时间里面，无数的志士仁人、广大人民群众在不同的历史环境、不同的社会条件下，始终把"实现中华民族伟大复兴"作为自己的奋斗目标。如果把这 200 年的时间分成两段，那么可以说是前面 100 年，后面 100 年。鸦片战争一直到中华人民共和国成立这个前 100 年，主要历史内容可以概括成六个字：沉沦、探索、奋斗。

沉沦，就是一步一步地从封建社会变成一个半殖民地半封建社会，民族灾难越来越深重，民族危机越来越严重。探索，就是我们的先辈探索走一条什么样的道路来实现我们的民族复兴。奋斗，就是围绕这个探索来实践，来进行斗争，争取中华民族的复兴。

这 100 年的基调是悲凉的。当时中国人民所做的一切，主要是为了挽救民族危亡。同时，为中华民族的伟大复兴准备必要的条件。从 20 世纪中叶到 21 世纪中叶，这个后 100 年，就是在新中国成立以后的 100 年的时间，主要的历史内容也可以概括成为六个字，就是：探索、奋斗、辉煌。首先是探索，虽然新中国成立了，但以后的路怎么走，社会主义怎么建设？探索里面有成就、有失败、有挫折，最后找到了一条有中国特色的社会主义的道路。

按照党的十六大的提法，新中国成立以后，我们才开始了在社会主义道路上实现中华民族伟大复兴的历史进程。新中国成立以前这个 100 年，基本上都是为这个作准备。关于民族复兴的内容，党的十五大报告里有非常好的概括："鸦片战争后，中国成为半殖民地半封建国家。中华民族面对着两大历史任务：一个是求得民族独立和人民解放；一个是实现国家繁荣富强和人民共同富裕。"两个任务，前 100 年主要完成前一个任务，就是求得民族独立和人民解放，为后一个任务扫清障碍，创造必要的前提；后 100 年主要是完成后一个任务，实现国家繁荣富强和人民共同富裕。

民族复兴主要就是做这两件事，主要经过这两个阶段。有利于这两件事的就是对的，就是进步的，就是值得肯定的；不利于这两件事的就是错的，就是阻碍历史前进的，就是应该批评的，这个标准很清楚。那么，怎样正确弄清楚这段历史？我觉得有几个问题需要讨论清楚。

鸦片战争广州海战图

　　第一，殖民主义、帝国主义的侵略，到底给中国社会带来哪些影响？

　　中国近代历史的开端，是以英国殖民主义侵略者发动鸦片战争为标志的。那么，如何看待殖民主义的侵略呢？近年来，在应该怎样看待殖民主义侵略的问题上，存在着很明显的分歧。现在一个很流行的观点就是殖民主义的侵略带来了西方的文明，没有西方文明中国就不能进步。有的人发表文章批评新中国成立以后的近代史研究有很大的错误，很大的问题。他们说近代史研究很大程度上停留在对外国侵略者口诛笔伐的一种感情宣泄上，大大淡化了研究的理性色彩，只是批评殖民主义、帝国主义，这不能算是真正的历史研究。

　　有的人主张要重新评价近代西方殖民侵略，认为过去说西方殖民主义侵略造成了东方普遍落后这种观点，使得"历史批判的天平倾斜了"，不公正了。他说西方殖民主义势力冲击了中国封建的"超稳定系统"，不但有利于西方资本主义经济文化向世界体系扩展，而且从根本上改变了东方历史的发展过程，"成为东方民族赶上现代文明的唯一现实良机"。如果没有殖民主义推动，东方民族永远不能向现代化前进。所以有一篇文章总结性地说"从某种意义上说，是鸦片战争一声炮响，给中国送来了近代文明"。所谓近代文明，就是资本主义的文明。按照这些观点，得出的结论是什么呢？就是殖民化在世界范围里面推动了现代化进程。

事实果真如此么？殖民主义是什么？殖民主义是有明确的科学概念的，它的内容就是资本主义国家通过军事征服、政治控制与经济掠夺，占领、奴役、剥削弱小国家、民族和落后地区，将其变成殖民地、半殖民地的一种侵略政策。

殖民主义势力统治或者控制了殖民地、半殖民地国家之后，为了最大限度地获取自己的利益，必然要按照自己的面貌去改造殖民地、半殖民地国家。在这个过程中，我们应该承认不可避免地会向这些地区传播某些资本主义的文明。比如说把一些资本主义的生产方式、管理制度、科学技术引入殖民地、半殖民地国家。毫无疑问，这一点在客观上对这些地区的发展会产生一定的积极影响。过去我们对于这一点没有给予必要的承认、必要的分析，应该纠正。正如马克思所说，殖民主义"充当了历史的不自觉的工具"，对于这个问题我们不要回避，也不应该回避。

我们在揭露和批判殖民主义罪恶的时候，应该实事求是地肯定它同时带来的某些客观进步的历史作用。但是不能把这些作用无限夸大，说成是主要的东西。如果那样的话，就把主次颠倒了，把本质、非本质的东西颠倒了。因为殖民主义侵略、统治这些地区和国家，主要是为了从这些地区攫取政治特权和经济利益，进行残酷的掠夺和剥削，绝不允许这些地区和国家走向现代化，也成为一个资本主义国家，这样的话它就无利可图了。它只允许这些地区成为它的经济附庸，而决不容许成为它的竞争对手。

我跟学生讨论的时候，有些学生经常拿香港作为一个例子来反驳，说香港受了这么长时间的殖民统治，不是发展得很快吗？这好像是一个很重要的理由。所以有的人就说了，都应该像香港那样被殖民统治，"中国要康乐富强，先得被殖民一百五十年不为过"。我认为这个比喻是没有道理的。

香港之所以能够发展成为今天这个样子，它有一系列的主、客观条件。是不是只要当了殖民地的国家都能够发展成香港那个样子？很显然不是。只要我们稍微把眼光放大一点，看看全世界的情况就会明白。比如印度，当了多少年的殖民地，但是从来没有发展成像香港那样。甚至一直到今天为止，殖民主义的影响在印度还是很严重的。今天世界上最不发达的国家，历史上都是过去的殖民地国家。现在还有很多人口处于饥饿状态之下，还有很多十分贫困落后的国家和地区，这些地方，主要也都是过去的殖民地。殖民统治确实带来一些西方资本主义的文明。但是如果不看到它带给殖民地国家的剥削、统治、压榨，就完全是只见树木，不见森林。

第二，怎样看待弱国反抗强国军事侵略的民族战争？毛泽东曾说："全世界几乎一切大中小帝国主义国家都侵略过我国，都打过我们，除了最后一次，即抗日战争，由于国内外各种原因以日本帝国主义投降告终以外，没有一次战争不是以我国失败、签订丧权辱国条约而告终。其原因：一是社会制度腐败，二是经济技术落后。"最近一段时期以来，在一些人中流行一种观点，认为既然鸦片战争以来一系列反抗外来侵略的战争、民族战争都是在敌强我弱的这个大背景下进行的，在中国远远落后于列强总体态势下面，像林则徐这样的抵抗派是"不识时务""昧于大势""狂妄自大""虚骄误国"，正是林则徐这些人的强硬态度导致了战争的爆发，他们应该为战争的失败及其所带来的严重后果负责，所以他们是"千古罪人"。而琦善以及后来的李鸿章等主张妥协求和的人是"审时度势""权衡利弊""忍辱负重""委曲求全"。他们能够了解中国和世界的情势，他们的所作所为符合国家的利益，所以他们是杰出的、头脑清醒的外交家。

他们这样评价的一个最重要的理由是落后一定要挨打，那么反抗也是没有用的。反抗以后仍然失败，失败了以后只能付出更加惨重的代价，那就不如不反抗。这个话听起来似乎有点道理。中国是落后的，落后了也确实经常打败仗，那还要不要反抗呢？是不是所有的反抗都是错的呢？下面我就从几个方面，来对这个问题作个回答。

"落后就要挨打"，这是中国人民从近代以来，屡遭外来侵略的悲惨经历中得出的一个刻骨铭心的教训，完全正确。但是上面所说的观点，把落后就要挨打作了一个不恰当的引申，变成了落后只能挨打，两字之差，意思完全不一样了。落后就要挨打，这是一个积极的命题，它唤醒我们强烈的忧患意识，警醒我们一个国家只有首先自强，才能够在世界上自立，要通过艰苦的努力，尽快摆脱落后的状况，使自己强盛起来，赶上先进，这样才能以平等的姿态跻身于世界民族之林。只有这样才能够改变任人宰割、听人摆布、受尽屈辱的悲惨命运。落后只能挨打，这是一个消极的命题。它宣扬奴隶主义、顺民哲学，涣散人们的斗争意志，鼓吹在强敌当前、横逆袭来的时候，只能够俯首帖耳、逆来顺受，听凭侵略者作威作福，予取予求。

这种观点的假设前提是落后的、弱小的国家和民族，在反侵略战斗中就一定要失败。问题是，这个前提成立不成立？他们的逻辑是既然必定要失败，反抗就是徒劳无益的，就不如不反抗。但是这个假设是没有科学依据的。在古今中外的历史上，不论是国与国之间的战争，还是国内战争，弱小的一方战胜表面上力量强大一方的事情，可以说是屡见不鲜的。美国在独立战争中，打败了当时世界上最先进的英国，那时美国的力量很弱小。如果按照落后不能反抗的观点，那么美国就不能打败英国。而落后的小国海地也赶走了法国殖民者赢得了独立，取得了反殖民主义的胜利。

从我们国家的历史看，如果因为力量对比的悬殊就放弃了斗争，那就没有共产党推翻国民党的胜利了。胡锦涛同志在讲到抗日战争胜利的时候特别强调"中国人民能够赢得抗日战争的胜利，以落后的武器装备打败经济实力和军事装备远比自己强大的侵略者，绝不是偶然的"。抗日战争时期，中国经济实力落后，武器装备、军事装备远比日本要落后，但是中国胜利了，原因就是战争的胜负是由多种因素决定的。军事力量、经济力量非常重要，但是战争的性质、人心的向背、政治动员、战争谋略等等也起着不可忽视的作用。而作为一种历史的评判，当侵略者把战争强加在被压迫民族头上的时候，去一味地责备为国家和民族生死存亡而拼死抗争的人，这没有一点起码的公平。

既然反抗是徒劳的、错误的，那么当侵略者以军舰、大炮兵临城下的时候，弱小民族应该怎么自处呢？他们开了两张药方。第一张药方是，先不要抵抗，等到整顿军备、充实武力之后再战。我认为这个药方不过是一张废纸，完全是一句空话。因为战争什么时候发动，不是由你决定的。战争什么时候打，找什么借口来打，从来都是由侵略者决定的。侵略者会等到你整顿军备、充实武力之后来发动战争么？不存在这种可能，所以这样的研究毫无价值。

第二张药方是，应该放弃抵抗，通过让步来换取跟侵略者缔结一个"相对有利的和约"。实际上在近代历史上，像李鸿章等人一直是用这个办法。中法战争、中日甲午战争之前，李鸿章都曾经尽心竭力地幻想通过各种让步来求得各国的调停，来避免战争。但结果还是避免不了，战火还是在中国大地上熊熊燃烧。因为侵略者欲壑难填，绝不是一点小的让步就可以满足的。相反你一让步，他必然愈加得寸进尺。所以林华国教授在一篇文章里讲的一个观点，我以为很有道理，他说"中外战争史里边，被侵略者以顽强抵抗，迫使侵略者降低侵略要求的事例并不少见，以放弃抵抗赢得侵略者让步的事例则闻所未闻"。

既然反侵略的民族战争都失败了，我们应该怎么来看待这种令人痛心的事实呢？

能不能根据反侵略战争不断失败的事实，得出根本就不应该进行反侵略战争这样的结论呢？简单地以成败论英雄，以成败论是非，显然是一种过于肤浅，也过于陈旧的历史观点。

事实上，近代历史上的许多重大事件都是失败的。不能说失败了就不起作用，失败了就是错误的。从鸦片战争到五四运动这80年来，太平天国运动、戊戌变法、辛亥革命均失败了。辛亥革命虽然取得了推翻清朝封建君主专制制度的胜利，但是它最后没有改变社会性质，没有改变人民受压迫的地位，所以也是以失败而告终。但是这些运动都从不同的角度，对历史产生过积极的影响，都从不同的角度推动了历史的前进，这些历史事件都是中国人民走向新的、更高形式的斗争的一个必经的阶段，也是中国民族民主革命取得最后胜利的奠基石。反侵略的民族战争也是一样。甲午战争失败了，中国付出了惨重的代价，给中华民族带来了巨大的灾难、空前的耻辱。但是正是这种情况，中华民族掀起了新的觉醒浪潮，爱国主义得到了新的弘扬，要求变革的呼声日益高涨。所以恩格斯曾经说："没有哪一次巨大的历史灾难不是以历史的进步为补偿的。"

周令钊绘《五四运动》

　　不仅甲午战争是这样，义和团运动也是如此。很多人把义和团运动说成是一个落后的、反动的运动。理由很简单，因为它反对西方文明，既然西方文明比中国的封建文化先进，那么，反对西方文明就是错的。把中外文化冲突这样一个矛盾，不恰当地变成了当时社会的一个主要矛盾。当时学习西方，接受西方的资产阶级文明，这是很重要的问题。因为中国要前进，不可避免地要学习西方，但是这个问题不能决定一切。当时决定一切的是要争取民族独立。义和团运动在八国联军和清朝政府的血腥镇压下也失败了。说老实话，以原始的思想和原始的武器去反抗侵略，是不可能胜利的，所以当时无数的老百姓悲惨地倒在血泊中。帝国主义强迫清朝政府签订了丧权辱国的《辛丑条约》。但是，是不是说义和团的斗争就毫无意义呢？义和团运动确确实实是起了一个阻止外国瓜分中国的作用。八国联军的统帅瓦德西曾说："吾人对于中国群众，不能视为已成衰弱或已失德性之人。彼等在实际上，尚含有无限蓬勃生气……至于中国所有好战精神，尚未完全丧失，可于此次'拳民运动'中见之。""无论欧美日本各国，皆无此脑力与兵力，可以统治此天下生灵四分一也。故瓜分一事，实为下策。"①赫德比瓦德西想得更深，看得更远一些。赫德说："这是一个纯粹爱国主义的自发自愿的运动。""这个运动已经掌握了群众的想象力，它将会像野火一样烧遍全中国。""今天的这段插曲不是没有意义的，那是一个要发生变革的世纪的序曲，是远东未来历史的主调：2000年的中国，将大大不同于1900年的中国！"②他的眼光是很敏锐的，他作了一个正确的判断，正确的预言，就是2000年的中国确实跟1900年的中国是完全不一样了。

毛泽东曾说："研究中国党的历史，不仅要研究胜利的历史，也还要研究失败的历史。只有经过很多痛苦，才能取得经验。不要把错误认为单纯是一种耻辱，要看作同时是一种财产。"③

第三，怎么看待革命与现代化的关系。

革命同现代化不是对立关系，也不是互相排斥的关系。

欧美的汉学家对革命本来是肯定的，后来又否定了，用现代化范式来代替革命范式，认为革命起的作用很坏。那么到底应该怎么看革命和现代化，它们是什么关系？

革命与现代化不是对立的关系，也不是互相排斥的关系。我不赞成用现代化史观来替代革命史观的这个提法。并不是不可以或不应该从现代化的角度去研究中国近现代历史，但是所谓用现代化史观替代革命史观则是错误的。实际上，所谓革命史观也是造出来的，我们从来没有把我们的历史观叫作革命史观，我们只信奉唯物史观。用唯物史观去研究革命，也用唯物史观去研究现代化。革命史观是有人有意把它夸大了。过去我们过于强调政治，相对忽视了社会经济、社会文化等。这种教条、僵化的思想应该改变。如果用唯物史观去研究革命，也用唯物史观去研究现代化，就会发现这两者是统一的。革命是近代史的主要内容，是近代史的最强音，而现代化实际上是中国人民200年的不懈追求，所以这两者是统一的。

20世纪六七十年代，美国的汉学家们也是这样看待中国的革命的，当然现在有很多人否定了。但是比较权威的学者，如费正清，他写了一本书叫《观察中国》。他认为，帝国主义的侵略使得中国人民蒙受了耻辱，正是这种耻辱唤起了中国的民族主义，并且激发了 20 世纪的中国革命。他说，革命是近代中国的基调，美国人要想了解这一点，必须首先要懂得中国的历史。

所以，把革命同现代化对立起来，用一个否定另一个，这不符合历史的真实，其实革命是为现代化创造条件的。要推翻帝国主义统治，不革命行吗？帝国主义能自动退出历史舞台吗？要推翻封建专制主义的统治，不革命行吗？就要进行革命。但这个革命是为中国的富强、人民的共同富裕创造必要的前提的，而现代化也为革命提供必要的物质基础和精神基础。说实话，没有一定的现代化的发展，革命也不能发生。辛亥革命主要是一些留学生发动的，如果没有最初现代化的前进，哪里来的留学生。可以说，革命的思想观念、队伍组成、物质基础、社会条件，都是由中国现代化的初步发展创造的条件。而反过来，正是革命，为现代化的大步前进创造了必要的政治前提。没有民族独立，就没有人民民主，也不能实现现代化；没有现代化，现代意义的革命也无从发生，政治、经济、文化永远落后，也不能实现真正的民族独立。所以，二者之间不是矛盾的关系，不是一个否定另一个的关系，而是互相促进的关系。

革命与现代化既有联系又有区别，既息息相关又不能分离，各有自己的特定内容，不能相互替代。二者有先后、主次之分。在当时的环境下，首先要革命才能够谈得上现代化。在人民没有任何权力的情况下，是无法实现现代化的。我举一个例子来说。孙中山从懂事时候起就革命，一直到逝世都在革命。孙中山不喜欢现代化么？孙中山非常热切地希望中国现代化。他自己交出了临时大总统的政权以后，提出了一个要求，作铁路督办。他计划用 10 年时间修 20 万公里铁路。不是常说"若要富，先修路"吗？要走向现代化，首先要解决交通问题。但是孙中山能够修得下去吗？袁世凯称皇帝以后，孙中山怎么办？难道你称你的皇帝，我搞我的现代化？那前面革命的流血牺牲全都白费了。他就起来反对帝制，袁世凯就通缉他，孙中山只能流亡，20 万公里铁路也就修不下去了。因为他没有政治条件、政治权力、政治环境，现代化也就必然搞不下去了。

革命是怎样发生的？不管赞成也好，反对也罢，革命确确实实是中国近代史的主旋律，这个事实并不因人的喜欢或者厌恶而有所改变。一直到新中国成立之后，建设才代替了革命，成为社会生活的主题，作为社会发展过程中一个客观的历史运动，它不是少数人人为鼓吹、制造的结果，也不是一时感情冲动的产物，这是一种适应社会需要的理性选择。革命不是少数人一呼，大家就跟着革命了，就崇拜革命了。恩格斯曾经说过"把革命的发生归咎于少数煽动者的恶意那种迷信时代，是早已过去了"。现在每个人都知道，任何地方发生革命震动，总是有一种社会要求为其背景，而腐朽的制度阻碍这种要求得到满足，人们就不得不起来革命。

现在很多人都抽象地讨论历史问题。我经常碰到参加会议的人讨论和平好还是战争好，革命好还是改良好。抽象地提出问题，这本身就很荒唐。谁不喜欢和平？这个问题对于普通人来说，是个不成问题的问题。但如果有人将战争强加到你头上时，你怎么办？所以不能抽象提出问题。在正常情况下改良好，但是在一定条件下，不革命就不能前进的时候，就必须要革命。到这个时候，革命就成为历史发展的火车头，所以马克思恩格斯说革命是历史发展的火车头并不是无条件的，并不是任何时候革命都是历史发展的火车头，只有必须要通过武装力量解决问题的时候才是。不这样社会就不会前进。

事实上，我们国家所有的革命家，几乎都是被逼上梁山的。在这一点上孙中山、毛泽东自己都讲过。孙中山曾说过，我本想和平改革，而且我也曾经向李鸿章上书，希望他支持我，但是李鸿章不理我，最后不得不推翻政权，不得不易之以强迫。毛泽东也曾经讲过，我先是教小学后来是教中学，从来没有想起过拿起枪杆子来。后来看，不推翻这个社会就不能前进了，所以我就拿起枪杆子来参加战斗了。很多人在作为一个革命者之前，都是改良主义者，后来都参加革命了。并不是他们生性喜欢"犯上作乱"，喜欢闹事，无事生非。在那种社会条件下，不打倒当时的政权，社会就无法前进一步，在这种情况下就不得不拿起枪杆子来。

没有革命就没有工业化。现代化的一个很重要的内容就是工业化，这是没错的。但是在半殖民地半封建的中国，不经过革命，能够实现工业化么？毛泽东曾说:"没有独立、自由、民主和统一,不可能建设真正大规模的工业,没有工业,便没有巩固的国防,便没有人民的福利,便没有国家的富强。""一个不是贫弱的而是富强的中国,是和一个不是殖民地半殖民地的而是独立的,不是半封建的而是自由的、民主的,不是分裂的而是统一的中国,相联结的。在一个半殖民地的、半封建的、分裂的中国里,要想发展工业,建设国防,福利人民,求得国家的富强,多少年来多少人做过这种梦,但是一概幻灭了"。

辛亥革命90周年的时候,开了一次国际学术讨论会。有一位台湾的学者,针对大陆的一些人否定革命的思潮曾说,这样的研究方法是不对的。他说,过去你们搞革命的时候,就赞成革命;现在你们搞社会主义建设了,你们就觉得革命都是错的,就否定革命,哪能够数典忘祖,研究历史能够这样吗?过去的革命是起了它的历史作用的,不能说因为今天不搞革命了,搞现代化建设了,所以革命就错了,革命就应该批评了,那我们今天的根就没有了。总之,只有正确理解了革命和现代化的关系,才能对近代社会的两大历史任务有深切的认识,也才能够对中华民族伟大复兴的历史进程有准确的把握。

三、民族精神是推进民族复兴的巨大精神动力

实现中华民族的伟大复兴,就需要大力弘扬和培育民族精神。怎样看待我们这个民族,怎样看待中华民族的民族精神,是一个十分重要的问题,是一个关系到我们民族是否能够自尊自强、有没有民族脊梁、是否能自立于世界民族之林的问题。

有一段时期,一些人在学术界散布了很多的历史虚无主义的思想。特别是在20世纪的80年代,曾经泛滥过一阵民族虚无主义的思潮。这股思潮极力地诋毁和丑化我们的民族,全盘否定我们的传统文化,造成了非常恶劣的影响。当时的报纸上充斥着形容和描写我们民族"丑陋""愚昧"的文章。有的说,中国是一个没有个性的国家,积淀在我们民族血管里的只是"奴性";缺乏创造力、安于现状、畏怯斗争、逃避现实"成为整个民族的人格";也有的说,中

国的传统文化是一堆糟粕、一堆垃圾，这种"千年不死的劣根"早就应该"后继无人"了，应该"整体地打破和全面否定"；有的人直截了当地公开表示对爱国主义的轻蔑，宣称"我无所谓爱国、叛国，你要说我叛国，我就叛国，就承认自己是挖祖坟的不肖子孙，而且以此为荣"。这一套胡说违背了真实的历史。

在现实生活里，历史虚无主义只能起到涣散斗志、搅乱人心、散布悲观失望情绪、动摇打击民族自信心的消极作用。一个社会、一个民族、一个国家总会存在一些消极的、错误的思想或者陋习。其中最坏的一种就是民族虚无主义。就是自己看不起自己，自己否定自己，自己糟践自己，因为这是最没有出息的、最没有骨气的、也最没有希望的一种思想观念、一种精神状态。一个民族如果是这样一种思维方式，对自己这么看的，那就糟糕了。

历史事实证明，中华民族有着自己的伟大民族精神。正如江泽民同志所说："中华民族有着自己的伟大民族精神。这个民族精神，积千年之精华，博大精深，根深蒂固，是中华民族生命机体中不可分割的重要部分。中华民族在五千多年的发展中，历经磨难而信念愈坚，饱尝艰辛而斗志更强，开发建设了祖国的大好河山，创造了灿烂的中华文明，为人类文明进步作出了不可磨灭的贡献。"④

对于综合国力的认识，我们经历了一个过程。我国跟其他国家的竞争就是综合国力的竞争。党的十六大报告中说："科技进步日新月异，综合国力竞争日益激烈。形势逼人，不进则退。"所以我们要提高忧患意识。如果我们综合国力不进步，我们就要被人家甩在后边，我们就要退步，就会丧失自己的国际地位。

综合国力是什么呢？过去我们想得比较简单，认为是经济力量和军事力量。后来把科技也算作综合国力的一个部分。到了1998年抗洪救灾以后，江泽民同志明确要把民族精神作为综合国力的一个重要因素，我认为这是一个很重要的进步。综合国力里不仅有物质力量，还有精神力量。到了党的十六大，又进一步把社会主义文化也说成是综合国力的重要组成部分，而且文化在综合国力竞争里边的位置越来越重要。这个认识是一步一步往前进步，从单纯的物质力量扩展到精神领域里边，把精神力量也视为综合国力的重要组成部分，是一个民族赖以生存和发展的一个精神支撑。

外国人对我们这个民族的看法，往往要比我们自己高很多。比如尼克松曾经发表过一篇文章，对于我们这个民族的发展前景给予了很高的评价，说将来发展起来是不可限量的。此前我参加一个国际会议。美国某大学的一位美籍华人终身教授，他说来中国后发现了一个奇怪的现象，就是对中国的评价外国人最高，美籍华人次之，中国人自己最低，他让我解释一下原因。我说这个一点都不奇怪，因为外国人是远远地看中国，他看不到中华民族复兴的过程中间经过了多少困难，付出多大的牺牲，存在着多少矛盾，现在还存在着多少消极现象。他们更多的只是看到了中国这些年来的巨大变化，所以他们的评价很高；美籍华人跟国内有千丝万缕的联系，他们对我们民族复兴过程中间的困难以及不尽如人意的地方有一些了解，所以他们的评价稍微低一点；在国内，我们身处庐山之中，我们不仅是看到我们自身的进步，切身感受到我们的变化，同时也感受到为了取得这些变化，我们付出了何等代价，经历了多少困难，以及仍然存在的一些亟待解决的问题，所以我们自己的评价相对来讲不是那么高。这其实一点也不奇怪。但是总的来讲，我们自己要有自信，对于自己要有一种自尊心、自信心，这一点非常重要。

有一份材料，在此我简单地说说。现在，如美国、德国、俄罗斯等国家的教科书中对于中国的评价，我觉得有不少是积极的、给予应有的肯定的。比如俄罗斯上大学之前的教育十年级和十一年级的历史教科书《世界文明史》里边说："中华文明是世界上最古老的文明之一，她历经数千年仍然完好地保持了文化传播的延续性，这真是个奇迹。"它还说"欧洲和中东国家的古代文明都曾因为宗教、社会或政治等方面的重大变革而发生大的断裂，但中华文明是一个例外"。"古代中国在最为艰难的历史时期，总是在本民族理想和价值体系中寻找出路，她从不盲目地吸收外来经验"，"因此得以孕育出其一脉相承的独特的文化"。"中国人追求自我完善，很有责任感，所以中华文明的道德观念非常发达"。德国高中历史教科书《德国通史》里边有这么一句话："早在公元 13 世纪，

改进造纸术的蔡伦画像

中国就成为世界上最繁荣的文化和贸易中心。""以指南针、造纸术、印刷术及火药发明为首的众多发明对世界历史和科技发展有重要的贡献"。德国小学五年级的一个历史课本里边讲，"中国的纸的发明比火药的发明更加具有造福人类的意义"。美国、印度、日本的历史教科书里也不乏类似的论述。

　　我们弘扬民族精神，既不是赞成复古主义，也不是赞成狭隘的民族主义，一定要跟这两者划清界限。刚才讲的历史虚无主义，我就很不赞成，这样来理解我们民族就没有前途了，但是同样也不主张复古主义。最近一段时间，我觉得有些复古主义思潮的表现，好像中国的传统文化好得不得了，一点缺点都没有。几千年间的东西离我们今天毕竟有很大的距离。大家可以看看党的十七大报告里边有一段话谈到如何对待中国传统文化，我觉得非常好。党的十七大报告中说："中华文化是中华民族生生不息、团结奋进的不竭动力。要全面认识祖国传统文化，取其精华，去其糟粕，使之与当代社会相适应、与现代文明相协调，保持民族性，体现时代性。"我以为这就是我们对待中华文明的正确方针和态度。

　　复古主义对我国传统文化中的民族性精华和封建性糟粕不加分析，统统对之顶礼膜拜，有的甚至把糟粕当精华，结果恰恰是损害了灿烂的中华文明。狭隘民族主义闭目塞听，与世隔绝，夜郎自大，故步自封，本身就是同我们的民族精神相悖，当然也不符合人类历史发展的趋势和时代的潮流。我们弘扬和培育民族精神，既要扎根于中华文明的旷野沃土，又要以宽阔胸怀去吸取世界文明的一切有益成果，这才是一个有着自尊心和自信心的民族应有的健康心态。

四、民族复兴过程中的三个历史性选择

回顾和总结中华民族伟大复兴的历史，有三条最根本性质的经验，也可以说是三个最具有决定性意义的历史性选择，那就是：中国共产党是实现民族复兴的核心力量；马克思主义中国化为民族复兴提供了科学理论的指导；中国特色社会主义为中华民族伟大复兴开辟了一条康庄大道。

第一，伟大的事业需要有伟大的团结。如果没有全国各族人民万众一心的共同参与和团结一致的顽强拼搏，中华民族伟大复兴的最终实现是无法想象的。

民族的团结，人民的团结，需要有一个核心。这个核心就是中国共产党。中华民族的伟大复兴，这样一个无数关心国家命运的先辈们梦寐以求并为之英勇献身的宏伟大业，只有在中国共产党的领导之下才能实现。这是全部社会生活给予我们的带有宏观必然性的珍贵历史启示。

中国共产党在不同历史时期，根据不同的历史条件和社会环境，制定了符合客观实际的党的路线、方针和政策，并且带领广大群众全身心地投入到斗争第一线，为民族复兴事业贡献出自己的全部力量。这是由中国共产党的根本性质所决定的，因为中国共产党是工人阶级的先锋队，同时是中国人民和中华民族的先锋队。在革命、建设、改革的各个历史时期，它总是代表着中国先进生产力的发展要求，代表着中国先进文化的前进方向，代表着中国最广大人民的根本利益，并通过制定正确的路线、方针、政策，为实现国家和人民的根本利益而不懈奋斗。在中国，从来没有任何一个政治组织像中国共产党这样集中了那么多的先进分子，组织得那么严密和广泛，为中华民族作出了那么多牺牲，同人民保持着密切的联系，在前进中善于总结经验和教训，以形成并坚持正确的理论和路线。因此，我们可以说，中国共产党成为全国人民的核心，这正是历史的选择、人民的选择。

第二，中国共产党从诞生之日起，就把马克思列宁主义确立为自己的指导思想，把社会主义作为自己的追求目标，这是中国人民在民族复兴征途上的一个伟大的飞跃。

但是，并不是找到了马克思列宁主义这个锐利的思想武器，就万事大吉了。要实现中华民族的伟大复兴，求得民族独立和人民解放，实现国家繁荣富强和人民共同富裕，还必须解决马克思列宁主义这个科学真理同中国国情、同中国革命实际相结合的问题，也就是要解决马克思主义中国化的问题。

最早明确提出"马克思主义中国化"这个命题的是毛泽东同志。他在1938年党的六届六中全会的政治报告中强调指出："马克思主义必须和我国的具体特点相结合并通过一定的民族形式才能实现。马克思列宁主义的伟大力量，就在于它是和各个国家具体的革命实践相联系的。对于中国共产党来说，就是要学会把马克思列宁主义的理论应用于中国的具体的环境。成为伟大中华民族的一部分而和这个民族血肉相连的共产党员，离开中国特点来谈马克思主义，只是抽象的空洞的马克思主义。因此，使马克思主义在中国具体化，使之在其每一表现中带着必须有的中国的特性，即是说，按照中国的特点去应用它，成为全党亟待了解并亟须解决的问题。"⑤

马克思主义中国化的第一个理论成果是毛泽东思想；第二个理论成果是邓小平理论；党的十三届四中全会以后，逐步形成了"三个代表"重要思想，党的十六大以后又提出了科学发展观，二者同邓小平理论一起，构成了中国特色社会主义理论体系，进一步推进了马克思主义的中国化。⑥

马克思主义同马克思主义中国化的各个理论成果之间，是一脉相承又与时俱进的关系。马克思主义是科学，它始终严格地以客观事实为根据。而实际生活总是在不停地变动中，这种变动的剧烈和深刻，近一百多年来达到了前人难以想象的程度。因此，马克思主义必定随着时代、实践和科学的发展而不断发展，不可能一成不变。马克思主义中国化，不是要抛弃或者背离马克思主义，而是要更好地坚持、继承和发展马克思主义。我们说"老祖宗不能丢"，是指马克思主义的基本立场、观点和方法，被实践证明了是科学真理的马克思主义那些基本原理，是不能丢的，丢了就丧失根本。正像邓小平同志所说："我们搞改革开放，把工作重心放在经济建设上，没有丢马克思，没有丢列宁，也没有丢毛泽东。老祖宗不能丢啊！"⑦但绝不是说可以或者应该把马克思主义变成僵死的教条，用"本本主义"的态度去对待马克思主义，把马克思主义的个别字句和个别结论看作现成的灵丹圣药，以为得了它就可以包医百病。在我们党的历史上，曾经吃过教条主义的大亏，反对教条主义的斗争，也一直是我们党思想理论战线上最重要的内容。正确处理好坚持和发展的关系，辩证统一地看待"一脉相承"和"与时俱进"的关系，是实现和推进马克思主义中国化的基本立足点。

第三，中华民族的伟大复兴，同中国特色社会主义是有机地统一在一起的，具有本质的内在联系。我们就是要在建设中国特色社会主义的道路上实现中华民族的伟大复兴。这也是由中国的历史特色所决定的。

在中国共产党成立之前，各种各样复兴民族的方案，尽管存在着很大的差异，但有一点是共同的，那就是，除少数例外，他们的学习对象，主要是西方资产阶级的文明；他们所追求的，主要是发展资本主义的经济和文化；他们所设计的道路，不管意识到还是没有意识到，归根结底，跳不出资产阶级共和国的圈子。这不仅是合乎逻辑的，而且在当时也是顺乎时代发展潮流的。因为，在那个时候，资本主义的经济、政治和文化，在世界上还处于最先进的地位。发展资本主义，还是中国社会在前进道路上首先要跨出的步伐。

但是，在中国发展资本主义、建立资产阶级现代国家的愿望，却不断在现实生活中碰壁。这是由国际国内的客观条件决定的。帝国主义为了自身的利益，总是要按照自己的面貌去改造殖民地和半殖民地国家，在这个过程中，也就不可避免地会向这些地区传播某些资本主义文明。但是，帝国主义列强侵入中国的目的，绝不是要把封建的中国变成资本主义的中国，它们也绝不允许中国真正地富强起来。相反，从近代历史发展的全过程来看，帝国主义勾结中国封建势力压迫中国资本主义的发展，阻止和破坏中国社会的前进，却是已经由无数事实所证明了的历史本质真实。帝国主义为了维持和强化对半殖民地的统治，就必须勾结和支持中国的封建势力，维护封建专制制度，竭力保持封建剥削制度的根基即封建生产关系。这样，资本主义的发展就更加困难重重。在这样一种政治环境及社会条件之下，中国的资产阶级在经济上和政治上就不能不是异常软弱的，他们没有力量承担起建立资产阶级共和国的历史任务。

这就是为什么资本主义道路在中国走不通的根本原因。这就是为什么中国的民族复兴只有走中国特色社会主义道路的根本原因。邓小平同志说得好："历史告诉我们，中国走资本主义道路不行，中国除了走社会主义道路没有别的道路可走。一旦中国抛弃社会主义，就要回到半殖民地半封建社会，不要说实现'小康'，就连温饱也没有保证。所以了解自己的历史很重要。"⑧

中国共产党的政治领导，马克思主义的理论指引，社会主义的制度和道路，这是人民的选择、历史的选择。但我在这里也想强调一点，就是人民和历史选择了我们，如果我们不争气，如果我们自己搞不好，人民和历史也会作别的选择，要有这个观念。这个话不太好听，但确实如此。如果我们共产党忘掉了为人民服务的宗旨，我们不再为大多数人去谋利益了，我们不再为中国的伟大复兴去奋斗了，不再为我们伟大的事业牺牲自己了，我们没有能力克服党内的消极腐败现象了，有一天人民会不选择你，历史会不选择你。我们的领导干部应该有这样的忧患意识，这是从反面说。正面说，我们要坚持共产党的领导，坚持中国化马克思主义的指导，坚持中国特色社会主义道路，我们中华民族的复兴，到了这个世纪的中期就一定能够实现，我们就可以完成先辈们所追求的这样一个伟大的目标。

注释：

①中国近代史资料丛刊：《义和团》第 3 册，上海人民出版社 1957 年版，第 86、第 44 页。

②吕浦、张振鹍等编译：《"黄祸论"历史资料选辑》，中国社会科学出版社 1979 年版，第 146、第 144 页。

③中共中央文献研究室编：《毛泽东年谱（一九四九—一九七六）》第四卷，中央文献出版社 2013 年版，第 607 页。

④《江泽民文选》第二卷，人民出版社 2006 年版，第 231 页。

⑤《毛泽东选集》第二卷，人民出版社 1991 年版，第 534 页。

⑥ 2021 年党的十九届六中全会通过的《中共中央关于党的百年奋斗重大成就和历史经验的决议》指出，毛泽东思想是"马克思主义中国化的第一次历史性飞跃"；中国特色社会主义理论体系"实现了马克思主义中国化新的飞跃"；习近平新时代中国特色社会主义思想"实现了马克思主义中国化新的飞跃"。

⑦《邓小平文选》第三卷，人民出版社 1993 年版，第 369 页。

⑧《邓小平文选》第三卷，人民出版社 1993 年版，第 206 页。

（讲座时间　2008 年）

孟宪实

"贞观之治"的历史启示

孟宪实

孟宪实，1962 年生，黑龙江讷河人。1983
年本科毕业于南开大学历史系，毕业后奔赴新
疆，在新疆师范大学历史系任教。2001 年获
得北京大学历史学博士学位。2003 年南开大
学中国社会史研究中心博士后出站。现任中
国人民大学历史学院教授。

主要从事隋唐史、敦煌吐鲁番学的研究。
著有《敦煌民间结社研究》《孟宪实讲唐史：

从玄武门之变到贞观之治》《汉唐文化与高昌历史》等。2006年开始，在《百家讲坛》主讲《玄武门之变》《贞观之治》《唐高宗真相》。与著名作家阿城合作改编电视剧《贞观之治》。

唐太宗李世民在位只有23年，627年到649年，因其在位期间年号"贞观"，所以史称"贞观之治"。"贞观之治"是历史上对唐太宗治理国家的一个高度评价，时间虽然短暂，却给中国漫长的历史增添了无穷的色彩。1300多年过去了，今天回顾这段历史，仍有许多地方值得我们学习和借鉴。短短23年的时间，唐朝实现了由乱到治的转变，所以贞观时期基本上是从动乱的中国走向大治的中国。这么短暂的时间，唐太宗是怎么完成的，又是怎样带领他的一班大臣，治理天下，把中国的历史带到了一个前所未有的高度的？这些问题都是值得我们仔细思考的。

一、贞观时期所取得的成就

"贞观之治"取得的成就有以下几个方面：

第一，君臣关系和谐，成为君主制度时代最伟大的政治文明标志。古代历史上君臣之间、臣臣之间常常钩心斗角、尔虞我诈。而贞观时期的和谐君臣关系是难得一见的政治文明的高度坐标。他们之间虽然也有意见分歧，也有矛盾冲突，但大家却能开诚布公地交换意见，所以在唐朝君主制度的时代背景下，开创了君臣同心同德建设国家的政治局面。

第二，社会关系和谐。和谐社会的建设不仅是今天想要达到的目标，也是古往今来的一个基本理想。上古时期所追求的"路不拾遗，夜不闭户"的社会理想，在贞观时期变成了和谐社会的真实写照。

唐太宗李世民画像

第三，国际地位崇高。唐朝从太宗以后的每一个皇帝都有一个"天可汗"的称号。"天可汗"是北方多个少数民族政权首领对唐太宗的尊称，所以从贞观四年（630）开始，唐太宗就多了一方皇帝印玺，即"天可汗之印"。各国见到印有"天可汗之印"的信都要认真执行，唐太宗事实上成为各国公推的国际领袖，是在一定世界范围内的天下共主。"天可汗"负责国际纠纷的调解、调停。

第四，政治制度稳固。隋朝统一全国之前，分裂局面持续了将近300年，国家统一之后，如何在政治上、制度上实现统一是统治阶层十分关注的问题。所以从隋文帝到隋炀帝，从唐高祖到唐太宗，四代君主都在做同样一件事，就是如何从政治制度上实现南北的统一。到唐太宗时期，基本完成政治制度的建设。

二、"贞观之治"的历史启示

总结贞观时期的历史，有几个方面对今天仍然有启发作用。

（一）理性行政

所谓理性行政是指在国家权力的运行中，正确把握方向，理智运用权力。古往今来，政治学的核心问题就是国家权力如何正确使用。古代帝王掌握很多权力，在使用过程中难免带有个人好恶，难免感情用事。所以权力悲剧在中国古代历史上时有发生。唐太宗在古代历史记载中基本上是明君形象。在帝王谱系中，他的位置是数一数二的。唐太宗在运用最高权力时比较理性，这一特点决定了他在位时期取得的成绩。如果唐太宗不是如此理性执政，那么贞观时期的政治则会是另外一番景象。贞观时期，唐太宗在以下几个方面使理性行政成为可能。

1. 克己纳谏

古代帝王一人治理天下，即使再聪明，一个人的智慧仍然不足以治理国家，因此要设置百官和各种机构，来协助皇帝对国家事务的管理。所以，皇帝纳谏，是要善于听从臣下的规劝，改变自己的主张。通常纳谏的难度来自多方面。其一，人性的弱点。一般来讲，帝王纳谏之难，大概有两个方面的原因。从人性的一般意义上说，纳谏有颜面、尊严的问题。愿意听表扬，不愿意听批评，这是人之常情，也是人性的弱点。其二，权力的弱点。从政治环境来看，君臣之间，势若天隔，如果君主总是听大臣的意见而改变自己的主张，似乎有损君主的权威。人们一般相信，权力的高低与人的能力大小成正比，权力的不平等使上下之间的沟通非常艰难。如果君主曲己从人，会被认为是能力弱的表现。而向上提不同意见，是古今为官的难题，这就是权力的弱点。

　　既然君主纳谏有难度，那么唐太宗为什么能够做到呢？

　　其一，从个人角度讲，唐太宗求治心切。李世民是通过血腥的"玄武门之变"暴力夺取的政权，是逆取，而不是顺接，所以迫切希望通过治理好国家来改变民众对他的负面评价，以便百年之后树碑立传时能写上更多正面的词汇。

　　贞观二十二年（648）《晋书》修成的时候，有一些对唐太宗的议论，让人一看就知道大家是在谈论"贞观之治""玄武门之变"。唐太宗非常感慨：真是不懂人心为什么会这样？对一件坏事记得这么牢，做了这么多好事，总是记不住。从他个人讲，他想做好皇帝的角色，与个人经历，特别是"玄武门之变"有直接的关系。因为求治心切，所以他就能够更主动克服人性的弱点和权力的弱点。

　　其二，周围大臣的作用。李世民和他的大臣都经历了隋朝，他们都是隋朝灭亡的见证人，隋炀帝如何把一个强大的国家毁于一旦，大家都亲眼所见。其中，隋炀帝护短拒谏是大家共同的认识。贞观君臣经常坐而论道，隋朝的灭亡是他们经常谈论的话题，君臣由此站在一个历史的最高点上反思历史的教训。

　　其三，李世民以军事起家，无数的征战使他成为一名卓越的军事将领。在靠军事打天下的过程中，领袖权威已然形成。李世民当皇帝是在取得过许多胜利之后。他跟一般的皇位继承人不同，他作为一名功勋卓著的帝王，不用担心臣下与自己争风，也不会因为别人的一条批评意见而担心自己的领袖地位被否定。他的能力和自信历史已经证明了，所以他在克服别人难以克服的人性弱点和权力弱点上，拥有了先天优势。

　　一条正确的意见被接受，往往需要来自两个方面的力量：一是纳谏者要正确理解进谏者的动机；二是进谏者要掌握正确的方式方法。

　　贞观四年，唐太宗考虑到日后要常去洛阳，所以提出要修建洛阳宫，遭到中书省大臣张玄素的反对。张玄素以隋朝灭亡的历史作为例证，批评唐太宗重蹈隋朝的覆辙，认为皇帝应该珍惜民力，注意节俭。唐太宗当时非常不快，认为张玄素是在给自己盖棺定论，批评自己不如隋炀帝。所以李世民问道：你说我不如隋炀帝，那比夏桀、商纣王如何呀？唐太宗误解了张玄素进谏的动机，于是张玄素改变了进谏的角度，回答道：如果这宫殿非要修下去不可的话，那最后一定是同归于乱。不再涉及对皇帝的评价而是突出国家的存亡，李世民也就理解了张玄素的苦心。原来张玄素不是要为自己盖棺定论，而确实是替国家担忧，唐太宗于是承认自己考虑不周，最终改变了态度，并且赏赐了张玄素，马上下令停止修建洛阳宫。所以一条意见能否被接受，纳谏者正确理解进谏者的动机是非常重要的。

　　古代的大臣提意见，常有人言词苛刻，为的是引起皇帝的高度重视。贞观八年（634），县丞皇甫德参上书唐太宗，对国家的很多事情提出批评。第一，他批评社会风气不好，认为当下流行了高髻发型和短围帽纱，"盖宫中所化"。第二，他批评政府的苛捐杂税太多，老百姓已经承受不起。唐太宗很生气，对房玄龄等人说："皇甫德参想让国家不役使一个人，不收斗租，宫人全是光头，是什么用意？"唐太宗认为皇甫德参是在诽谤朝廷，要从严处理，将他治罪。魏徵解释说，自古以来，上书皆言辞激烈，否则不会引起君主的注意，看起来如同讪谤，其实不是。皇帝明白了，下令赏赐皇甫德参。过几天，魏徵又说，贞观之初的时候，陛下闻谏则喜，近来皇帝纳谏，心胸不如从前豁达。李世民立刻知道魏徵说的是什么事情，干脆提拔皇甫德参担任监察御史。

　　通过皇甫德参这件事情可以看出，有时候意见本身重要与否不是非常重要的，重要的是要培养一个言路畅通的环境。同时，使用适当的言辞表达才有利于意见被领导接受。一个正确的意见，对于国家来讲，它涉及决策，影响深远。

2. 避免战争

　　战争是最消耗国力的事情，不仅消耗财力，还要牺牲生命。但是有些地方军事官员却希望打仗，特别是针对弱小族群的战争。只要有战争，他们就可以从中受益。打仗不仅可以立军功，还可以通过物资调配发大财。有的时候，李世民也会被地方官吏所蒙蔽，几乎上当。比如岭南的冯盎，很早就归顺了唐朝，但是很久没有朝贡。于是，周边各州纷纷上报，说冯盎图谋不轨，前后十多次。唐太宗渐渐信以为真，认为问题严重，于是调兵遣将，准备派十万大军横扫岭南。将军都选好了，岭南周边的十几个州也都做好了作战准备。这时魏徵出面反对，魏徵认为冯盎谋反，证据不足。唐太宗说，这么多州屡次报告，还不是证据吗？魏徵说，如果他要叛乱，一定会攻打周边的州县，但是各地的州县纷纷报告岭南谋反，却没有一个州县被打，这就说明岭南没有任何军事动作。唐太宗问，那为什么不来朝觐呢？魏徵说，这么多年，经常有人告发岭南谋反，但是朝廷从来没有派使者到岭南去了解情况，人家当然就不敢来朝觐了。唐太宗一听，认为魏徵分析的有道理，于是派人出使岭南，安抚冯盎。冯盎大喜，终于见到了皇帝的特使，于是特意派儿子与特使一起回长安，上朝觐见。唐太宗很高兴，说魏徵一席话，顶得上十万大军。一场战争避免了，来自臣下的一条正确意见，解决的不仅仅是十万兵力的问题，更重要的是它避免了对民心的伤害。

3. 制度创新

贞观五年（631），河北相州人李好德患风疾，即现在的间歇性自大妄想症，一旦发作就胡言乱语，妖言惑众。于是，李好德被抓进了监狱。大理寺丞张蕴古认为李好德患有精神病，不应该承担法律责任，应按照规定将其释放，唐太宗也决定不再追究。张蕴古说服了皇上，很高兴，跑到监狱里告诉了李好德这个消息。结果，这个情况被监察御史发现，并告发，唐太宗大怒，认为张蕴古泄漏禁中语，立刻下令斩杀张蕴古于东市。手下的人手脚麻利，便立即执行。

事后，唐太宗非常后悔，张蕴古虽然有罪，但罪不至死，就这样被杀了，非常可惜。可是，人死不能复生，如何改正已经发生的错误呢？他决定给张蕴古恢复名誉，让他的儿子做官，但这样就够了吗？当然不够。后悔没有用，关键的问题是如何防止类似的错误重犯。于是下令出台一个新的制度来防止因一时之怒而错杀生命。一个在当时很高明的制度出台了。凡

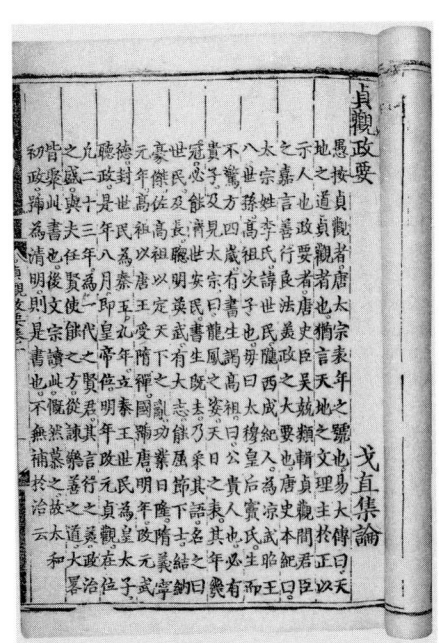

《贞观政要》书影

是死刑犯，下达死刑命令的时候，不能立刻执行。京畿地区，要反复五次上奏，地方的要反复三次上奏，才能执行死刑。这就是五复奏、三复奏制度。这种复奏制度，就是面对死亡处决时，要尽量谨慎，要给皇帝留下反悔的机会，给生命留下保全的机会。

这是贞观时期，理性行政方面制度创新的一个典范。《旧唐书·刑法志》记载："自是，全活者甚众。"很多生命因此得以保全。

（二）以人为本

先秦以来的理论提倡以民为本，后来孟子概括的民贵君轻理论，一般认为是儒家象牙塔之说，没有实现过，但是唐太宗时代就很好地履行了这种理论。

1. 重视生命

贞观某一年，河北卫州发生一起杀人案。一位名叫杨贞的士兵，途经卫州，夜宿板桥店。当晚该店老板被人杀害。经检查，发现杨贞的佩刀上有血迹。于是杨贞被收监，严刑拷打之下，杨贞只好承认老板系他所杀。卫州地方官府判杨贞死刑，但由于地方没有死刑处决权，于是该案上报朝廷。唐太宗看过案卷之后，觉得非常奇怪，认为杨贞是个过路者，与店老板素不相识，没有杀人动机，于是唐太宗让大理寺派人重新调查。最终，案件调查清楚，杨贞系被人嫁祸。是老板娘有外遇，与情人一起杀掉了店老板，然后嫁祸于客人杨贞。案情最终大白于天下。如果皇帝不重视人的生命，此事的结局就是杨贞白白做了替死鬼。恰是遇到唐太宗这样的皇帝，冤案便没有继续下去。

2. 亲临司法实践

在贞观时期，皇帝亲临司法实践，主要有两种情况：一是每月听刑部的汇报，主要是了解监狱犯人的情况；二是每年的皇帝录囚。皇帝要亲自过问犯人的情况，皇帝还要到监狱去视察，而视察的重点是死刑犯，这就叫录囚。这种视察可不是走过场，他要听犯人申诉。对于罪犯而言，他就有机会遇到皇帝，可以最后一次喊冤。而且有规定，只要向皇帝喊冤，这个案子就可以立刻重审。皇帝作为一国之君，事务繁忙，许多地方官员一生都见不到皇帝，但唐朝的死刑犯却有面见皇帝的机会。这个制度里所表现出来的以人为本，不仅仅是李世民的个人功绩，更是一个时代的基本精神风貌的体现。

3. 藏富于民

贞观四年，房玄龄报告皇帝，国家的粮食储备、军事器械已经超过了隋朝。唐太宗听了应该很高兴，但是他很平淡，他说隋朝不是因为贫穷而灭亡，而是因为太富有才灭亡。隋朝政府储存的粮食到贞观时期还在继续食用。但隋朝发生自然灾害时政府却舍不得开仓放粮。隋末农民起义，几乎都是因为饥饿而引发的。所以隋朝不是亡于贫穷，而是灭于富有，两极分化很厉害，国家严重不和谐。唐太宗明白藏富于民比藏富于国还重要。

4. 开源节流

贞观时期，国家刚刚从战乱中走出来，国力不足，社会贫困。李世民一班人，采取了开源节流的方针来扭转局面。贞观元年（627），唐朝中央机构官员近700人，唐太宗认为"官在得人，不在员多"，于是决定精简机构。同时下令合并州县，大量减少地方官员的数量。这样一来，拿俸禄的人少了，国家财政负担大幅度减轻，民众的负担也相应减轻了。

5. 均田制

汉朝以来，土地兼并问题严重，"富者田连阡陌、贫者无立锥之地"。两极分化加剧社会矛盾激化，最终导致了西汉的灭亡。历朝历代的流民问题都是当权者急需解决的社会肌瘤之一。李世民当然认识到土地作为一种重要的生产资料，对于农民具有超越生命的重要意义，于是迫切需要用制度的方式来保证农民对土地的所有权。均田制是唐代国家对土地的管理制度。唐初土地不允许自由买卖，后来为保证农民收入，改革土地管理制度。即每户所有土地为口分田和永业田。永业田永远不允许出售，而口分田在国家法律允许的范围内，经政府机构批准，可以买卖。均田制的实施从制度上保证了弱势阶层的利益，同时，通过部分土地流转制度，在一定程度上缓解了贫困。

以人为本，就是国家在制定政策时要充分考虑到人的因素，重视人性，重视人情，重视人心。唐太宗对人本思想有着高度的认识，他常说："君者舟也，民者水也，水者载舟，水者覆舟。"君民之间是相辅相成的关系。过分地盘剥百姓，无异于割股自食。唐太宗说过这样的话："为君之道，必须先存百姓。"这种民本主义思想在当时很了不起。

有一次，朝堂之上，大臣一起讨论问题，说天下有盗贼，怎么消弭刑事犯罪呢？当时就有人主张严刑峻法，加强打击力度，让百姓知道法律惩罚的严酷性，他自然就不敢犯罪了。唐太宗不同意这种观点，他认为凡人皆有廉耻之心，百姓之所以犯罪，不是因为觉悟不高，而是因为迫不得已。赋敛太重，饥寒交迫，所以就顾不得廉耻了。而国家的过分盘剥才是百姓产生衣食之忧和生活的切肤之痛的根源。所以，要想"去贼"，养民的政策才是治本的方针。

以人为本是中国古代社会一个重要的政治智慧，是儒家特别强调的一种政治理念。它不是一句空话，是有相关的制度保障的。就"贞观之治"而言，它是儒家这种政治理念的一个具体的、成功的实践。我们是在批判历史的过程中发展过来的，历史上很多重要的智慧，需要我们今天认真对待。

（三）良臣魏徵

魏徵进谏是一千多年以来的一段佳话，正因为有魏徵这样敢于进谏、善于进谏、能够进谏的贤臣，才使贞观时期的理性行政成为可能。

魏徵经常能看到别人看不到的地方，即所谓"站得高，看得远"。贞观十四年（640），西突厥乙毗沙钵罗叶护可汗继位，按照规定，"天可汗"唐太宗应该派出特使参加新可汗的继位典礼，这是非常重要的一件事。所以，贞观十五年（641）唐太宗派张大师持节册命，赐鼓纛。西突厥位于中亚草原，盛产宝马良驹，于是有人向唐

魏徵画像　　　　文化传播 / 供图

太宗建议，既然派出使者到中亚那么遥远的地方去，就要多办点事，让使者顺路购买马匹。唐太宗认为这样可以节约行政成本，于是就同意了。魏徵听说后，立即反对，认为这样做是得不偿失。西域可汗册立是大事，使者专门前往说明朝廷重视。结果使者又去买马，会让西域各国误以为册立可汗是顺路的，可汗是不被重视的。如果新可汗也产生这样的想法，那么唐朝和西突厥的关系势必要发生不良的变化，以后朝廷在西域的威信势必受到影响。只要跟西域关系良好，马匹还不是小问题吗？西域甚至会主动送来宝马。唐太宗只注意节约成本，让册立可汗的使者一身二任，没有魏徵看得全面，没有看到这种"节约"的害处。一经指出，太宗立刻明白了，马上命令停止购买宝马。可见，魏徵总能见人所未见，言人所未言，重视防祸于未然的重要性。

魏徵敢于进谏，历史上已经留下定论。魏徵为什么敢于进谏，在《旧唐书》或者其他史籍中都有记载，大概有三方面的因素。其一，魏徵有治国之才。其二，赤胆忠心，不惧龙颜，愿意以死来报唐太宗的知遇之恩。其三，从制度设计上来看，魏徵尽职尽责。唐朝中央政府设置谏官制度，魏徵是谏官中最重要的谏议大夫，谏议大夫的任务就是负责给皇帝进谏，所以，勇于进谏是魏徵的职责所在。

后来，魏徵又很快成了秘书监，是从三品，负责管理图书、资料的文职。唐朝的宫廷藏书最早是在魏徵的手中丰富起来的。他做秘书监的时候，还参与朝政。这是唐朝官制的一个特点，就是你本来有具体职务，然后给你加一个衔，叫参与朝政。唐朝的重要会议大约有几种，一个是行政办公会议，就是部长级会议，叫八座议事，就是六个部的长官尚书加上左、右仆射一起开会。比它再高的就是政事堂会议，政事堂在门下省，这是一个宰相会议。宰相会议有很多人，凡是有"参与朝政"这种职衔的人都可以参加宰相会议。第三个更高级的就是皇帝的御前会议。有了参与朝政这个头衔，既可以参加宰相的这个政事堂会议，也可以参加皇帝的御前会议。所以魏徵一直未曾离开提意见的职位。

贞观七年（633），他当了门下省的长官，叫侍中。门下省的工作就是审核皇帝的命令，看它对不对，对了就发给尚书省执行，不对就反驳回起草诏令的中书省。为什么魏徵的意见总是那么多呢？因为一直到死，他都是门下省的长官或负责人。

贞观元年，右仆射封德彝跟唐太宗汇报，说当下兵力不足，需扩大兵源，建议18岁以上的中男，也检点入军。当时，唐朝政府的法律规定是男子到了20岁才可以承担国家的兵役，但迫于封德彝所说的这种形势，皇帝就同意了这个建议。敕书发出三四次，魏徵坚持不签署。不但不签署，还要上奏，提出自己的反对理由，大概就是中男身体还没有长成之类。封德彝也不示弱，说中男也有长得很强壮的。太宗于是大怒，继续出敕，魏徵还是不签署。唐太宗没有办法，只好把魏徵和门下省负责人王珪都召来开会。太宗声色俱厉地说：中男要是身形矮小，自然不会点入军中。若体貌魁伟，当然可以征发。你这么固执，简直不可理喻！魏徵据理力争，认为其一，军队的问题在于兵力和战斗力，战斗力在精不在多，与其扩大兵源，不如加强训练。其二，"竭泽而渔，非不得鱼，明年无鱼"。魏徵是从国家更长远的利益来看待征兵问题，认为不能把年轻人都点了兵，都点了兵，赋税怎么办？以后再需要征兵怎么办？不能把人力一下子用完啊。国家治理要有长远规划，不能只看眼前。道理很简单，一讨论就明白了。皇帝就立刻下令，禁止下发这个文件。最终，皇帝被魏徵说服。魏徵的理念是正确的，国家在平时应该节约民力，为的是防止突发情况，所以居安思危很重要。这个政策没有出台，门下省起了关键性的作用，门下省是唐朝制度设计中的一个很重要的机构，它的审核程序，使得决策过程更加理性，可以从源头上尽量避免错误。

魏徵不仅敢于提意见，而且善于提意见。他能够把道理说清说透，还善于因势利导，充分利用表扬的方式达到帮助皇帝改正错误的目的。

贞观七年，蜀王妃的父亲杨誉非法买卖奴婢，被有关部门扣押审讯。蜀王妃的哥哥是千牛卫士，在皇帝身边负责安全保卫工作，于是向皇帝申诉说：我父亲没有犯那么严重的错误，但是有关部门因为仇恨皇亲国戚，就将我父亲扣押了。唐太宗听后，勃然大怒，认为自己的颜面受到伤害，要解除有关人员的官职。这时魏徵出来讲话，他说："城狐和社鼠都不强大，只是因为它们有所凭恃，所以清除起来很不容易。何况世家贵戚，从来号称难治，汉、晋以来，朝廷对他们都没有办法。武德的时候，他们就已经很骄纵了，自从陛下登基以来，刚有所收敛。有关人员能为国家守法已经难能可贵了，怎么可以随便妄加刑罚到他们身上，让这些外戚的私心得逞呢！自古以来，能禁断这样的事情，只有陛下一人而已。防微杜渐，是国家正常的方法，怎么可以水未横流，便自毁堤防？"唐太宗听后，马上接受了魏徵的意见。

我们看到，魏徵批评皇帝的做法，是以表扬为前提的。这样做，有利于皇帝改正错误，不会让皇帝产生误解。寓批评于表扬之中，容易让领导接受，毕竟领导只有接受之后才能改正错误。这就是进谏的艺术性。

给领导给皇上提意见，是为了什么？如果是为了显示自己的能耐，显示自己比领导高明，那方向就反了，结果也常常会适得其反，那样往往会陷入意气之争。关键在于把事情做好，不是为了显示自己，而是为了共同的事业。这样就能够找到合适的表达方式，这样才算是善于提意见。

"贞观之治"的主角是皇帝李世民，而最具风采的大臣当属魏徵。自古以来，谈到"贞观之治"，人们首先表扬李世民，其次肯定魏徵。不论是李世民还是魏徵，因为共同对创造"贞观之治"作出了杰出贡献，君臣关系作为典范载入史册，千古流芳。

"贞观之治"已经过去1300多年了，我们现在每每提起的时候，还是有很多地方让人感动，给人启发。一个时代的历史地位，取决于这个时代的历史创造，取决于这个时代的建设成就。对此，作为这个时代的领导集团，必须具有清醒的历史意识。

（讲座时间　2009 年）

张国刚

《资治通鉴》与王朝兴衰

张国刚

张国刚，1956 年生，安徽安庆人。清华大学历史系教授、博士生导师，教育部"长江学者"特聘教授。曾任德国"洪堡学者"（Alexander von Humboldt），汉堡大学、剑桥大学、柏林自由大学、特里尔大学、早稻田大学等校汉学系客座教授或访问学者。兼任教育部历史教学指导委员会委员、中国炎黄文化研究会学术委员会副主任等职。

主要著作有:《中国学术史》《中西文化关系史》《中国历史》《中国家庭史》等。主编的《中国家庭史》一书曾获教育部高等学校科研成果（人文社会科学）优秀著作一等奖、中华优秀图书奖；合著的《中国历史》一书获国家级优秀教学成果一等奖。为清华大学及国家级"精品课程"首席主讲导师。

中国在治国安邦方面是有传统的。我使用"传统"这个词，并不是说我国在实践上取得了多高的成就。治国安邦在中国的经史学问里是最主要的内容之一。中国人讲学而优则仕，仕而优则学。学问做好了就去当领导，领导做好了再去做学问，至少从字面上可以这么理解，但学术上有更复杂的解释。中国人做学问，目的是治国平天下。所以《大学》中说，修身齐家治国平天下。《孟子》讲"穷则独善其身，达则兼济天下"。穷，不是没有钱，而是指政治地位不太高。当有一个机会的时候，读书人就做一些有利于天下苍生百姓的事。《中庸》里曾说，"唯天下至诚，方能经纶天下之大经"。"四书"里的每一本书都是指向怎样治国的。在这个方面，我们可以与西方比较一下。西方在15世纪以后才有近代化的民族国家。15世纪前，西方是封建社会。西方当时的观点是：我的臣民的臣民不是我的臣民。比如说英国国王，他的收入主要来自他的领地。他没有统一的军队。如果外敌入侵就像中国周朝一样，各个诸侯带自己的军队去保卫国王。但中国不一样，中国至少在春秋战国时就是中央集权国家。郡县都是直属中央的机构。到秦始皇时，海内皆郡县。国家是中央集权制，有统一的官吏考核任免制度，统一的军队征调布防，统一的赋税征敛和分配。持续几千年都是如此，不像西方亚历山大、恺撒大帝或者汉尼拔，人还没完帝国就崩溃了。在广土众民的漫长时间里，要保持中央集权国家的统治，维持国力不断向上发展、繁荣、昌盛，在当时通信和交通很落后的情况下是很不容易的。世界上没有其他国家可以做到这样。有些小的城邦，如希腊、斯巴达、罗马持续繁荣的时间很短暂。中国在治国方面是很有传统的，并注意不断总结历史经验。《资治通鉴》就是这样一部总结历史经验的著作。

一、《资治通鉴》是一部什么书

康熙和乾隆都读过《资治通鉴》，张居正曾亲自给万历皇帝讲解过。他们从《资治通鉴》中读到了什么呢？是治国安邦的经验。我们根据司马光的指引，从一些史实谈起，总结领导者治国安邦的经验。

毛泽东曾说，中国有两部大书，一部是《史记》，一部是《资治通鉴》。曾国藩对《资治通鉴》非常器重，说这是一部经济天下就非要读的书。曾国藩曾说过，读书有两个门径，修身不外读经，经济不外读史。这个经济是经邦济国的意思，就是我们讲的治理、管理，不是"economics（经济学）"。曾国藩的意思是，治理国家、经邦济世的书，没有哪一部超过《资治通鉴》。史部里有关于王朝兴衰、前贤往哲成败得失的记载。曾国藩还说了"窃以为先哲经世之书，莫善于司马文公《资治通鉴》"。曾国藩不是一般的人，毛泽东说他是对中国文化正宗"大本大源"把握的人。

1954年，毛泽东在与历史学家吴晗同志谈话时说："《资治通鉴》这部书写得好……叙事有法，历代兴衰治乱本末毕具，我们可以批判地读这部书，借以熟悉历史事件，从中汲取经验教训。"两年后，在周恩来亲自关怀下，顾颉刚、齐思和、聂崇岐、容肇祖等12名著名学者点校的《资治通鉴》标点本，由中华书局出版。

《史记》和《资治通鉴》，这两部书是不一样的。《史记》是中国正史的第一部纪传体史书，作者司马迁处于西汉汉武帝时期。此前史书都是私家修的，后得到王

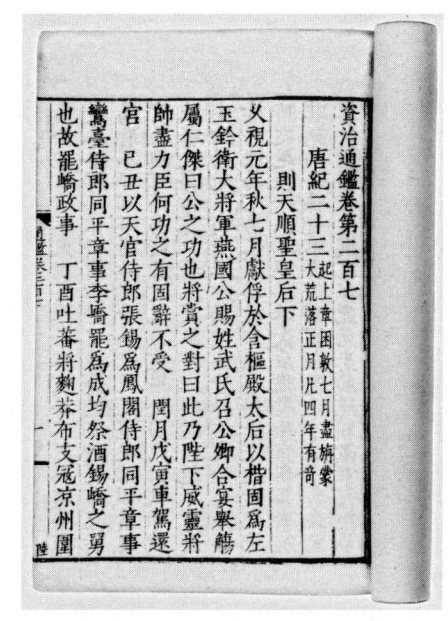

明刻本《资治通鉴》书影

朝的认可。唐代设了史馆以后，国家都要为前朝修史。《史记》的宗旨是"究天人之际，通古今之变，成一家之言"。它是要探讨人类社会和自然之间的关系。为什么要读历史？司马迁讲了两句话："居今之世，志古之道，所以自镜也，未必尽同。帝王者各殊礼而异务，要以成功为统纪，岂可绲乎？"(《高祖功臣侯者年表》序)"居今之世，志古之道"，当今之世应该了解此前古人的发展道路和历史经验作为自己的借鉴。"未必尽同"，古今未必一样，所以帝王各有各的理，各有各的事。"殊礼而异务，要以成功为统纪，岂可绲乎？"古今不能搞混了，所以既要借鉴历史，又要避免食古不化。司马迁这两段话，前面三句话讲他的志向，后面两句话讲他对历史和现实的看法，是非常理智的。

（一）关于《资治通鉴》

《资治通鉴》究竟是一部什么样的史书？为什么毛泽东、周恩来这些杰出领导人如此重视呢？《资治通鉴》是北宋司马光主持编纂的一部编年体通史，该书以时间为经，事件为纬，接续《左传》(《左传》的记载截至公元前403年)，

记载了从公元前403年"三家分晋"到959年五代终结，长达1362年的兴亡史。全书计294卷300多万字。这一点与司马迁的纪传体史书《史记》从远古一直写到"今上"（汉武帝）有所不同。

编年体就是按照年代来编写的，如某年某月某日发生了什么事情，这种书编起来更不容易，因为容易写成流水账。但是《资治通鉴》读起来并没有这种感觉。它既有历史的发展脉络，对史实也交代得很清楚，这是司马光的高明之处。

司马光在给宋神宗赵顼的信中，谈到编写宗旨时说："删削冗长，举撮机要，专取关国家盛衰，系生民休戚，善可为法，恶可为戒者，为编年一书，使先后有伦，精粗不杂。"自司马迁《史记》、班固《汉书》以来，史书之文字繁多，布衣之士都无法遍读。何况人主日理万机，更无暇周览。司马光编纂《资治通鉴》就是考虑到人君政务繁忙，渴望了解历史知识又无法通览现有史书的需求，因此删繁撮要，以编年的方式，编纂一部内容条贯、叙事清晰的简明通

司马光故居内的养粹亭

史；其内容与国家兴衰、民生休戚相关，其目的是为了借鉴历史上治理国家过程中兴衰成败的经验教训。宋神宗非常欣赏司马光编纂的这部史书，慨然为之作序。该书本名《通志》，神宗改赐佳名《资治通鉴》，取"鉴于往事，有资于治道"之意。这符合古代人治国和治学的宗旨。治学就是为了修身齐家治国平天下。司马光说，我现在"骸骨癯瘁，目视昏近，齿牙无几，神识衰耗，目前所为，旋踵遗忘"。他对自己描述得很清楚，说我现在老了，眼睛看不清了，牙齿也没几颗了，精神也不太好，刚刚做的事情转过脚就忘了。但是他强调，"臣之精力，尽于此书"，即我的精力都用在这本书上了。他希望皇帝能够有时间赐览，以"鉴前世之兴衰，考当今之得失，嘉善矜恶，取得舍非"。司马光是希望给领导提供借鉴，所以《资治通鉴》就问世了。

《资治通鉴》（以下简称《通鉴》）出来以后影响非常大，《通鉴》成了一个家族。《通鉴》本身是模仿春秋《左传》的写作方式。《续资治通鉴》也是如此，此后还有《明通鉴》《清通鉴》，所以成了《通鉴》的一个系列。朱熹及其以后的学者觉得《通鉴》内容太多，又编成《通鉴纲目》《通鉴辑览》，都是按照《通鉴》的模式编的。《通鉴》家族的一个偏支就是《通鉴纪事本末》。《通鉴》是按照年代编的，但是按照年代编也存在一些问题。比如说"安史之乱"8年，这8年记载了很多事是交叉在一起的。袁枢把《通鉴》重新编写，把《通鉴》的内容分成239个事目，只是按照事件的发生时间重新抄写了一遍，抄成了《通鉴纪事本末》。这本书非常好，因为读者按照事件来阅读，对于事件的历史发展脉络看得非常清楚。这又成了一个系列，有《宋史纪事本末》《元史纪事本末》《明史纪事本末》。1926年，《京报》请梁启超先生给大家推荐一些人文基本阅读书目，他当时推荐的就包括《资治通鉴》《通鉴纪事本末》。总之，《通鉴》成书以后，成为皇家教育的必备教材之一。张居正曾专门给万历皇帝讲《通鉴》。现在也出版了《资治通鉴皇家读本》。

为什么毛泽东读《通鉴》17遍？因为他确实觉得《通鉴》有利于他借鉴历史经验。有时候他读着读着就忘了吃饭，忘了弹烟灰，真的是入迷了。这本书读进去以后，就能读出文字背后的智慧。

（二）《通鉴》提供的历史经验

《通鉴》到底给我们提供了哪些历史经验呢？

司马光在这部书里面叙述了 22 个王朝的兴衰。第一个是东周，东周包括春秋和战国两部分。他是从战国开始写起。为什么从公元前 403 年开始写起？司马光有他的说法。秦汉是统一的王朝，中间包括一个短暂的新莽政权。中国将近 300 年的分裂，除了西晋将近 50 年的统一以外，接着是东晋南北朝。司马光非常讲究正统。他认为南朝是正统，西晋完了以后就是东晋和南朝。北边是十六国，接着是隋唐五代十国。五代包括梁、唐、晋、汉、周。在司马光记载的 22 个王朝里面，秦汉和隋唐是中国最重要的两个大一统的王朝，秦短暂，接下来是汉；隋短暂，接下来是唐。一汉一唐让中国的文化、历史、疆域都奠定了良好的基础。宋以后的历史在《通鉴》里没讲。可以说是分久必合，合久必分。你看秦汉把春秋战国的乱象给统一了，秦是制度上统一，汉承秦制，各个方面都有发展。隋把魏晋南北朝将近 300 年的分裂统一了，但是隋很短暂，不过制度是隋朝建立的。唐进一步发展，将近 300 年的天下。五代十国都是分裂的，宋、辽、金、夏更是如此。元、明、清又是统一的，其中明、清各有 260 年左右的历史。中国历史确实是在这样一个循环方式下进行的，但是每一次分裂都有更高一级的统一国家出现。

司马光总结出什么经验呢？他说领导是关键，"人君"是核心。他特别强调一个领导者的历史责任感、使命感。"人君"的才能、素质和品德对国家兴衰产生了重要影响。我们说天下兴亡、匹夫有责。司马光说不，"人君"应该有更主要的责任。他把领导分成五个不同的类型。他在《通鉴》里面没有明确的分类。但是他在给哲宗皇帝编的《通鉴》的一个简本叫《历年图》中，记载了从战国到五代末共 1362 年的历史，与《通鉴》是完全一样的年代记法。在这里面他说领导有五种：一为创业之君，智勇冠群；二为守成之君，中等才能，而能自我约束；三为陵夷之君，中等才能，但不能自修；四为中兴之君，才能过人且善自强；五是乱亡之君，下愚而不可改移者。他把这 1362 年的 20 多个君主分成这几种，他认为创业之君，如汉高祖、汉光武帝、隋文帝、唐太宗等；守成之君，如汉文帝和汉景帝；中兴之君，如汉宣帝；至于"习于宴安，乐于怠惰，人之忠邪，混而不分，事之得失，置而不察，苟取目前之佚，不思永远之患"，使"祖考之业"日趋颓下的陵夷之君，像西汉的元帝、成帝，东汉的桓帝、灵帝，

都属于这一类；最糟糕的是乱亡之君，他们"心不入德义，性不受法则，舍道以趋恶，弃礼以纵欲，谗谄者用，正直者诛，荒淫无厌，刑杀无度，神怒不顾，民怨不知"，像陈后主、隋炀帝等就是最典型的例证。"性不受法则"这几个字大家别小看了，"依法治国"这四个字是法家提出来的，韩非子就提倡依法治国。中国古代是讲法的，但是法是在人治的基础上。圣君贤相都受法则的约束，昏君奸相全当无法，不受法制约束。但是在国家治理过程当中有明确法律。帝王因为不受法律约束，所以荒淫无厌、刑杀无度，民怨沸腾，国家自然就灭亡了。《历年图》正面褒扬了唐

隋炀帝杨广（中）画像

太宗那样的仁明之君，批判了隋炀帝那样的荒淫之主，记述了刘邦等创业者的艰难，揭露了秦二世等乱亡者的无耻。一部《历年图》描写了众多帝王五种不同的众生相，也留下了厚重的历史经验教训。

司马光的评论往往用"臣光曰"的形式。他在给宋神宗的上疏里说，"臣平生所学所得至精至要者"就在这儿。他所指是：第一修心。修心有三个要点，治国有三个要点。修心三个要点是仁、明、武，治国三个要点是用人、信赏、必罚。仁、明、武是古汉语的词汇，1954 年搞白话文后就很少用了。什么叫仁？我们现在也使用"仁义""为富不仁""宅心仁厚"等词汇，但是词义与

古代相比已经发生了变化。我们现在更多时候是使用政治素质、思想素质。我们目前对古人的词汇内涵已经比较陌生了，但它的内容指向还是很值得我们借鉴的。他说这六件东西，我过去献给仁宗皇帝，又献给英宗皇帝，现在又献给陛下神宗皇帝，我平生所学至精至要都在这儿。《通鉴》提供什么历史经验呢？司马光认为："臣闻修心之要有三：一曰仁，二曰明，三曰武。仁者，非妪煦姑息之谓也。修政治，兴教化，育万物，养百姓，此人君之仁也。"

"人君"要具备三条关键品质：仁、明、武。治国的关键三条是：用人、信赏、必罚。所谓"妪煦姑息之谓也"，妪是老妪，煦是和煦，春风和煦，姑息就是不忍心原地处罚，叫姑息养奸。他不是指的婆婆妈妈那种，或者韩信说的妇人之仁，而是讲修政治、兴教化、育万物、养百姓，这才是人君之仁。所谓仁就是讲政治影响力。什么是政治影响力呢？就是跟着领导干这件事的理由。领导得让别人认同你或者服从你的领导力，争取民心。争取民心有哪几条呢？包括"修政治，兴教化，育万物，养百姓，此人君之仁也"。就是要加强教育，重视教育，重视民生，让老百姓肯跟着你走。这是讲政治，实际上就是政治影响力。古人的仁更多包括爱民、养民。什么叫"人君之明"呢？不是烦苛伺察的意思，而是知道义、识安危、别贤愚、辨是非，主要是指有判断力，辨别是非、察觉安危、识别人才贤愚忠奸的能力。"人君"如果是非不分、忠奸不分是不行的。什么是"人君之武"呢？"武者，非强亢暴戾之谓也。惟道所在，断之不疑，奸不能惑，佞不能移，此人君之武也"。奸不能惑，佞不能移，用现代汉语来讲就是决策能力和付诸实施的能力。"人君"在这三个方面都兼备了，国家就强大了，缺一个衰，缺两个危，缺三个国家就灭亡了。

治国也有三条。那么"人君"如何来治国呢？司马光说："治国之要亦有三，一曰官人，二曰信赏，三曰必罚。"

官人是指干部的任用，赏罚就是激励机制，就是如何鼓舞下属去认真做事。如果说仁、明、武是领导人的内在品质，那么官人、信赏、必罚则是外在治理手段。这些治理手段的一个交集就是"用人"。这其中包含了法家的思想。法家讲信赏必罚。这是韩非子的话，"必罚明危、信赏鉴能"。历史上的"三刘"：

刘邦（西汉缔造者）、刘秀（东汉缔造者）、刘备（蜀汉缔造者），其实这三个人自身没什么特别高超的本事，他们的本事就是让那些有本事的人全心全意地为他们去做事。如何让下属全心全意去做事呢？领导要有激励机制，激励下属为你去做事，所以古人就讲信赏必罚。今天的激励机制应该是多方面的。所以司马光讲，"何谓人君之道一？曰：用人是也"，关键是用人的问题，所以用人是人君之道的核心。司马光把用人得失看作治国安邦的关键，认为善于用人是人君治国的不二法门。"臣光曰：昔周得微子而革商命，秦得由余而霸西戎，吴得伍员而克强楚，汉得陈平而诛项籍，魏得许攸而破袁绍。彼敌国之材臣，来为己用，进取之良资也"。（《通鉴·晋纪二十四》）人才的向背决定国家兴衰。关键是用人，人君之道一，就是用人。用人是关键。

但是怎么样去用人呢？那就要识人、知人，司马光把选拔人才放在突出的位置。他说："为治之要，莫先于用人，而知人之道，圣贤所难也。"比如，如果根据名声来选拔人才，就会出现竞相博取声名而善恶混淆的状况；如果根据档案上的政绩来选拔下属，则巧诈横生而真伪相冒。说到底，最根本的解决办法在于领导者"至公至明而已矣"。领导者只要出以公心，明察是非优劣，不以亲疏贵贱或个人喜怒好恶改变自己的判断，就一定能选拔到合适的人才。

如何知人？行胜于言。比如说，"欲知治经之士，则视其记览博洽，讲论精通，斯为善治经矣；欲知治狱之士，则视其曲尽情伪，无所冤抑，斯为善治狱矣；欲知治财之士，则视其仓库盈产，百姓富给，斯为善治财矣；欲知治兵之士，则视其战胜攻取，敌人畏服，斯为善治兵矣。至于百官，莫不皆然"。（《通鉴·魏纪五》）"行胜于言"，司马光在实践中考察人才、按照政绩选拔人才的观点，对于我们今天领导者用人也很有启发。

《通鉴》反复记载了历史上创业君臣用人上的成败得失。为什么强盛的秦朝和隋朝都二世而亡？《通鉴》突出了其用人上的严重错误。秦二世偏信赵高，"天下溃叛，不得闻也"；"隋炀帝偏信虞世基，而诸贼攻城剽邑，亦不得知也"。用人要赏罚分明："夫有功不赏，有罪不诛，虽尧、舜不能为治，况他人乎！"用人要充分信任人，敢于授权："疑则勿任，任则勿疑。"

　　《通鉴》记载了一些相关的故事。《通鉴·晋纪二十四》记载："汉得陈平而
诛项籍，魏得许攸而破袁绍。"项羽不采纳陈平的建议，结果陈平到刘邦那里得
到重用。许攸本来是袁绍的部下，但是袁绍言不听计不从。许攸建议他看好乌
林的粮草，但是袁绍不接纳。许攸说曹魏在官渡，袁绍可以出一支骑兵去袭其
老巢，到许昌把汉献帝拿下。袁绍还是不听从。领导如果对是非、安危搞不清
楚是不行的。许攸投奔曹操，曹操来不及穿鞋子赤着脚就迎出来了。许攸问曹
操，你现在有多少粮？曹操撒谎，说差不多有够吃一年的粮。许攸说你说实话，
曹操说差不多半年吧。后来曹操不得不说实话，只有半个月的粮草了。许攸告
诉他，你现在去攻袁绍的粮仓。曹操马上采纳，结果取得了成功。领导如果忠
奸贤愚分辨不清楚，肯定是不行的。

　　所以司马光讲的这三点确实是核心问题，领导懂不懂政治，是否懂得争取
民心，有没有判断力，决断以后能否马上采取措施。领导不能光看到问题而不
能采取措施。

　　古人治国是很有传统的。我们现在讲管理总是习惯去向西方学，其实可以
先把中国祖先的优秀经验学来。因为西方与中国不一样，古今也有很多情况差
异。中国特色社会主义，就是因为其特色才不一样。我们有一套治国的理念和
治国的办法，这些跟今天的治国领导学、管理学是相通的，既有共性也有个性。

　　司马光在《通鉴》里讲的第一个故事把刚才讲的这些道理都写进去了。这
个故事讲的是智伯覆亡的故事，故事里出现了韩康子、魏桓子、赵襄子三家分
晋的领导人。韩康子相段规，魏桓子相任章，智伯的谋士绨疵。相是诸侯国的
宰相，下一级叫宰。司马光写《通鉴》第一个故事的第一句话就是"初命晋大
夫魏斯、赵籍、韩虔为诸侯"。这是公元前 403 年。针对这一句话司马光做了一
个长篇议论，这个议论太重要了。这是从分封制到封建社会的一个转折点，郭
沫若谈到奴隶社会和封建社会的分期，也是从战国时开始的。"臣光曰：臣闻
天子之职莫大于礼，礼莫大于分，分莫大于名。何谓礼？纪纲是也；何谓分？
君臣是也；何谓名？公、侯、卿、大夫是也。夫以四海之广，兆民之众，受制
于一人，虽有绝伦之力，高世之智，莫敢不奔走而服役者，岂非以礼为之纲纪

哉！……故三晋之列于诸侯，非三晋之坏礼，乃天子自坏之也。"之所以从周威烈王二十三年（公元前 403）写起，是因为这一年中国历史上发生了一件大事，或者说是司马光认为发生了一件大事。这年，周天子命韩、赵、魏三家为诸侯，使原先不合法的三家分晋变成合法的了。司马光认为这是周室走向衰落的转折点。"非三晋之坏礼，乃天子自坏之也"。选择这件事为《通鉴》的首篇，开宗明义，与《通鉴》的书名完全切题。臣下做得不合法，天子还承认，那是没有原则，没有是非。无是无非，当然非乱不可。因为封建制度被破坏了，整个社会发生了大变革。

　　下面接触一下原典。司马光讲的仁、明、武这三点在这个故事中都可以体现出来。智伯向韩康子要地，韩康子不想给。韩康子的相段规就劝韩康子，智伯好利而且刚愎，你不给他就会讨伐你，不如给他。他必定会向别人再要地。别人如果不给，他必然举兵相向，我们就能免于祸患静观事情的变化。这相当于把祸水引向别人了。康子说好。如果康子不给的话，智伯就会攻打康子。智伯势力强大是很危险的。段规把这个危险告诉了康子，康子采纳了。康子虽然不知道危险，但是他能够作出判断。智伯得寸进尺，又向魏桓子要地，魏桓子也不想给。魏桓子的相任章劝说魏桓子把地给智伯。魏桓子说，智伯无故向我要地，我为什么要把地给他？任章说您说的不错，智伯无故来索地，诸大夫一定会害怕。我们给他地，智伯会更加骄傲，智伯骄傲了就会轻敌，诸大夫因为害怕，关系会更加密切，以诸侯团结相亲的军队去对付轻敌的人，智氏之命必不长矣。《周书》上说，"将欲败之，必姑辅之，将欲取之，必姑与之"。任章说，我们选择可以交往的人谋划去如何对付智氏，否则的话我们就是智氏刀上的肉。桓子说好，又给智伯一万户人家的城邑。魏桓子也懂得把祸水往外引，而且他很清楚，让智伯更加骄横，其他人也就害怕了，就可以联合起来对付他，这就是懂得明和武。"伯又求蔡、皋狼之地于赵襄子，襄子弗与。智伯怒，帅韩、魏之甲以攻赵氏。襄子将出，曰：'吾何走乎？'从者曰：'长子近，且城厚完。'襄子曰：'民罢力以完之，又毙死以守之，其谁与我！'从者曰：'邯郸之仓库实。'襄子曰：'浚民之膏泽以实之，又因而杀之，其谁与我！其晋阳乎，先主之所属也，尹铎之所宽也，民必和矣。' 乃走晋阳"。赵襄子不愿意把地给智伯，智伯大怒，帅韩、魏之甲以攻赵氏。韩、魏对智伯心怀不满，怎么会与智伯一心呢？这其实就像前秦苻坚带着姚苌去打东晋一样。赵襄子就逃跑了。他说我能往哪跑呢？随从们说，山西的长子近，而且长子的城池很厚且完整。赵襄子说，"民罢力以完之"。罢就是疲。老百姓费力、尽力来修筑这个城池，你又让他们用命以死相守，谁会来守呢？随从又说，邯郸的仓库很丰实。襄子说，邯郸的仓库怎么会丰实？邯郸的钱库不就是老百姓的钱吗？现在我到那里去，让百姓们去守城，等于就是让他们去送死一样，谁会跟我们一起？襄子说，也许晋阳是最好的。因为我的先人在这里有恩德，而且那里的领导对老百姓非常宽厚，老百姓一定会与我一条心。所以他就逃到晋阳去了。三个不同的城池，长子城池强但是民心不可用，邯郸粮食多但民心同样不可用，晋阳因为领导宽厚所以民心才真正可用。

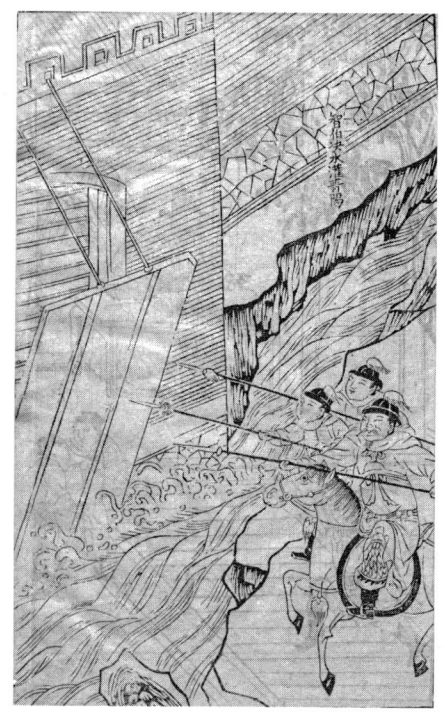

《新镌陈眉公先生批评春秋列国志传》插画《智伯决水灌晋阳》　　缘紫舞 / 供图

三家以国人围而灌之，城不浸者三版。沈灶产蛙，民无叛意。智伯行水，魏桓子御，韩康子骖乘。智伯曰："吾乃今知水可以亡人国也。"桓子肘康子，康子履桓子之跗，以汾水可以灌安邑，绛水可以灌平阳也。絺疵谓智伯曰："韩、魏必反矣。"智伯曰："子何以知之？"絺疵曰："以人事知之。夫从韩、魏之兵以攻赵，赵亡，难必及韩、魏矣。今约胜赵而三分其地，城不没者三版，人马相食，城降有日，而二子无喜志，有忧色，是非反而何？"

三家用水来灌晋阳，城池只有三版的位置没有进水。灶堂里青蛙跑来跑去，但是"民无叛意"。为什么民无叛意？因为这里的百姓感恩赵国的先人，而且这里的长官尹铎又宽厚。百姓对政府没有不满意之处。智伯行水，魏桓子御，韩康子骖乘，可见智伯很骄傲。司马光通过简单的一句话就把智伯的骄傲描述得淋漓尽致。智伯说，我今天才知道水也可以把一个国家灭亡了，可见智伯非常狂妄。桓子用胳膊肘碰了一下康子，康子用脚踩了一下桓子。这两个人心想，这次把赵国灭亡了，下次就轮到我们了。絺疵是智伯的一个谋士，他告诉智伯，韩、魏必定会反叛的。智伯说，你是怎么知道的？絺疵说，这是一个平常人的正常反应。韩、魏出兵与我们一起攻赵国，赵国灭亡了，下次就必然轮到他们了，这是明摆着的道理。我们相约把赵国打败以后，三分其地。如今已经到了如此地步，赵国人和马互食，城降有日，但是他们并没有特别高兴的样子。絺疵确实是一个智能之士，他能以情理度之，猜测这两位要背叛。那么智伯怎么做的呢？智伯把絺疵的话告诉了二子。这两人说这是谗臣得了赵氏的好处为赵氏游说，使你怀疑我们而放松对赵国的进攻，如果不是这样的话，我们两家怎么会无视即将得到的好处，而背叛你是又危险又困难且完全做不成的事。絺疵进来后问智伯，你怎么把我的话告诉这两位了呢？絺疵说，我看见他们出来的时候眼睛都不敢看我就快步走了，我就知道你告诉他们了。智伯不采纳絺疵的建议，还傻乎乎地告诉人家。絺疵知道智伯要灭亡了，他就找个机会出使到齐国去了。韩、赵、魏深知唇亡齿寒的道理，联合起来攻打智伯，智伯被灭亡了。同样是谋臣，那两家君主就能听进去劝谏而且采取了措施。智伯的属下并不是不聪明，也不是没能力指出危险所在，但是智伯既不明又不武，判断不出安危，所以智伯的下场悲惨。司马光给我们讲的这个故事，他没有作出任何评论，但故事已经写得很清楚了，谁赢谁败，为什么成为什么败。司马光的写法大多数都是这样，他将仁、明、武和官人、信赏、必罚讲得很清楚。《通鉴》中每个故事都不一样，但是归结到最后是司马光总结的经验。

二、千古兴亡多少事

我主要选取了秦汉和隋唐这两个重要阶段的一些事，把司马光给我们道出的历史情境作一个分析。我们将1300多年的历史分为先秦时期、秦朝和楚汉相争时期、西汉时期、东汉时期、魏晋南北朝时期和隋唐五代时期。在此不能一一讲述王朝的兴衰，我们把《通鉴》里提供的最重要的史鉴进行分析。

司马光分析了人才问题、决策问题和接班人问题。这些问题的处理经验对今天仍有意义。

（一）人才问题

第一个问题，为什么是秦朝统一天下？

先看秦的发展历史。秦是古代西边很落后的一个国家。它的发展有三个关键时期。第一个是公国时期，秦襄公是诸侯王。第二个是王国时期，秦孝公是王。第三个是帝国时期，秦始皇是皇帝。秦朝兴起的关键原因是拥有人才。秦穆公、秦孝公、秦王政这三个王都很重要。秦得由余而霸西戎。由余是西戎的一个人才，出使到秦国。秦穆公跟他谈了以后大吃一惊，心想西戎有这样的人才是我国之忧。那怎么把由余弄过来呢？秦国人最毒的计策就是反间计，反间计就是使戎王不信任由余，由余就逃到秦来辅佐秦穆公。百里奚本来是楚国人，楚国不用他，他就到了虞国。虞国是一个小国，他在那里被推荐为一个大夫。虞国国王作了一个愚蠢的决定，"唇亡齿寒"的典故也是从这儿来的。晋国要讨伐虢国，想从虞国借道去消灭虢国。虞和虢都是小国，同盟关系。虞国国王为了得到晋国的利益就同意让晋国打虢国。百里奚就说，怎么能这样呢？唇亡齿寒，虢国被消灭了下次就轮到我们了。虞国国君不明白这个道理，贪恋晋国送的财富和古玩。最后虢国和虞国都被灭亡了，百里奚也成了奴隶，逃到了楚国。楚王让他去养牛。秦穆公听说百里奚是能人就想把他引到秦国来。别人告诉他，你把他引来就相当于告诉楚国他是人才了，所以你不能把他引来，用五张公羊皮把他换来就行了。百里奚被换回来后得到了重用，又把中原的文化引进了秦国。秦国后来陆续又得到了范雎、商鞅、王翦等人才。六国中有五个国家是王翦灭的。商鞅的改革使秦国真正走上了发展的道路。《通鉴》记载了一些事情，一个叫郑国的人被秦国引进来修渠。结果修了几年用了好多民工，最后发现他是六国派来的一个奸细，用修水渠的办法让秦国劳民伤财，没有精力去攻打六国了。秦始皇发现后很生气，想把他处死。郑国说，渠马上就修好了，这个渠非常有利于农业生产。秦始皇不仅没杀他，还命令他继续修渠，这个渠就叫郑国渠。但这件事提醒了秦国人，使秦国认为六国来的人才都是别有用心的，所以秦王政就下了逐客令，把六国人才都赶走了。李斯上疏，说明人才不能这样用。秦王政能听进去劝告，马上采纳了李斯的建议，"王乃召李斯，复其官，除逐客之令。李斯至骊邑而还。王卒用李斯之谋，阴遣辩士赍金玉游说诸侯，诸侯名士可下以财者厚遗结之，不肯者利剑刺之，离其君臣之计，然后使良将随其后，数年之中，卒兼天下"。(《通鉴·秦纪一》)秦国还派遣辩士带着金银财宝到六国游说诸侯，对于诸侯名士可下以财者收买。如果有才之人不肯接受收买，就把他刺死，或者用离间计离间君臣关系。秦国的人才战略就是如此。数年之中，秦国统一了天下。

　　秦国在灭六国的时候，遭到六国的联合抵抗。公元前 260 年，长平之战秦国坑掉了赵国 40 多万降卒，引起东方六国的恐惧。它们团结起来联合对付秦国，最后还真有效果。信陵君"窃符救赵"就是一个例子。信陵君是反秦最激烈、最成功的一个人。魏信陵君"窃符救赵"后，被任命为上将军，也就是做军事最高统帅。秦朝派人拿着钱去离间魏王与信陵君的关系。信陵君为了救赵国，把晋鄙杀了。晋鄙的家人到处游说，公子在外十几年，现在在位将军诸侯都听他的，天下都知道信陵君而不知道有魏王。秦王又总是派人给信陵君写贺信，问信陵君你当魏王没有。"魏王日闻其毁，不能不信，乃使人代信陵君将兵。信陵君自知再以毁废，乃谢病不朝，日夜以酒色自娱，凡四岁而卒"。(《通鉴·秦纪一》)赵国的廉颇也是被秦国用这样的办法除掉的。最后六国没办法了，燕太子丹派荆轲去刺秦王，司马光非常不满意，作一个评论，"夫为国家者，任官以才，立政以礼，怀民以仁，交邻以信。是以官得其人，政得其节，百姓怀其德，四邻亲其义。夫如是，则国家安如磐石，炽如焱火。触之者碎，犯之者焦，虽有强暴之国，尚何足畏哉！丹释此不为，顾以万乘之国，决匹夫之怒，逞盗贼之谋，功隳身戮，社稷为墟，不亦悲哉！"(《通鉴·秦纪二》)

对于秦朝的灭亡，各种历史书中都讲了很多。贾谊在《过秦论》中说："秦以区区之地致万乘之权，招八州而朝同列，百有余年，然后以六合为家，殽、函为宫。一夫作难而七庙堕，身死人手，为天下笑者，何也？仁义不施而攻守之势异也。"（《通鉴·汉纪一》）柳宗元说："失在于政，不在于制。"秦朝的制度在汉朝已然得到了延续。政出了什么问题？就是"仁义不施而攻守之势异也"，失去了民心。其中也有人才问题。什么人才问题？秦始皇统一了六国以后再不用六国的人才。他对六国的人才不放心，担心六国的人复辟。六国的臣民对秦始皇都很憎恨，张良曾经派人用椎击秦始皇。秦帝国皇帝接班人危机和秦帝国高层管理者内部的矛盾也是其灭亡的重要原因。

第二个问题，为什么刘邦赢了项羽？

从公元前206—前202年，刘邦和项羽之间大战40多场，小战70多次，刘邦从来没赢过。刘邦输到什么程度？他的父亲都被项羽抓走了。项羽问刘邦你投降不投降，你不投降的话我就把你父亲给烹了。刘邦跟项羽耍赖说，咱们是结拜兄弟，我的父亲就是你的父亲，你把咱父亲烹了可别一个人吃了，给我留一杯。最后为什么刘邦当天子，项羽却自刎乌江？刘邦自己也曾经提出这个问题。他问："吾所以有天下者何？项氏之所以失天下者何？"当时群臣讲了各种理由。刘邦说你们只知其一不知其二。他讲了这一段话："夫运筹帷幄之中，决胜千里之外，吾不如子房；镇国家，抚百姓，给馈饷，不绝粮道，吾不如萧何；连百万之众，战必胜，攻必取，吾不如韩信。三者皆人杰，吾能用之，此吾所以取天下者也。项羽有一范增而不能用，此所以为我禽也。"（《通鉴·汉纪三》）刘邦有自知之明，一连讲了三个不如。但是他很清楚谁是人才，如何使用这些人才，所以他取得了天下。而项羽连个范增都不能用，所以败给了刘邦。所以领袖的基本素质之一是会用人。

项羽在他被围困的时候冲出去杀了很多人，大呼"此天之亡我，非战之罪也"。刘邦与韩信交流时说："丞相数言将军，将军何以教寡人计策？"信谢，因问王曰："今东乡争权天下，岂非项王邪？"汉王曰："然。"韩信又问："大王自料勇悍仁强孰与项王？"汉王默然良久，曰："不如也。"信再拜贺曰："惟信亦为大王不如也。然臣尝事之，请言项王之为人也。项王喑恶叱咤，千人皆废，然不能任属贤将，此特匹夫之勇耳。项王见人恭敬慈爱，言语呕呕，人有疾病，涕泣分食饮，至使人有功当封爵者，印刓敝，忍不能予，此所谓妇人之仁也。项王虽霸天下而臣诸侯，不居关中而都彭城。有背义帝之约，而以亲爱王，诸侯不平。诸侯之见项王迁逐义帝置江南，亦皆归逐其主而自王善地。项王所过无不残灭者，天下多怨，百姓不亲附，特劫于威强耳。名虽为霸，实失天下心。故曰其强易弱。"韩信分析了勇悍、仁慈、强大，刘邦与项王谁更高一筹？刘邦默然良久，承认均不如项羽。但是韩信分析了"项王是匹夫之勇，妇人之仁"。什么叫"匹夫之勇，妇人之仁"？"项王喑恶叱咤，千人皆废，然不能任属贤将，此特匹夫之勇耳。项王见人恭敬慈爱，言语呕呕，人有疾病，涕泣分食饮，至使人有功当封爵者，印刓敝，忍不能予，此所谓妇人之仁也"。他放逐义帝，在政治和道义上失分，任人唯亲，不能团结诸侯，火烧阿房宫，残暴不仁。韩信分析了项羽这三个弱点。所以讲政治主要是讲人心。西汉学者扬雄说，项羽失败，天有什么责任？司马光说，跟天有什么关系？所以项羽死时都不知道他怎么败的。刘邦很清楚赢在人才上。

汉武帝在为政用人方面也有非常清醒的认识。汉武帝当了50多年皇帝，真正让中国走上了制度建设。从制度建设，到疆域的拓展都是汉武帝的功劳。所以毛泽东说"秦皇汉武唐宗宋祖"是有道理的。汉武帝敢于使用各种人才。他在文化上独尊儒术。军事上的人才有卫青、霍去病。卫青是一个家奴出身。霍去病去世的时候才20多岁。外交人才有张骞。科技人才有赵过。托孤的霍光也是人才。汉武帝曾有这样一段话，也是《通鉴》留给我们的。他说："盖有非常之功，必待非常之人。故马或奔踶而致千里，士或有负俗之累而立功名。夫泛驾之马，跅弛之士，亦在御之而已。其令州、郡察吏、民有茂才、异等可为将、相及使绝国者。"（《通鉴·汉纪十三》）这话的意思是，我要立非常之功绩就要用不一般的人才。所以他令地方推举有特殊才能的人。有些人如不好驾驭的马，有放荡不检点的毛病，关键是怎么使用他们。司马光非常赞赏汉武帝的用人政策。所以司马光特别加了一个评论："天下信未尝无士也！武帝好四夷之功，而勇锐轻死之士充满朝廷，辟土广地，无不如意。及后息民重农，而赵过之俦教民耕耘，民亦被其利。此一君之身趣好殊别，而士辄应之，诚使武帝兼三王之量以兴商、周之治，其无三代之臣乎！"（《通鉴·汉纪十四》）上有什么样的政策，下就会出现什么样的人才。武帝好仁治，自然会有伊尹、周公之辈应命而生出来辅佐；武帝好长生不老，方士因此而进，因而有巫蛊之祸。司马光最后归结还是领导。唐太宗在用人方面也是很有见地。他主张：用人如器，各取所长。"上令封德彝举贤，久无所举。上诘之，对曰：'非不尽心，但于今未有奇才耳。'上曰：'君子用人如器，各取所长，古之致治者，岂借才于异代乎？正患己不能知，安可诬一世之人！'德彝惭而退"（《通鉴·唐纪八》）。唐太宗让封德彝推荐人才，好长时间都没有人被推荐，唐太宗问他为什么？封德彝回答说：不是我不尽心，而是看见的都是普通人，没什么奇才义士。唐太宗很生气，说君子用人就像工匠用锤子、剪刀，都是各取所长，古代得天下大治，我也不能到古代去借人才，是你自己不知道人才，怎么能诬当今之世没有人才？《贞观政要》也说：用人如器。唐太宗强调用人关键是用其所长，容人之短。东方朔跟汉武帝讲，"水至清则无鱼，人至察则无朋"。水太干净了就没有鱼了，把一个人的缺点看得太清楚就没有朋友了。

　　汉武帝说疑人要用，用人要疑，只要在用人的时候有制度约束就行。房玄龄是唐太宗的宰相，唐太宗当了23年的皇帝，房玄龄当了21年的宰相。尉迟敬德因为房玄龄窝囊看不起他。唐太宗曾赏赐两个女伎给房玄龄，房玄龄因为惧内而坚决不要，吃醋的典故也是从这得来的。但是唐太宗并不因为房玄龄性格窝囊而不让他做宰相。他给他儿子写了一篇文章叫《帝范》，讲做皇帝的规范。其中有一段专门讲用人，他说："故明主之任人，如巧匠之制木。直者以为辕，曲者以为轮，长者以为栋梁，短者以为栱角。无曲直长短，各有所施。明主之任人，亦由是也。智者取其谋，愚者取其力；勇者取其威，怯者取其慎。无智、愚、勇、怯，兼而用之。故良匠无弃材，明主无弃士。"

　　这段话的意思是，明主用人就像巧匠处理木材一样，直的做车辕，弯曲的做车轮，长的做栋梁，短的做栱角，取之长短，各有所施。明主用人也是这样，有智能的取其谋略，有勇力的取其威猛，胆小怕事的取其谨慎。比如《西游记》中，唐僧矢志不渝，有使命感；孙悟空武艺高超，能打走妖怪；猪八戒信息灵通，知道哪里有水哪里有食物；沙和尚忠诚、可靠、稳当，所以他管理盘缠、官文。这些都是关于用人的问题。

（二）决策问题

决策就是此前提到的判断力、决断力。《通鉴·唐纪九》记载，有一次唐太宗跟大臣讨论隋文帝。唐太宗问房玄龄、萧瑀："隋文帝何如主也？"对曰："文帝勤于为治，每临朝，或至日昃，五品已上，引坐论事，卫士传餐而食；虽性非仁厚，亦励精之主也。"唐太宗问房玄龄等人隋文帝是个怎样的领导。房玄龄等人回答说，文帝勤勉努力，每天工作到很晚，算是个励精图治之主。唐太宗对这个回答很不满意，说你们只知其一不知其二。唐太宗指出文帝的几点错误：第一，文帝性格多疑，"事皆自决，不任群臣。天下至广，一日万机，虽复劳神苦形，岂能一一中理"！第二，群臣既知其刚愎自用，都唯唯诺诺，虽有错误，莫敢谏争，"此所以二世而亡也"。

唐太宗说，我就不是这样的，"朕则不然。择天下贤才，置之百官，使思天下之事，关由宰相，审熟便安，然后奏闻。有功则赏，有罪则刑，谁敢不竭心力以修职业，何忧天下之不治乎！"唐太宗的意思很清楚，用好人才然后让大家各司其责，用激励和赏罚分明的制度来驾驭他们。他拥有杰出的领导才能。

唐太宗说："朕少好弓矢，得良弓十数，自谓无以加，近以示弓工，乃曰'皆非良材'。朕问其故，工曰：'木心不直，则脉理皆邪，弓虽劲而发矢不直。'朕始寤向者辨之未精也。朕以弓矢定四方，识之犹未能尽，况天下之务，其能遍知乎！"（《通鉴·唐纪八》）唐太宗说："我从小喜欢弓箭，是骑马射箭打天下的。我的家庭也有很好的射箭传统。我有很多自以为好的弓箭。当我问工匠我收藏的弓箭如何时，工匠说：'你的弓箭木心不直，纹理是斜的，纹理斜的弓虽刚劲但发出的箭就不直了。'我是靠弓箭打天下定四方的，但是我对弓箭还是看不准，所以我不能什么都管。"唐太宗有很强的反省能力，能从日常生活的小事中有所领悟。唐太宗设置了皇帝接待日，五品以上的官员均能受到接待。

司马光讲到用人，强调的是领导能力。什么是领导能力？领导能力就是用人做事的能力。《吕氏春秋》中说："贤主劳于求贤，而逸于治事。"高明的领导者（所谓贤主）是教练员不是运动员，是用人之人不是做事之人，追求组织绩效不是个人绩效，提升领导能力不是业务能力，创造环境、提供服务不是直接创造效益。反面的教材如晚年的诸葛亮，"夙兴夜寐，罚二十以上，皆亲览焉"。处罚二十鞭子以上的案子，诸葛亮都要亲自审批。古人的刑罚分笞、杖、徒、流、死。抽鞭子是最轻的刑罚。主簿杨颙就劝诸葛亮："流汗终日，不亦劳乎！"诸葛亮说："吾非不知，但受先帝托孤之重，唯恐他人不似我尽心也。"他认为先帝刘备托孤给他，责任重大，所以他事必躬亲。最后什么结果？二世而亡。秦始皇也是二世而亡。秦始皇也是很勤勉的皇帝。《史记》记载，秦始皇每天处理120石的公文，其重量相当于今天480斤。结果秦始皇50岁就驾崩了。隋文帝每天也是非常忙碌，结果国家也是二世而亡。为何皇帝勤勉而国家二世而亡？因为领导有领导的职责。基层干部要会做事，勤勉业绩，能够执行上面的意图，在细节上花功夫。中层干部要做人，善协调，把上面的意图变成具体的方案，出效率。高层领导像秦始皇、诸葛亮，要有胆识，学会超脱，追求做事的价值。

西方"科学管理之父"泰勒的《科学管理原则》奠定了西方管理学的基础。他提出了"例外原则"。什么叫"例外原则"？高层领导日常事务不要管，让别人去做。领导要管理例外的事情，如重大的人事布局和方向性的决策。所以唐太宗常讲"无为而治"，与泰勒的"例外原则"有异曲同工之妙。什么叫"无为而治"？唐太宗对房玄龄说：治国之要，在于量才授职，精简官员，"使得各当所任，则无为而治矣"（《贞观政要·论择官》）。领导者要"审时度势，运筹帷幄"，提升驾驭全局的能力，把权力授予信任的人，这样才能做到仁、明、武。秦始皇、诸葛亮、隋文帝在领导艺术上都出了问题，他们管了本该下属做的具体事情，结果越忙越糟。这是很值得我们借鉴的。如果一个高层领导，每天手机关不了，忙碌不堪，那肯定是不行的。韩非子也有类似的表述。他说："下君，尽己之能。中君，尽人之力。上君，尽人之智。"领导要学会使用别人的脑袋。

高层领导是"上君"，做好决策的事情就行了。我们古代在治国安邦方面有非常丰富的经验。世界上从来没有一个民族国家，在这么悠久的历史下，在如此广袤的土地上，在落后的通信交通情况下，能够保持国家的长期治理和繁荣发展。如果从春秋算起，到现在也有近 3000 年的历史了，90% 的时间内我们都是在进步的。西方的管理制度是从 15 世纪以后才传到中国，而且先出现在伊比利亚半岛的葡萄牙、西班牙，然后才是荷兰、英国、法国、德国，逐渐形成了这套管理制度。我们国家治国安邦的历史经验确实应该好好总结和借鉴。

《通鉴·唐纪十四》特别记载了唐太宗的领导经验。他说："朕所以能及此者，止由五事耳。自古帝王多疾胜己者，朕见人之善，若己有之。人之行能，不能兼备，朕常弃其所短，取其所长。人主往往进贤则欲置诸怀，退不肖则欲推诸壑，朕见贤者则敬之，不肖者则怜之，贤不肖各得其所。人主多恶正直，阴诛显戮，无代无之，朕践祚以来，正直之士，比肩于朝，未尝黜责一人。自古皆贵中华，贱夷、狄，朕独爱之如一，故其种落皆依朕如父母。此五者，朕所以成今日之功也。"唐太宗说，"我之所以能打天下，就是因为这五件事"。用现代语言归纳就是：第一，用比自己强的人，不搞武大郎开店。第二，用人所长，弃其所短，这需要能识得真才，看人看基本点。第三，要使这些贤者与不肖者各得其所。这需要具备用人艺术。什么人可用什么人可信，领导者都要心里有数。比如说诸葛亮斩马谡就有问题。当时诸葛亮七擒孟获的计谋是马谡出的。北伐时，曹魏派司马懿来抵挡，诸葛亮碰到了一个劲敌，又是马谡出的主意。他使用离间计，在洛阳地区散布谣言，结果曹魏中计把司马懿撤了，诸葛亮连连得胜。马谡很有战略眼光，但是让马谡守街亭是个错误的决策。守街亭是一个战术工作，不是马谡的长处，所以最后街亭失守。诸葛亮斩马谡也没什么用，还杀了个人才。所以人才用错是不行的，否则人才就成蠢材了。第四，容忍耿直者顶撞，领导身边得有讲真话的人。唐太宗就能容忍魏徵的谏诤。领导能够容忍下属讲真话需要有大修养。第五，不管亲仇疏远一旦用之，爱之如一，"一把手"不搞小集团。魏徵本来是过去要杀唐太宗的人，但是唐太宗一样信任魏徵。管仲是要杀齐桓公的，齐桓公依然用他来辅佐自己。领导者要有这样的修养境界。

（三）接班人问题

接班人的问题，司马光在《通鉴》里不便直接讲。中国历史上很多的政变、动乱都与接班人问题有很大的关系。古代皇室挑接班人一般是嫡长子，但是这个制度带来一系列的问题。秦二世政变夺权，西汉惠帝死后吕后就掌权了。唐太宗也是通过政变上台的。宋、明、清均有在接班人问题上出现政变、动乱的情况。司马光在接班人问题上给我们留下了很多的思考。他对这个问题的阐述主要是在道德层面上，因为他无法从制度层面上解决这个问题。

立嫡长子为接班人有两个问题：第一，嫡长子无论是傻瓜还是有贤能的人都要立，其目的是避免争斗。嫡长子如果不贤德，就通过宰相制度来补救。宰相可以选任贤人。但实际操作中往往达不到这样的效果。明朝高度中央集权，朱元璋某种程度上把宰相制度废了。他在这方面做了一点纠偏。实际上明朝皇帝接班人问题是很不成功的。明朝皇帝昏庸的很多，像万历皇帝二三十年不上朝。清朝部分解决了这个问题，康熙以后就不立太子了。第二，太子的地位很尴尬。太子就是等着皇帝死后接班，皇帝当然不舒服。皇帝和太子是一种利益关系，所以关系一般都很难处好。太子一般都会建立太子集团。隋文帝最后连上厕所都要人护卫，担心太子加害他。古代设立谏官制度来纠偏。谏官制度主要是从唐太宗、武则天时期专门设立的。这个制度过去也有，但是如此系统的设立是自唐太宗时期开始。谏官就是专门给"一把手"提意见的。魏徵为什么敢给唐太宗提意见？因为他的工作就是给"一把手"提意见。所以我觉得谏官制度可以借鉴。古今不一样，但是古人的优秀治理经验今天仍有借鉴意义。谏官制度有它非常明显的意义。但是宋代谏官制度变味了，宋代谏官专门是用来对付宰相的，这就与唐朝不一样。中国历史上朝代更替无非三种方式：下层革命，如西汉、明的建立；政变，如曹魏、西晋、北宋、南朝的建立；外族入侵，如西晋、北宋、南宋、明朝的灭亡等。古代的民生问题、领导集团问题、边疆安全问题与今天不太一样，但是很多地方也有隐隐约约类似之处。

三、总结：读史使人明智

王夫之《读通鉴论·叙论四》中说，所谓"资治"，不能仅是知道什么是"治"、什么是"乱"就可以了，而要"所以为力行求治之资也"。"鉴"如人照镜，"可就正焉"。而读者于历代兴亡、人之贤否之中，"可以自淑，可以诲人，可以知道而乐，故曰'通'也"。读的人不仅要知道"治乱"是什么，而且要知道何以治、何以乱的道理。知道努力在治国实践中去取资和借鉴。通过对《通鉴》解读，可以简单归纳出几点：

（一）用人机制：用长弃短

用人关键要用长弃短，找出才能忠义之士。一个人四平八稳没有毛病，也许只是个一般才能的人。举个例子，子思对卫侯说苟变这个人是个人才。他可以指挥五百辆战车，就是有将军的才能。卫侯说，我知道他可以当将军，但是这个人有个毛病，他当官吏的时候去收税，吃了人家两个鸡蛋，所以我不用他。子思讲圣人之用人，就像匠人处理木材一样，要取其长弃其短，所以杞梓连抱那样的大树有几尺腐烂之处，良工不会不用它的。现在选爪牙之士，却因为两个鸡蛋把能够堪当将军的人才放弃了是很可惜的。我想古人是很明白这个道理的。

（二）君臣关系：和而不同

君臣关系要互补，和而不同。领导要能听进去不同的意见。《通鉴·周纪一》记载："卫侯言计非是，而群臣和者如出一口。"卫侯说的话并不对，但是下面的人都说对，就像一个人说的一样，都不敢违背他。所以子思曰："以吾观卫，所谓'君不君，臣不臣'者也。"子思说，我看卫国君不像君，臣不像臣。公子懿子说你怎么这么说？子思曰："人主自臧，则众谋不进。事是而臧之，犹却众谋，况和非以长恶乎！夫不察事之是非而悦人赞己，暗莫甚焉；不度理之所在而阿谀求容，谄莫甚焉。君暗臣谄，以居百姓之上，民不与也。若此不已，国无类矣！"子思说，君主不对，但是臣子不敢指出来，大家真实思想君主都无法获知，这实际上助长了君主自以为是的作风。君主只喜欢别人的奉承谄媚，这是昏暗到了极点。这样发展下去，国家就要亡了。

（三）决策机制：自知之明

《通鉴·周纪一》中子思对卫侯讲："君之国事将日非矣！"国事越来越糟糕了。卫侯问："你怎么知道呢？"子思说："君出言自以为是，而卿大夫莫敢矫其非；卿大夫出言亦自以为是，而士庶人莫敢矫其非。君臣既自贤矣，而群下同声贤之，贤之则顺而有福，矫之则逆而有祸，如此则善安从生！"君主自以为是，但是卿大夫不敢指出来。卿大夫说话自以为是，老百姓不敢指出来。君臣都觉得自己了不起，臣下还都顺从。善从哪里产生呢？所以国家将要亡了。

《通鉴》为我们提供了很多为政治国的经验，非常值得我们借鉴。归纳一下司马光给我们讲的那句话，修心之要是"仁""明""武"。仁是讲政治，明是要有判断力，武是有决断力。用人是关键，用人关键是怎么安排人，怎样去激励人，如何赏和罚。《通鉴》真不愧是中国传统史学长廊中的一朵奇葩。期待各位领导通过工作实践，细细阅读，琢磨和体会这座伟大宝库中的历史智慧。

（讲座时间　2010 年）

金一南

苦难辉煌——对国家和
民族命运的思索

金一南

金一南，1952 年生，江西永丰人。曾任中国人民解放军国防大学战略研究所所长，少将军衔，博士生导师。中国共产党第十七次全国代表大会代表，第十一届全国政协委员。

主要研究方向有：国家安全战略，国际冲突与危机处理。曾赴美国国防大学和英国皇家军事科学院学习，并代表中国人民解放军国防大学赴美军院校讲学。中共中央党校（国家行政学院）、北京大学等多所院校兼职教授，中央人民广播电台"一南军事论坛"主持人，《中国军事科学》特邀编委。2009年被评为"新中国成立后为国防和军队建设作出重大贡献、具有重大影响的先进模范人物"。出版的著作《苦难辉煌》被评价为"一部以全新的战略视野全方位描述中共党史和中国人民解放军军史的著作"，引发较大社会反响，中共中央党校（国家行政学院）将其指定为学习中共党史的阅读书目，中组部和中宣部联合向全国党员干部推荐。2010年，被中华文化促进会评选为"2010中华文化人物"。全国模范教师，全军英模代表大会代表。全军首届"杰出专业技术人才"获奖者，连续三届获"国防大学杰出教授"称号。

一、不仅站在前人创造的物质财富肩膀之上，更要站在前人创造的精神财富肩膀之上

当前，中华民族正面临关键性的历史进程。我们取得了很大的建设成就，具有了很好的物质基础，但也面临着很多全新的矛盾和问题。人们思维活跃，社会思潮激荡，选择空间可以说前所未有，不同选择的后果却又大相径庭。作为一名研究战略问题和国家安全的学者，应该关注、思索、甚至解答这些问题。

关注容易，思索也不难，真正要解答，又何其艰难。仅仅凭借我们今天的认识、水平和能力，是远远不够的。历史是现实的一面镜子。近代以来中国那段最为艰难曲折、最为惊心动魄的追求、选择和奋斗史，其中的养分太多了，值得我们好好思索的东西太多了，值得我们今天警醒和借鉴的东西也太多了。对这笔巨大的财富，因种种原因，并没有很好开掘。现有的开掘又多被认为是观念说教，很难引起广泛持久的注意。对任何一个国家、任何一个民族来说，多一些"我们从哪里来？""我们向哪里去？"的设问，多一些对国家和民族命运的追溯和探寻，有助于拓展人们的思维深度和思维宽度。尤其对大国来说，这一点更为珍贵。美国两百多年国家史，开掘利用得那样充分，使每一个美国公民都能清晰感觉到自己的根基。苏联卫国战争不过四年，文卷却浩如烟海，足令今天俄罗斯人坚信和平与强军的密不可分。中国的崛起已经举世公认，面临的挑战也空前严峻，如何在纷繁复杂的世界中实现我们的坚守和完成我们的担当，需要汲取的营养是多方面的。近代以来，中华民族一直在追赶时代发展潮流。今天的改革开放和社会主义现代化建设，同样是一百多年来中国人民争取民族独立、实现国家富强这一伟大事业的继承和发展。历史从来没有割断，也不可能割断。我们一代又一代人，都在为了一个目标，做着前人没有做过的事情。今天为中华民族复兴默默工作与坚韧奋斗的人们，能够从先辈们的奋斗中汲取丰富的营养。不论我们如何富强，也永远不会改变国歌中这一句："起来，不愿做奴隶的人们，把我们的血肉，筑成我们新的长城。"不论我们如何艰难，也永远记住《国际歌》中这一句："从来就没有什么救世主，也不靠神仙皇帝。"如果我们不仅能够站在前人创造的物质财富肩膀之上，也能够站在前人创造的精神财富肩膀之上，那么未来我们去完成的，才真正是中华民族的伟大复兴。

二、真实历史也许永远无法全部再现，但我们可以通过努力无限趋近

中国革命牵涉的线索非常多，涉及的方面非常广，历史本身就是复杂的。

对历史的简单图解，无助于人们寻找社会演变的真谛，更不要说把握和驾驭了。尤其是近代以来，中国的一切无不与纷繁复杂的世界相联系。林则徐是中国人当中"睁开眼睛看世界之第一人"，他看到的是什么？是大英帝国的鸦片贸易和中英鸦片战争。应该说，中国人的世界眼光，就是近代以来在无尽的屈辱与灾难、无尽的冲突与战争中熬炼成的。关起门来，事情当然会变得简单。但这扇大门再也关不上时，谁能够拒绝扑面而来的环境与事件的空前复杂性？如同今天在"全球化"进程中我们说中国的发展离不开世界一样。近代以来，中国的命运与东方的命运、世界的命运已经联在一起，不可分割。最显著的表现，就是 20 世纪在世界东方，中国国民党、中国共产党、联共（布）与共产国际、日本昭和军阀集团这四股力量，以中国大地为舞台，发生的猛烈碰撞。1949 年新中国的诞生，就是这四大力量强烈挤压碰撞的结果。在此进程中，中国共产党人以马克思列宁主义、中国国民党人以"三民主义"、日本昭和军阀集团以法西斯主义，在东方这块土地上展开了一场舍生忘死的激烈残酷较量。各方之间斗争局面极为复杂，矛盾冲突空前尖锐，策略转换也极其迅速。每一方的领袖和将领都在较量中淋漓尽致地展现自己全部能量，从而在历史上留下深深印痕。

这是一部万水千山般恢宏壮阔的历史史诗。我们今天具备一些前人不具备的优势条件。其一，获得了审视那段历史的足够距离。就像看一幅油画，太近了，看到的只是一块一块笔触。退到一定距离，它的光线、它的纵深、它所展示的全部意境，才能历历在目。其二，今天也拥有了日益丰富的资料，包括各方面大量档案资料的解密和珍贵细节的披露。这使我们在材料的占有和掌握上，优于先前的研究者；在材料的分析运用上，又不会像后来者那样因距离太远产生疏离和隔膜而只能掺杂进大量主观揣度。从这个意义上讲，真正从宏观上把握、驾驭、描述那个狂飙突进的年代，是我们这一代人的优势，也是我们这一代人的宿命。真实的历史也许永远无法全部再现，但我们可以通过努力无限地趋近。

三、中国革命胜利不是来自神的轻松赋予，而是来自人的艰辛奋斗

　　改革开放 40 多年，我们有了审视世界和审视自身的新视角。我们今天有足够的时间，有足够的空间，有足够的冷静，对过去作全方位的审视。一个 1921 年成立的政党，一支 1927 年创建的军队，20 多年时间，从小到大、从弱到强、从失败到胜利、再到夺取全国政权，而对手掌握全国资源，掌握国外援助，掌握一切执政者所能掌握的优势，竟然 20 多年全盘崩溃、灰飞烟灭，这个党和这个军队的力量真谛在哪里？中国革命的胜利不是来自神的赋予，而是来自人的奋斗。不是来自天赐机缘，而是来自千千万万人的英勇献身。

　　例如，我们常说"毛主席用兵真如神"。1956 年 9 月，毛泽东在党的八大预备会议第二次全体会议上，描述一生中打过的四次败仗，两次就发生在被描述为"用兵如神"的四渡赤水。真正了解了那段经历，你就会明白：历史从来是在挫折中轰隆前进的，伟人不是不犯错误的人，而是犯了错误能够及时纠正

贵州省仁怀市茅台镇红军四渡赤水纪念园俯瞰图　　　　　　　　　　　陈勇／摄

的人。遵义会议请回来的毛泽东不是一尊万无一失的神，而是一位随时准备坚持真理、随时准备修正错误的实事求是的人。从土城战斗失利后立即放弃北上渡江计划改为西渡赤水，到古蔺、叙永一带受阻马上采纳彭德怀、杨尚昆的建议改取川滇黔边境，皆可见红军"打得赢就打，打不赢就走"的机动灵活战略战术又回来了。中国共产党人的伟大与非凡，毛泽东作为这个党的领袖的伟大与非凡，并不在于是否能够发出神一般的预言，而在于是否能够迅速修正自己的失误，然后迅速采纳别人的正确意见，以实事求是作为共产党人最富生机和最为鲜活的灵魂。

如果有人要问：那个年代毛泽东同志最伟大之处在哪里？我的回答是：在于那种极为珍贵的历史自觉。所谓历史自觉，既包含对历史运行规律的深刻领悟，更包含对社会发展前景的主动营造。十月革命一声炮响，给我们送来了马克思列宁主义，送来了组织指导，甚至送来了部分经费，但没有送来工农武装割据，没有送来农村包围城市，没有送来"枪杆子里面出政权"。毋庸讳言，当时国民党和共产党都接受过共产国际和苏俄援助，国民党得到的比共产党要多得多。而毛泽东同志开创的建立广大农村根据地、走农村包围城市的道路一个没有被揭示出来的重大意义，就是使中国共产党不但获得了政治独立，更获得了经济独立。红色根据地和农村革命政权的广泛建立，不但在政治上开辟了中国共产党人自己的理论领域，军事上建立了中国共产党人自己的武装力量，经济上也摆脱了对共产国际的依赖。"打土豪、分田地"既是红色政权政治动员的基础，也成为中国共产党人经济独立的基础。这确实是了不起的事情。毛泽东在最为严重的白色恐怖之下，在各派军阀的连年混战之中，为中国共产党人找到了最广阔的发展天地。这块天地不但摆脱了敌人，也独立于友人，使中国共产党人真正获得自主的基础。

如果不产生在现代化的大城市，中国共产党不可能获得先进的思想体系，不可能获得后来众多的领导精英。而如果不分散到贫困落后的边远山区，红色政权便无法获得充足的给养，红色武装也无法获得坚韧顽强的战士，中国共产党也就失去了立足的根基。以毛泽东同志为代表的中国共产党人的最大历史自

描绘毛泽东领导秋收起义场景的油画　　　　　　　　　　　樊甲山 / 供图

党，就是从来不将马克思主义绝对化，也从来不将自身经验绝对化，而是立足
中国大地，根据中国的实际，用中国的办法解决中国的问题。这是这个党能够
克服种种艰难险阻、取得种种成功的最大优势所在。在这一基础上，才真正探
索出一条符合中国实际的革命道路。

四、真正的英雄具有那种深刻的悲壮意味：播种，但不参加收获

国共双方的众多将领在历史舞台上表演了一部威武雄壮的活剧。举两位今
天已经鲜有人知的红军战将：一位是红十军团 21 师师长胡天桃，另一位是红
一军团 2 师 4 团团长王开湘。1935 年初，由红十军团组成的北上抗日先遣支队
在浙江怀玉山失败，胡天桃负伤被俘，蒋军悍将王耀武负责审讯。第一次见面
王耀武就被胡天桃破烂不堪的衣着惊呆了。时值严冬，天寒地冻，若不是被他
人指认出来，王耀武绝对不相信面前这个人就是多次交手的红军师长胡天桃。

1959 年新中国成立 10 周年前夕，王耀武作为首批特赦战犯被释放，在文史资料中一笔一笔记录下当年与胡天桃那场令他震惊不已的谈话：

王：蒋委员长对你们实行宽大及感化教育，只要你们觉悟，一样得到重用。

胡：我认为只有革命，坚决打倒帝国主义、封建主义及军阀，中国才有办法。

王：我们也希望国家好，也反对帝国主义的侵略。你说国民党勾结帝国主义，有什么根据？

胡：国民党掌握着军队不抗日，却来打内战，还请帝国主义的军官当顾问，这不是勾结帝国主义是什么？

王：共产主义不适合国情，你们硬要在中国实行，这样必然会失败的。

胡：没有剥削压迫的社会才是最好社会，我愿为共产主义牺牲。

王：你知道方志敏现在什么地点？

胡：不知道。

王：方志敏对未突入封锁线的部队有什么指示？

胡：不知道。

王：你家在哪里，家里还有什么人？告诉我们，可以保护你眷属。

胡：我没有家，没有人，不要保护。

胡天桃后来被枪杀了。那场谈话中表现出来的共产党人的意志与决心，却令王耀武想了几十年。王耀武当年一身将校戎装，在寒风中与衣衫褴褛、脚穿两只各异草鞋、干粮袋内只有一个破洋瓷碗的红军师长胡天桃谈论国家命运和个人生死。思想交锋中，王耀武不是胜利者。

另一位是红一军团 2 师 4 团团长王开湘。王开湘当年 34 岁，是中央红军中一员猛将，遵义会议前后任红 4 团团长，在艰难曲折的长征途中一路先锋一路烈火，飞夺泸定桥，强攻腊子口，为红色铁流斩关夺隘，使红 4 团威上加威。当时红 4 团担任主攻，团长王开湘亲率两个连从右侧攀登悬崖陡壁，向敌后迂回。黑夜中正面拼杀正酣，一颗白色信号弹腾空而起：王开湘迂回成功！三颗信号弹又腾空而起，红军部队发起总攻！与冲锋号声、机关枪声和呐喊声伴随的，是王开湘在拂晓晨曦中的大声呼唤："同志们，天险腊子口被我们砸开了！"
第二天彭德怀经过战场，见 50 米一段崖路上，手榴弹弹片铺了满满一层，有的
地方还厚厚地堆了起来，这位久经沙场的红军宿将连声感叹："不知昨天我第一
军团这些英雄怎样爬上这些悬崖峭壁，投掷手榴弹的！"

能闯过这样天险的队伍，怎能不是真老虎！当时离王开湘告别这个世界只
剩下两个月。没有纪念碑的他披着硝烟立在那里，钢浇铁铸，像一尊永远伫立
的战神。

像胡天桃、王开湘这样的战将，在那支翻越万水千山的队伍中难以计数。
他们没有活到胜利那一天，没有赶上评功、授勋、授衔，没有来得及给自己树
碑立传，也没有机会返回家乡光宗耀祖。他们穿着褴褛的军装，带着满身战火
硝烟，消失在历史帷幕后面。他们是真正的英雄。真正的英雄具有那种深刻的
悲壮意味：播种，但不参加收获。这就是民族脊梁。

五、没有品尝过胜利美酒的民族，精神永远苦涩萎靡

今天对那段历史的回顾，社会上各种观点非常多。例如，有人认为中国共
产党人的胜利来自历史的偶然，是利用对手的失误，利用国际形势提供的一些
机缘。持这些说法的人应该看一看中国共产党人走过的艰苦卓绝的历程。1927
年"四一二"政变，共产党人尸横遍野、血流成河，李大钊、罗亦农、赵世炎、
陈延年、李启汉、萧楚女、邓培、向警予、熊雄、夏明翰、陈乔年、张太雷等
多名领导人相继遇害。严酷的白色恐怖中，组织被打散，党员同党组织失去联
系；彷徨动摇者纷纷脱党，有的公开在报纸上刊登反共启事，并带人捉拿搜捕
自己的同志。陈延年因手下的交通员出卖而被捕。赵世炎则被中共江苏省委秘
书长带领包探上门抓获。叛徒贺治华曾为朱德的夫人，出卖政治局常委罗亦农，
仅为弄到一笔美金和两张出国护照，抓捕罗亦农时，她还在用德语与租界巡捕
侃侃而谈。当时蒋介石不假怀疑地认为："共产党垮了。"随着海陆丰起义、南
昌起义、秋收起义、黄麻起义、广州起义相继被镇压，他更认为共产党作为一

郑洪流、崔开玺绘《反"围剿"的胜利》　　　　　　　　　　海峰/供图

支有组织的力量基本被消灭，剩下钻山为"匪"的小股队伍已不足为患了。历史给中国共产党人以最严峻的考验。1934年第五次反"围剿"失利、中央红军被迫长征后，这样的考验再次出现。红十军团军政委员会主席方志敏、红十军团团长刘畴西、中华苏维埃教育人民委员瞿秋白、赣南军区政治部主任刘伯坚等人，被捕枪杀。中华苏维埃工农检察人民委员何叔衡、中央军区政治部主任贺昌等人，在战场上牺牲。比牺牲更加严重的是叛变。最先，是被蒋介石称为"红军瓦解先声"的前红十六军军长孔荷宠叛变，接着出现中央军区参谋长龚楚叛变，闽北分区司令员李德胜叛变，瑞金红军游击司令部政委杨世珠叛变，闽赣分区司令员宋清泉叛变，湘赣省委书记兼湘赣分区政委陈洪时叛变，闽浙赣省委书记兼闽浙赣分区司令员曾洪易叛变，赣粤分区参谋长向湘林叛变，闽赣分区政治部主任彭祐叛变，红十军副军长倪宝树叛变。

中国革命太难投机了，所以才有如此触目惊心的嬗变和大浪淘沙的淘汰。历史给中国共产党人的磨难，超过给所有其他政治团体和党派。说中国共产党人胜利依靠机缘的人，怎么解释30万红军长征到达陕北不足3万，却将长征变成了宣言书、宣传队和播种机，实现惊天地、泣鬼神的凤凰涅槃？不靠机缘而是靠不屈不挠的奋斗，才使中国革命获得了最为稳固的基础。其成功不像十月革命来自一夜暴动，而是数十年英勇奋斗流血牺牲的结果。1949 年时党员人数为 300 万，有名可查的党员烈士就有 370 万，绝大多数共产党员没有看到五星红旗升起的这一天。这是中国共产党人执政的资格，是中国社会主义岿然不动的基础。在近代中国，任何一个宣称能够对国家发展、对民族命运负责的政治团体，如果不能集合、产生、拥有这样一批为其宣称的主义抛头颅洒热血而义无反顾的先驱者，不能赢得随之而来前赴后继舍生忘死的追随者，其宣言哪怕再冠冕堂皇，也是一纸空言。

　　还有一种说法，主张中国要"告别革命"，甚至辛亥革命也不应该搞。认为最理想的是 1898 年戊戌变法成功，实现君主立宪，那么中国可以不流一滴血，发展可能比现在还要快，早已繁荣富强了。持这种说法的人至少有三个失误。首先，历史潮流不可抗拒。孙中山说：历史潮流浩浩荡荡，顺之则昌逆之则亡。宣称这一潮流根本不该发生的人，不过是在扮演立于岸边长吁短叹的无聊看客。其次，永远不要以为腰包鼓起来就能自立于世界民族之林。近代以来中国积贫积弱，从物质到精神莫不如此，不但塑成了自身"东亚病夫"般的孱弱，而且骄纵出别人"华人与狗不许入内"的癫狂。以为君主立宪是直达国家富强捷径的人，从其创始者康有为"若不跪拜，留此膝何用"一语中，也能悟出在这一体制下，中华民族是否能够挺直长期弯曲的脊梁。最后，能够真正自立于世界民族之林的民族，皆兼备物质、精神双重强大的条件。战略家克劳塞维兹把精神力量的来源归结为两大要素：苦难和胜利。在苦难中积聚，用胜利来洗礼。试看胜利对中华民族、俄罗斯民族等民族的精神养育作用，就知其至关重要。没有品尝过胜利美酒的民族，精神永远是苦涩萎靡的。近代以来中华民族太多苦难，太多挫折，太多失败，最缺乏的就是胜利。纵使戊戌变法成功，国家从此"告别革命"，按照君主立宪方式走下来，今天除去低眉顺眼地加入别人的集团，做人家听话的好伙计，又有什么资格奢谈独立自主？用拜金主义、温情主义和虚无主义诠释历史不难，想挥动自己的手臂书写历史却决非那样容易。靠忍耐忍出一个优秀民族，靠归顺混出一个伟大国家，人类历史上从无此例。

正是从这个意义上看，中国共产党人通过艰苦卓绝斗争获得的一系列惊天动地的胜利，不但使中华民族达到了前所未有的历史高度和探测到前所未识的时代宽度，而且培养出一大批天不怕地不怕、神不怕鬼不怕的共产党人，告别了长期沿袭的颓丧萎靡之气，完成了中华民族的精神洗礼。这就是为什么曾经通过《阿Q正传》等著作强烈抨击中国国民性的鲁迅，在红军长征到达陕北后要特意向中共中央致电：在你们身上，寄托着人类和中国的将来。

鲁迅画像

1840年以来，中华民族的经历不可谓不丰富。放眼全球，哪一个国家曾经有过如此惊心动魄起伏跌宕的波折？如何认识和对待自己这部千曲百折的历史，我们缺乏的不是思想，而是思想的力度。没有力度的思想，无法穿透历史与现实的纷繁烟云。没有力度的思想，每经历巨变，都不由自主地全盘否定过去，企图推倒重来。没有力度的思想，满眼小是非，没有大是非，既不会产生历史自信，更难以获得现实自觉。按照这种思维方式去认识，中国近代史、现代史、当代史就成了一部不断从这个极端跳向那个极端、不断自我否定、不断自我抛弃的历史，到头来两手空空，一无所有。这种只见断层、不见积累的思维方式，印证的只能是一个国家、一个民族的不成熟。古往今来，这块土地上产生了多少义无反顾的志士仁人。如果说真理是一支燃烧的火炬，那么率先举起这支火炬的，是真人的手臂。一部波澜壮阔的中国近现代史，从洪秀全到孙中山，从毛泽东到邓小平，中华民族如果没有这样一批又一批真人前仆后继，追寻真理救国救民，很可能我们至今还在黑暗中摸索和徘徊。正是他们点燃了一代又一代中国人心中之火，才使我们至今未曾堕落，未曾被黑暗吞没。从1840—1949年，我们以百年的时间完成了国家救亡。从1949—2050年，我们还要以百年的时间完成民族复兴。中华民族的命运在这两百年内，发生了和将要发生何等波澜壮阔的变化，这一伟大变化又是多少代人流血拼搏和牺牲奋斗积累的成果。我们的思维，我们的认知，我们的理论，必须跟上我们波澜壮阔的实践。我们拥有巨大宝贵的历史财富。真正善于认识、善于总结、善于积累，才能使我们避免幼稚、浮躁与浅薄，走向沉稳、厚重与成熟。

中华民族历尽苦难，苦难不等于辉煌。唯有通过一批又一批先驱者前仆后继忘我奋斗、舍生忘死夺取胜利，"把我们的血肉，筑成我们新的长城"，才能如此。如果我们不仅站在前人创造的物质财富肩膀之上，也能够站在前人创造的精神财富肩膀之上，未来我们去完成的，才是真正意义上的中华民族的伟大复兴。

（讲座时间 2011 年）

章开沅

百年锐于千载：
辛亥革命反思

章开沅

章开沅（1926—2021），祖籍浙江湖州。
美国奥古斯坦那学院荣誉法学博士、日本创
价大学与关西大学荣誉博士。1951年到华中
大学（现华中师范大学）任教。1978年以来，
创建辛亥革命史研究会、华中师范大学中国
近代史研究所与中国教会大学史研究中心。
1985—1991年任华中师范大学校长。曾兼任
孙中山研究学会理事，辛亥革命史研究会理事

长，华中师范大学中国近代史研究所名誉所长，华中师范大学池田大作研究所名誉所长与东西方文化交流研究中心主任。

在辛亥革命史、中国资产阶级研究、中外近代化比较、教会大学史、日本侵华史等领域均有研究和建树。著有《辛亥革命与近代社会》《开拓者的足迹——张謇传稿》《南京大屠杀的历史见证》等。主编《辛亥革命史》《中西文化与教会大学》《比较中的审视：中国早期现代化研究》《中国近代民族资产阶级研究》《辛亥革命史资料新编》等。

2011年是辛亥革命一百周年，全国都在隆重纪念。辛亥革命怎么评价也不为过。胡耀邦同志曾经讲过，中华民族有三次腾飞：第一次是辛亥革命，第二次是中华人民共和国成立，第三次是"四人帮"的垮台、"文化大革命"的结束和改革开放的开始。他这几句话讲得不错，因为辛亥革命是中国近百年来走向现代化的开始。以前都是师夷之长技，从科学技术层面，或者一些工厂、军舰、国防方面来学习西方；虽然到了戊戌变法的时候，认识到仅是从技术层面进行变革不行，还要有制度的改革，但当时制度改革还是很不全面的，时机尚未成熟，仅做到"百日维新"。只有辛亥革命，经过多年的努力，引起全国革命爆发，迅速地推翻了清王朝的统治，结束了维系两千多年的君主专制。这是很不容易的事情。因为孙中山只是一个普普通通的农家子弟，由于是华侨眷属的关系，比较早地接触了西方的一些思想，以后逐渐成了一个革命家。他最早是单枪匹马地从事革命活动，最后引导了革命的潮流，成就了那么大的一个历史的功勋，这也是很不容易的。所以辛亥革命应该纪念。

与此同时，我又有一种担心。我们这个社会有一种奇怪的现象，平时对辛亥革命的纪念并不多，顶多逢五逢十的时候开个纪念会，热闹一下。但到了百年的时候，全国上下全都动了起来，都在开研讨会，动辄邀请一些名不见经传的学者来举办所谓的"高峰论坛"，浪费了很多资源，把辛亥革命百年纪念变成了一个"嘉年华"。

我认为纪念辛亥革命最好的方式就是反思，反思就是重新认识。所谓反思有两种，一是反思辛亥革命百年以来的历史；二是反思百年以来的辛亥革命研究，哪些研究是对的，哪些研究是不对的，哪些对社会起到好的影响，哪些对社会产生了误导。

面对当前很多严重的问题，甚至于很多种的危机或者危险，要反思过去的历史，从里面找到经验教训，来探索应对之道，最主要是为了未来，为了明天。所以，我提出"三个一百年"：一是一百年的背景，辛亥革命的背景要好好研究，不然就不能够深刻地理解辛亥革命。二是辛亥以来的这一百年，我们中国是怎么走过来的？三是展望未来，下一个一百年怎么过？未来的一百年是非常关键的，它是人类文明或走向自我毁灭，或走向新的觉醒的一百年，是人性的苏醒、走向新生的一百年。

一、孙中山学说的历史价值

孙中山的"三民主义"是在对前一百年的世界历史、中国历史全面总结的基础上提炼出来的。他学习西方，但不是盲目地学习，而是有所肯定，有所借鉴，他通过认真的学习，认真的考察，看出了西方社会的弊端之所在。工业革命以来，科技高度发展，经济发展、物质文明的发展也非常之快，所以"百年锐于千载"，就是说一百年的进展的速度比一千年

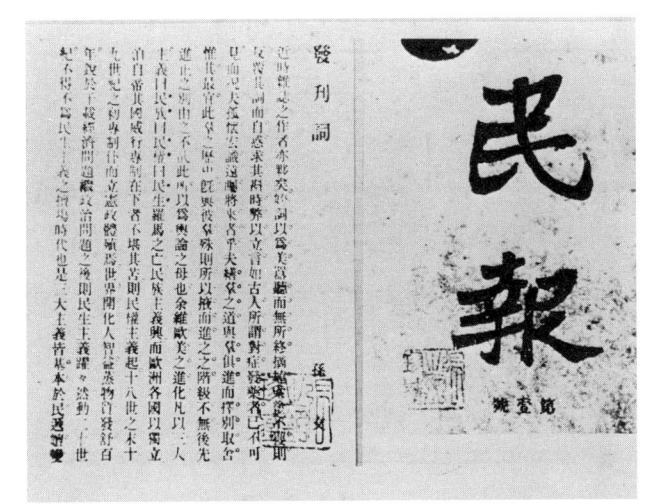

同盟会的机关报《民报》发刊词

都快，因此叫"锐于千载"，这是孙中山在同盟会的机关报《民报》的发刊词里面说的。如果我们对这一百年没有一个基本的态度和认识，就无法得知"三民主义"是怎么来的，所以说这一百年是要注意的。孙中山被公认为辛亥革命第一人，是辛亥革命的"最高领袖"。1905 年同盟会在日本成立，同盟会的成员来自四面八方，有些人跟孙中山并不认识，但是却一致推举孙中山担任同盟会的总理。作为领袖，孙中山并没有直接参加长江流域的革命，武昌起义以后南宁独立、上海独立、湖南独立等等，他都没有直接参加，因为当时他正在海外募款，争取外国列强的承认。但是他一回来，即被大家一致推选为临时大总统，在南京建立临时政府，这是中国历史上第一个共和政府，是一个了不起的成就。

　　民国肇建以后直至护法战争，孙中山也不是没有这样或那样的错误。但如果因此就断言孙中山"一无是处"，我却期期以为不可。评价伟大历史人物，主要应客观考察他比前人多做了哪些工作，对社会进步有多少推动作用；而不是专门挑剔他比后人少做了哪些工作，比现今有哪些不足。寻找真实的孙中山是很难的，我们平时看到的孙中山的像都是像标准照一样，板着脸、忧国忧民、深思苦虑。虽然很伟大，但是政治性太强，总缺少一点温情。2011 年初，香港几所大学邀请我去做演讲，我在香港孙中山纪念堂看到了一张孙中山与两个女

儿——孙婉、孙娗的合影。这张照片中的孙中山充满了亲子之爱，在那一刻他只是一位慈祥的父亲，眼神中充满了关爱、幸福、欢乐。我始终认为孙中山是一个人，人总是有缺点，也有优点，对他的贡献也要历史地判断。我经常讲对历史人物的评价，主要用加法，就是看他比前人，比前面的时代增加了一些什么东西。中国本来共和观念不多，也没有出现一个共和政府，孙中山历经千辛万苦领导中国人民推翻君主专制，建立民主共和，开辟了中国历史的新纪元。尽管失败了，但是开辟了以后历史前进的大方向。我历来提倡治史必须"设身处地"，然后才谈得上"知人论世"。

二、时空转换中的"三民主义"

十月革命之后，新的三大政治出现，孙中山的思想更加开阔了。新"三民主义"取代了旧"三民主义"，实际上就是旧民主主义革命让位于新民主主义革命。

民族主义：孙中山的民族主义主要侧重于"排满"，鲜少涉及民族团结，因为要革命，就要把清朝妖魔化，取消它的合法性。但革命一旦胜利，共和政府建立了，那就要提倡"五族共和"了。"五族共和"，实际上就是各个民族的共和，各个民族和平共处。

民权主义：我们过去常常强调，辛亥革命使共和观念深入人心，所谓深入人心，实际上严格地讲，只是深入到一部分社会精英、知识精英的心中，而没有真正地普及到劳动人民、劳苦大众的心中。

民生主义：孙中山从中国传统的大同思想以及均田、公仓等方案中受到启发，提出"平均地权"，以谋防止资本主义贫富两极分化的弊害。孙中山自信"可举政治革命、社会革命毕其功于一役"。对于民生主义，孙中山的想法是具有前瞻性的，他提出了两个思路：一是"节制资本"，资本要发展，但是也要节制，目的是为了避免贫富悬殊；二是"平均地权"，解决土地流转的问题。这两个思路对我们今天仍有启发意义。

三、纵观辛亥革命上下三百年

辛亥革命的背景、起因、进程、后果、影响，需要进行长时段的纵横考察，才能谈得上是对其本身以及历史遗产的真正盘点。"三个一百年"，即一百年历史背景，一百年的历史本身，都需要通盘研究，同时还要进行未来一百年的展望。

19 世纪末 20 世纪初，中国很多先进的思想家已经注意到了工业革命重科技、轻人文的弊端，认为人类文明的发展，不一定都是善，也有恶，是善恶相伴前进的过程，20 世纪整个的历史就是这样。孙中山当时已经注意到了这些人类文明的基本问题，所以说孙中山的前瞻性很值得思考。

辛亥革命以来的一百年，我主张把中国作为一个整体来做研究，不要大陆讲大陆的，台湾讲台湾的，香港讲香港的，澳门讲澳门的，这个是不行的。整体来说，这四个地方都是中华民族的栖息地，民族的灾难、民族的振兴、民族的幸福都有很多共通之处。它是一个整体，我们以前因为党派的成见，不能够客观地、冷静地来思考，不管是哪个党，哪些做对了，哪些做得不对，都应该放在一个整体里面来研究。以我党为例，从早期的活动，正式建立苏维埃政府，及苏维埃政府时期如何推进人民民主，抗日根据地又如何来进行的，包括农民利用丢豆子来当选票，那也是推进民主，而且是很真心地推进民主，这些都需要总结。

我们的民主不是原封不动的，我们经过了残酷的国内战争、民族战争，特别是民族的抗日战争，人民的民主权利有了更多的内容。孙中山所提出的民权，或者说"五权宪法"以及"五权宪法"框架下所建构的五院式政治架构，在台湾是实施了，但却存在问题。总的来讲，台湾的民主还是朝前发展的，现在我们政府以及相关的研究机构，定期地直接与台湾方面进行交流，而且也去观察台湾的选举，这么做非常好，也有必要。因为我们现在不能用过去内战时期那种敌对的、意识形态对抗的方式来考虑问题，而应该朝着整个中华民族进一步整合、进一步振兴，而且是共同振兴的方向来努力。我们的思维要进步，不能总背着历史沉重的包袱而妨碍了自身的发展，应该在更大的空间里面，来发挥整个民族的智慧和能量，建设一个更好的国家。所以第二个一百年里，我们一定要把两岸的历史作为一个完整的整体，客观、科学地进行分析，共同来总结经验教训，以谋求共同进步。

未来一百年，所有的问题都变成了世界问题，气候问题、资源问题、环境问题等等，都是息息相通的。当今世界公害问题已经严重到无以复加的地步，当代人正在浪费着子孙后代的资源，如纸张浪费、电能浪费等。对于这些问题，孙中山在其晚年就明确地提出了民族主义与世界主义的问题，现在这一问题更加突显。当前，国与国之间因国家利益的不同而引发了多种冲突，人类正沉浸在单纯的科技决定主义之中，认为科技可以决定民族命运。其实不然，科技本身并不能从根本上解决这一问题，这一问题的解决有待于人文的力量。

王柏夫绘《孙中山就任临时大总统》
海峰 / 供图

怎么样更好地从孙中山有益的思想里面，发掘一些有益的思路，进一步思考今后人类文明的发展问题，是每一个国家共同的责任，而不仅仅是中国的问题。人类文明改进最重要的就是人性的复苏问题，因为现在全世界都是市场经济占主导地位，不管什么样的市场经济，它都是个人利益的驱动，不管讲什么都牵扯个人利益。但是问题又正好出在这个地方，个人利益扩而大之变成地区利益，再扩而大之变成一种集团利益，再扩而大之变成国家利益，而国家利益的背后往往都是一些大垄断集团的利益。所以现在有一种说法，认为政治家、军事家都是世界舞台的演出者，幕后真正的主宰者是世界五百强企业，是少数垄断寡头在主宰着世界。

物极必反，否极泰来。我深信日益严重的世界公害，必然转化为世界公利，成为人类最好的老师。核辐射就是一个教训，原来大家不知道核辐射这么厉害，现在知道了，必然引起重视。如果说人类走出中世纪，从地理大发现到人的发现，到人类个性的张扬，到主张民主与民权，再到被压迫民族的解放，是人类的第一次人性觉醒浪潮的话，那么现在人类正面临着第二次人性解放浪潮，即从人类中心主义与科技决定主义导致的文明沉沦中觉醒过来，再一次追求人的发现、人性复苏、人与人和谐相处、人与自然和谐相处，共同战胜自然灾害，以及自身错误酿造的各种人祸，营造一个共享文明福祉和幸福的新世界。

　　面对当前存在的危机，必须依靠我们自己的觉醒，我们的觉醒可以带动整个民族的觉醒、整个人类的觉醒。所以现在不仅仅要考虑中国的问题，还要考虑世界的问题，世界的问题不解决，中国的问题也解决不了。回过头来又觉得孙中山不简单，所以我对孙中山评价很高。孙中山是近代中国政治领袖里面堪称"世界公民"的第一人。我们现在可以这样讲，我们现在普通的中国老百姓，不仅要当好一个中国公民，也要当好一个世界公民。

（讲座时间　2011 年）

王子今

汉武帝与汉武帝时代

王子今

王子今，1950年生，黑龙江哈尔滨人。1982年毕业于西北大学历史系考古专业。1984年西北大学历史系中国古代史专业研究生毕业，获历史学硕士学位。中国人民大学国学院教授、博士生导师，国务院学位委员会第六届学科评议组历史学组成员，国家社会科学基金学科评审组专家，国家出版基金评审专家，2020年任中国人民大学明德书院院长。

曾兼任中国秦汉史研究会会长、中国河洛文化研究会副会长、中国长城学会理事、中华炎黄文化研究会理事、中国社会史学会理事、北京大学历史学系教授、中国文字博物馆专家委员会委员、中国邮政文史中心学术委员会特聘研究员。《中国史研究》编委、《史学月刊》编委、《历史学家茶座》编委、《盐业史研究》顾问、《鲁东大学学报》顾问。曾任香港科技大学人文学院访问教授、香港城市大学中国文化客座教授。出版学术专著30余部，发表学术论文540余篇，发表其他学术文章260余篇。

　　非常高兴和大家一起讨论中国历史上一个比较重要的人物，以及他所处的时代对于中国历史和中国文化的影响。自公元前140年至公元前87年，汉武帝在位54年。汉武帝时代，以汉族为主体的统一的多民族国家得到空前的巩固，汉文化的主流形态基本形成，中国开始以文明和富强的政治实体和文化实体闻名于世。当时的西汉帝国以其精神文化和物质文化的辉煌成就成为东方文明的骄傲，在林立于世界的不同文化体系之中居于领先地位。汉武帝时代的政治体制、经济形式和文化格局，对后世都有相当重要的历史影响。

对于汉武帝,《汉书·武帝纪》赞曰:"如武帝之雄材大略,不改文、景之恭俭以济斯民,虽《诗》《书》所称,何有加焉!"《前汉纪》赞曰:"本纪称……如武帝之雄才大略,文帝之恭俭。以济斯民。虽诗书所称。何以加焉。""材"与"才"虽然写法不同,但意思是相同的。东汉学者应劭有"冠于百王"的评价。曹植也赞扬汉武帝"功越百王"。明代思想家李贽称汉武帝为"千古大圣",以为"不可轻议",又说"孝武乃大有为之圣人也","有为之功业已大矣"。台湾著名学者许倬云先生在为金惠著《创造历史的汉武帝》一书所写的序中说:历史人物的决定,可以"终乎在诸项可能之中抉择了演变的方向","方向一旦定了,历史不能再回头,后人遂只有接受这个事实,再作下一步的抉择",汉武帝应当是这样的人物。

一、中国古史的英雄时代

汉武帝时代是英才荟萃的时代。文学、史学、哲学、政治学、经济学、军事学等在这一时期都有繁盛丰实的创造性成果。按照班固在《汉书·武帝纪》赞语中的说法,汉武帝"畴咨海内,举其俊茂,与之立功"。他的功业,其实是当时"海内""俊茂"们共同创立的。

班固在《汉书·公孙弘卜式儿宽传》的赞语中写道:"公孙弘、卜式、儿宽皆以鸿渐之翼困于燕爵,远迹羊豕之间,非遇其时,焉能致此位乎?"是说这几个人物都是平民出身,有在乡下放猪、放羊的,即"远迹羊豕之间",如果不是遇到汉武帝的话,不可能成为参与国家高层行政管理的官员。其中还写道:"卜式拔于刍牧,弘羊擢于栗竖,卫青奋于奴仆,日磾出于降虏,斯亦曩时版筑饭牛之朋已。"是说其中包括桑弘羊、卫青、金日磾都是出身很低下的人。他最后说道,"汉之得人,于兹为盛"。就是说汉王朝搜罗、聚集的人才,在汉武帝时代是最显著、最突出的。

班固还列举了很多重要人物,有些是我们比较熟悉的。如"儒雅"之士——公孙弘、董仲舒、儿宽;"笃行"之士——石建、石庆;"质直"之士——汲黯、卜式；"推贤"之士——韩安国、郑当时；"定令"之士——赵禹、张汤；"文章"之士——司马迁、司马相如；"滑稽"之士——东方朔、枚皋；"应对"之士——严助、朱买臣；"历数"之士——唐都、洛下闳；"协律"之士——李延年；"运筹"之士——桑弘羊；"奉使"之士——张骞、苏武；"将率"之士——卫青、霍去病；"受遗"之士——霍光、金日磾。这些都是在历史上留有盛名的人物，而"其余不可胜纪"。所以，班固总结说："是以兴造功业，制度遗文，后世莫及。"

二、汉武帝征伐匈奴

自秦始皇以来，中原就为对付北方的匈奴倾注了很多的力量，甚至可以说秦王朝最后的崩溃，也和与匈奴的战争有关。陈胜、吴广就是被派到北边的长城线上去驻守的士兵，中途发动了起义，致使秦王朝灭亡。

在汉初的时候，匈奴每年都有突破长城防线侵扰内地的行为。但是，由于当时国力不足，汉王朝的执政者不得不对匈奴采取退让的态度，以"和亲"的方式求得和平。到了汉武帝时期形势更为严峻，由于匈奴的军事力量长期以来压迫着中原北部边境，使农耕生产的正常经营受到严重的威胁。在形势最严峻的时期，匈奴骑兵甚至曾经侵扰到长安邻近地区。与匈奴的关系，成为汉武帝时代在对外关系方面所面临的最为严重、最为困难的问题。汉武帝作为表现出非凡胆识和气魄的帝王，克服各种困难，发动了对于匈奴的战争。可以说，汉朝被匈奴欺负了几十年，到了汉武帝时，才真正有了还手的可能性。由于对战争主动权的牢固把握，这一战争后来又具有了以征服匈奴为目的的战争性质。

霍去病墓前的马踏匈奴石雕

　　这场旷日持久的战争也牵动了全国的人力、物力和财力，给人民造成了沉重的负担。实际上汉武帝的征伐是在四个方向同时进行的，在《史记·平准书》里记载了当时讨论天下财政危机时候的几段话。第一段："严助、朱买臣等招来东瓯，事两越，江淮之间萧然烦费矣。"是说征服南越，使得江淮地方受到的经济压力比较沉重。第二段："唐蒙、司马相如开路西南夷，凿山信道千余里，以广巴蜀，巴蜀之民罢焉。"是说开通西南，对贵州、云南以及四川等偏远地方的征服，使得巴蜀的民众受到的压力很大。第三段："彭吴贾灭朝鲜，置沧海之郡，则燕齐之间靡然发动。"是说征服朝鲜，使得今天环渤海地区，辽宁、河北、山东地方的民众付出很多。第四段："及王恢设谋马邑，匈奴绝和亲，侵扰北边，兵连而不解，天下苦其劳，而干戈日滋。"这段话是说与前面三个方向的作战不同，那些只是使局部地区受到沉重的经济压力，而与匈奴的战争则是"天下苦其劳"，是一个牵动全局的大的战争。

　　汉武帝在这四个方向上的有力推进，使得汉文化得以向四方传播，对当时人们的社会心理、社会文化及时代精神都起到了非常重要的作用，也正是在这个时代确定了后来的中国的基本版图。"事两越"，征服了岭南地区；"开路西南夷"，是在西南方向（贵州、云南）做拓展疆土的努力；在朝鲜置郡，使得今天朝鲜半岛的北部被汉帝国所占有；和匈奴作战则是在整个北边，即在长城线上，辽宁、内蒙古、宁夏、甘肃以及新疆，这样一个所谓"万五千余里"的地区与匈奴对决。特别是与匈奴的战争，汉朝的军队一直打到了今天的蒙古人民共和国，形成了"漠南无王庭"的形势。不仅保证了中原农耕生产秩序的安定，也使汉王朝在北边的开发获得了一个新的机会。当时，汉武帝在河套地区设立了朔方郡，并将数以十万计的移民迁徙到这里来，以军屯和民屯的方式对这个地区进行开发，使得这个地方的经济获得了长足的进步。

三、张骞"凿空"

　　西汉时期，玉门关和阳关以西的地域即今新疆乃至中亚地区，曾经被称作西域。西汉初年，今新疆地区的所谓狭义的西域计有 36 国，大多分布在天山以南塔里木盆地南北边缘的绿洲上。

汉武帝听说匈奴的宿敌大月氏有报复匈奴之志，于是招募使者出使大月氏，希望能够形成合力夹击匈奴的军事联盟。汉中人张骞应募，率众 100 余人在建元二年（前 139）出发西行。途中遭遇匈奴人，被长期拘禁，历时 10 年左右的时间方得逃脱。张骞继续履行使命，又西越葱岭，行至大宛（今吉尔吉斯斯坦、乌兹别克斯坦费尔干纳盆地），经康居（今哈萨克斯坦锡尔河中游地区），抵达已经定居在今乌兹别克斯坦阿姆河北岸，又统领了大夏（今阿富汗北部）的大月氏。然而大月氏因新居地富饶平安，无意东向与匈奴进行复仇战争。张骞只得东返回到大夏，然后改由南道回归。在归途中又被匈奴俘获，扣留一年多，

敦煌莫高窟壁画《张骞出使西域》

乘匈奴内乱，方于元朔三年（前126）回到长安。张骞出行时随从百余人，13年后，只有两人得以生还。

张骞亲身行历大宛、大月氏、大夏、康居诸国，又对附近五六个大国的国情细心调查了解，回长安后将有关信息向汉武帝作了汇报。张骞的西域之行，以前后13年的艰难困苦为代价，使中原人得到了前所未闻的关于西域的丰富知识，同时将汉王朝的声威和汉文化的影响传播到了当时中原人世界观中的"西极之地"。

汉军击破匈奴，打通河西通道之后，元狩四年（前119），张骞再次奉使西行，试图招引乌孙东归。这一目的虽然没有实现，但是通过此行，加强了汉王朝和西域各国之间的联系。张骞之后，汉与西域的通使往来十分频繁，民间商贸也得到发展。汉王朝对西域的影响，在世界文化史上有值得重视的意义，正是由于这一历史的变化，汉王朝才开始真正地面对世界。

司马迁在《史记》中把张骞出使西域称作"凿空"，即表明这是一个具有开创意义的出行。"然张骞凿空，其后使往者皆称博望侯"（《史记·大宛列传》）。裴骃《集解》引苏林曰："凿，开；空，通也。骞开通西域道。"张骞作为以中原大一统王朝官方使者身份开拓域外交通通路的第一人，对于发展中西交通功绩卓著，从这一角度讲确有"凿空"的意义。西域的良马、骆驼、驴、骡，都是在这个时期传入中原的，成为了中原重要的交通工具。

张维华先生在《论汉武帝》中说：张骞通西域，"不仅对于中国的历史，具有重大意义，即对于整个东方的历史，亦具有重大意义"。

四、"罢黜百家，表章《六经》"

班固在《汉书·武帝纪》最后的赞语中总结汉武帝的历史功绩时，突出地强调了他在文治方面的成就。班固说，西汉王朝的文化建设，是在汉武帝时代取得突出进步的。例如"兴太学，修郊祀，改正朔，定历数，协音律，作诗乐，建封禅，礼百神"等，继周代之后，"号令文章，焕焉可述。后嗣得遵洪业，而有三代之风"。汉武帝时代影响最为久远的文化政策，是确定了儒学在百家之学中的主导地位。

汉初的时候，黄老之学占据意识形态的主导地位，在执政方针上讲究无为，即通过无为来实现无不为。在学术上，也是老师各讲各的观点，各自传授自己学派的学术精华，对历史事件、文化态势、民族前景，也都各抒己见，"百家殊方"。汉武帝采纳了著名儒学大师董仲舒的建议，推行"罢黜百家，表章《六经》"（《汉书·武帝纪》）的文化政策，结束了"师异道、人异论，百家殊方"的局面，于是使"今后学者有所统一"，中国文化史从此进入了崭新的历史阶段。儒学成为中国文化的正统与主流，一直到清末。中间虽然有佛学的介入，以及道家学说的影响，但是儒学的正统地位始终没有动摇。这个历史的开端是从汉武帝时代开始的。

提出"罢黜百家，表章《六经》"的重要人物是董仲舒。当年汉武帝大举贤良文学之士，董仲舒以贤良身份在给汉武帝的对策中说，秦王朝灭亡以后，其流毒至今未灭，现在国家的治理单凭"法"和"令"是不够的，必须通过文化建设，通过文化教育来求得国家治理的成功。虽然董仲舒主张"天不变、道亦不变"，但是他在文化建设方面并不保守，还是有一些改良，甚至可以说是改革意识的。他提出：琴瑟的音色不正，声调不和谐，就应当重新装置调整琴弦，予以"更张"，才能够保证演奏的成功；政令推行不顺利，政治形势不理想，也应当重新制定调整法令政策，予以"更化"，才能够保证行政的成功。应当"更张"而不"更张"，虽然有"良工"也不能成功地演奏乐曲；应当"更化"而不"更化"，虽然有"大贤"也不能成功地管理国家。这一"更张"和"更化"的命题，就带有一定的改革意义。在董仲舒时代，儒学成为国家的指导思想，但是这个时候的儒学已经和孔子时代、孟子时代、荀子时代的儒学有很大的差异，儒学在历史进程中也在改变着自己的内质，改变着自己的面貌，董仲舒就是这样一个儒学代表人物。

汉武帝时代，在文化方面还有一个突出的举措，就是兴太学。《汉书·董仲舒传》说，汉武帝创办太学，也是接受了董仲舒的献策。董仲舒建议说，国家要以教化为大本，要建立这样的一个文化基地，学校是非常重要的，建议设立太学。汉武帝元朔五年（前124）创建太学，国家培养政治管理人才的正式官立大学于是出现。

太学的创建，采用了公孙弘制订的具体方案，公孙弘拟议：第一，建立博士弟子员制度，将博士私人收徒定为正式的教职，将私学转变为官学；第二，规定为博士官置弟子50人；第三，博士弟子得以免除徭役和赋税；第四，博士弟子的选送，一是由太常直接选补，二是由地方官选补；第五，太学管理，一年要进行一次考试；第六，考试成绩中上等的太学生可以任官，成绩劣次，无法深造以及不能勤奋学习者，令其退学。汉武帝批准了公孙弘拟定的办学方案。

汉武帝时期的太学，虽然规模很有限，只有几位经学博士和50名博士弟子，这一文化雏形，却代表着中国古代教育发展的方向。到了汉昭帝（汉武帝的儿子）时代，太学生的数量增加到100人，汉宣帝时增加到200人，汉元帝时增加到1000人，汉成帝末年，增加到3000人，汉平帝时，太学生已经多达数千人。王莽时代进一步扩建太学，一次就曾经兴造校舍"万区"。东汉的开国皇帝刘秀，就曾经在长安的太学里学习，到了东汉时期，太学的规模据说达到了3万人。洛阳城内20多万人，太学生就有3万人，形成了"东京学者猥众""诸生横巷"的文化盛况。

太学的兴立，进一步有效地助长了民间积极向学的风气，对于文化的传播起到了重大的推动作用，同时使大官僚和大富豪子嗣垄断官位的情形有所改变，一般中家子弟入仕的门径得以拓宽，一些出身社会下层的"英俊"之士，也得到入仕的机会。

汉武帝时代，除了建立太学之外，还令天下郡国皆立学校官，初步建立了地方教育系统，民间私学也得到发展。到了东汉时代儒学教育达到了非常惊人的情形。许多民间的教师，教授的学生几百人、上千人，甚至注录万余人。

随着以儒学为主体的教育制度的新变化，选官制度也出现了具有革命意义的转变，察举制出现了。察举制的确立，在中国选官制度史上具有特殊的意义。这也是汉武帝的一项政治发明。察举的方式就是通过官员向政府和皇帝推荐其认为合适的人才。这种方式实际上在汉文帝时代已经开始了，在汉武帝时代将其制度化。

中国古代选官制度的演进，大体可以表现出"世官制""察举制""科举制"三个阶段。汉文帝时，已经有从社会基层选用"贤良""孝廉"的做法，指令中央官吏和地方官吏得从下级属吏、民间地主和部分自耕农中选拔从政人员。不过，当时既没有规定选举的确定期限，也没有规定各地方选举的人数。也就是说，这种选举形式还没有成为完备的制度。汉武帝在即位的第一年，就诏令中央和地方的主要行政长官"举贤良方正直言极谏之士"。6 年之后，又下诏策试贤良，特别是在这一年，明确规定了郡国必须选举的人数。这一诏令表明察举制已经发展成为一种比较完备的仕进途径，察举制作为选官制度的主体地位已经得以确立。正是在汉武帝时代，察举制得以基本成为正统的政制。这一历史进步的意义十分重大。秦汉史研究大家劳干先生因此指出，汉武帝确定察举制度化的元光元年（前 134），是中国政治史和中国文化史上最值得纪念的一年。

过去的政治结构，皇帝制度是和官僚制度密切结合在一起的。皇帝要和官僚一起管理国家，官吏的成分、素质、能力怎样，都直接关系着政权的安危。最高统治者一般都希望吏治清明，以维护正常的政治秩序，保证国家机器的顺利运转。然而另一方面，他们又面临与各级官吏均分实际利益的问题。使各级官吏都得到相应的实利以维持其工作热情，又不使其超过一定的合理度以危害整个国家的利益，是一件相当困难的事。中国古代王朝在开国初年，最高执政集团往往多由创业功臣构成。有的学者称之为"功臣政治"。随后往往有功臣子弟集中从政并占据高位的情形，这就是所谓"功臣子政治"。此后才能够逐渐实现贤臣执政的所谓"贤臣政治"。

西汉时期的官僚制度逐渐走向完备。汉初，逐步建立和健全了一系列选官制度和监察制度。在汉武帝时代，有关制度又得以进一步完善，大体完成了由"功臣政治"向"贤臣政治"的转变。

五、上古文化的丰收季节

《淮南子》和《史记》是汉武帝时代的两座文化丰碑。

《淮南子》是淮南王刘安主持编写的。据《汉书·淮南衡山济北王传》记载："淮南王安为人好书，鼓琴，不喜弋猎狗马驰骋，亦欲以行阴德拊循百姓，流名誉。招致宾客方术之士数千人，作为《内书》二十一篇，《外书》甚众，又有《中篇》八卷，言神仙黄白之术，亦二十余万言。时武帝方好艺文，以安属为诸父，辩博善为文辞，甚尊重之。每为报书及赐，常召司马相如等视草乃遣。初，安入朝，献所作《内篇》，新出，上爱秘之。使为《离骚传》，旦受诏，日食时上。又献《颂德》及《长安都国颂》。每宴见，谈说得失及方技赋颂，昏莫然后罢。"汉武帝喜欢好文章、好诗文，对叔父刘安十分尊重，每次给刘安回信的时候都很谨慎，都会让司马相如等人来帮着看一看，润色一下，方可发出。每次和刘安相见，也交谈得非常欢洽，有时会谈论得很晚，甚至忘记了休息。

《淮南子》一书，可以看作西汉前期思想的总结。《汉书·艺文志》将它列为杂家，其实这部书大体还是具备完整的体系的。《淮南子》继承了汉初黄老之学的一些文化精神，积极提倡"无为"的文化原则，这是和汉初政治文化形势相一致的。它说"天下之事，不可为也，因其自然而推之"（《淮南子·原道》）。我们今天从积极的方面来理解，就是少一些扰民的举措，少一些折腾，让社会自然地前进，自然地发展，其实这是一种非常高明的政治意识。其实，《淮南子》所说的"无为"，并不是说凝滞不动，而是要人们注意顺应事物的发展规律，即所谓"因其自然而推之"。

《淮南子》一书还有非常进步的政治理念，就是强调"民本"的意识，以民意为重的思想。

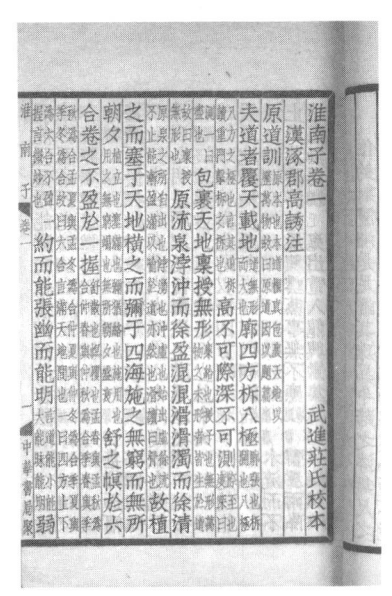

《淮南子》书影

"因民之欲，乘民之力而为之"，是说你要做什么事，一定要知道老百姓是怎么想的，民众是怎么考虑的，要知道他们的意图和倾向，这样做的事情才能成功。用兵打仗也是如此，"故明王之用兵也，为天下除害，而与万民共享其利，民之为用，犹子之为父，弟之为兄，威之所加，若崩山决塘，敌孰敢当"。(《淮南子·兵略训》) 就是说用兵打仗，是为天下除害，要和老百姓一同享受胜利的果实。这样的话他们就会像儿子给父亲服务、弟弟给兄长服务一样为你卖命。那么，这样的力量组成的军队，就像地震时候山崩一样，就像洪水来了决口冲毁堤坝一样，没有任何力量可以阻挡得住。这种对于民心、民利和"民欲"的理解，其实是一种比较先进的意识。

在汉武帝时代，史学的学术性成就的顶峰，是司马迁的《史记》。著名史学家翦伯赞在《中国史纲》中写道：与一般"以个人为中心的历史"不同，《史记》"是一部以社会为中心的历史"，"司马迁不仅替皇帝写本纪，也替失败的英雄项羽写本纪；不仅替贵族写世家，也替叛乱的首领陈涉写世家；不仅替官僚写列传，也替秦汉时代的哲学家、文学家、商人、地主以及社会的游浪之群如日者、游侠、滑稽写为列传。他几乎注意到历史上的社会之每一个阶层，每一个角落，每一个方面的动态，而皆予以具体而生动的描写"，"我以为《史记》是中国第一部大规模的社会史"。班固评价它是"贯穿经传，驰骋古今"(《汉书·司马迁传》)；鲁迅的评价是"史家之绝唱，无韵之《离骚》"。

司马迁因为李陵的事情触犯了汉武帝，后来受腐刑，但是他最后完成了《史记》的撰写。这是中国历史上第一部纪传体的通史和传记文学巨著。鲁迅对司马迁有非常高的评价，他在《汉文学史纲要》里对司马迁的生平和著述有一个介绍。在该书的第九篇《武帝时文术之盛》中称："武帝有雄才大略，而颇尚儒术。""文学之士，在武帝左右者亦甚众。"在该书的第十篇《司马相如与司马迁》中他有一段很精彩的话："武帝时文人，赋莫若司马相如，文莫若司马迁，而一则寥寂，一则被刑。盖雄于文者，常桀骜不欲迎雄主之意，故遇合常不及凡文人。"是说汉武帝时代的文人作赋作得最好的是司马相如，写散文写得最好的是司马迁，但是他们两个人，一个生活"寥寂"，很悲苦，很冷清；一个受了刑。杰出的文人都有他们自己独特的个性，不愿意迎合强有力的帝王的倾向，所以，他们的境遇往往不如平庸的文人。鲁迅的这段话，说明他注意到了中国文化史上的一个历代共有的现象。

郭沫若 1958 年春在司马迁的故居写了这样的诗句："龙门有灵秀，钟毓人中龙。学殖空前富，文章旷代雄。怜才膺斧钺，吐气作霓虹。功业追尼父，千秋太史公。"说他的文化贡献可以和孔子相当。

司马迁在给任少卿的信里说到，"人固有一死，或重于泰山，或轻于鸿毛，用之所趋异也"。他还有一句名言："古者富贵而名磨灭，不可胜记，唯倜傥非常之人称焉。"意思是说回顾历史，有地位的人，有钱的人当时非常显赫，但是在历史上我们看不到有多少痕迹，他们都被历史的记忆所淹没了，这样的人多得很。只有志向非常的人，才智非常的人，贡献非常的人，在其他方面不一定是富贵之人，却可以在历史上留下姓名来。这也体现出司马迁清醒的历史观和人才观。

中国著名的现代作家、文学史家李长之在他所著的《司马迁的人格与风格》中讲道：司马迁这个人物的出现、他的名著《史记》的问世，都是和汉武帝有密切关系的。"汉武帝在许多点上，似乎是司马迁的敌人，抑且是司马迁所瞧不起，而玩弄于狡猾的笔墨上的人；然而在另一方面，他们有许多相似处，而且太相似了！汉武帝之征服天下的雄心，司马迁表现在学术上。'天人之际'，'古今之变'，'一家之言'，这同样是囊括一切的，征服一切的力量。武帝是亚历山大，司马迁就是亚里士多德。这同是一种时代精神的表现而已。"所以，我们要讲汉武帝时代的时候，一定要说到司马迁。他还写道："汉武帝之求才若渴，欣赏奇才，司马迁便发挥在文字上。汉武帝之有时而幼稚，可笑，天真，不实际，好奇，好玩，好幻想，司马迁也以同样的内心生活而组织成了他的书。""汉武帝的人格是相当复杂的，而司马迁的内心宝藏也是无穷无尽！"李长之还有一段话我是非常赞同的，他说汉武帝和司马迁所共同的"驰骋、冲决、豪气、追求无限、苦闷、深情，这是当时一个时代的共同的文化情调"，那么留下来文字的记录，留下来我们今天还可以把读，还可以赏玩，还可以体会的，就是司马迁的这部书，它是当时我们这个民族时代精神的结晶。

汉武帝时，赋的创作走向全盛阶段。名家名作迭出。其中最为著名的是司马相如及其作品。他的《子虚赋》和《上林赋》，是这一时期赋作中有代表性的精品。这些赋以气势恢廓、景物迷离、辞藻华美而奇丽为特征，正反映了当时文化气度的宏阔广大，时代精神的豪迈勇进，物质生活和精神生活的丰富多彩。

六、晚年汉武帝和"巫蛊之祸"

汉武帝执政 54 年，在他管理国家的时候，国家空前强大，汉帝国的声威远扬，当时应当是世界东方最强盛的一个国度，汉文化向四方扩展，应当说汉武帝是一个非常有成就的帝王。但是，在他的晚年出现了政治失误，发生了一场激烈的政治风暴，这就是所谓"巫蛊之祸"。

"巫蛊之祸"，是发生在汉武帝和他非常喜爱的儿子刘据之间的直接的冲突。据《汉书·武五子传》记载，汉武帝年纪大了，"意多所恶"，心情总是不好，而且经常生病，总以为身边有人"皆为蛊道祝诅"，即用"蛊道"加害他。"蛊道"是一种原始巫术，它是通过一种神秘的方式来使自己的仇人生病、重病甚至死亡的巫术形式。在当时汉代的皇宫里边，起初是后宫女子之间互相嫉妒，使用这种巫术形式，这样的形式也危害到帝王本身。洪迈《容斋续笔》卷二"巫蛊之祸"条里记载，"是时帝春秋已高，忍而好杀，李陵所谓法令无常，大臣无罪夷灭者数十家"。是说汉武帝年纪大了，出现了一些老年人心理上的问题，偏执，容易生气，容易暴怒。李陵称之大臣没有犯什么过错，全家被杀光的有好几十家。还表现出"心术既荒，随念招妄""迷不复开"以及健忘等一些老年人的心理特征。

据说太子刘据"性仁恕温谨""宽厚""守文"，他对汉武帝的许多做法，如推行非常严酷的刑法，对匈奴频繁地发动战争都有不同的看法。他曾经和汉武帝有过争论，劝止他执行法令不要太严酷，对外的战争不要太频繁。汉武帝笑着对他说，我现在把该打的仗都打完了，等到我死了以后你继位，你做一个和平天子，平平安安地、轻轻松松地管理天下这不是很好吗？两个人的对话，体现出两个人政见的不同。当然刘据在很多方面也扭转了汉武帝的一些做法，他的有些建议汉武帝也听从了，这些多"得百姓心，而用法大臣皆不悦"。汉武帝信任的那些酷吏却都不高兴，他们认为如果这个人以后做了帝王，对他们不是一件好事情。

《汉书·武五子传》中还有一个记载比较特别，就是汉武帝在刘据成年以后给他修了一个处所——博望苑，让他住在那儿可以和宾客交往，广交朋友，所以，太子可以和社会上很多人在那里会面。于是"多以异端进者"，就是说一些持不同政见的人团结到了太子的身边。后来许多政治家对于汉武帝这个做法，是持否定和批判态度的。认为给一个没有掌握权力的人，提供让他形成一个政治集团的条件是不合适的。

政治权力的转移，对于最高执政者本人来说，是非常严重的事。即使是他自己选定的继承人，也难免面对苛刻挑剔的目光。在父子行政倾向有所不同的情况下，心理裂痕会越来越明显。当汉武帝发现太子"不类我"，发现太子过于软弱，进取精神不如自己的时候，在心理上就出现了裂痕。在这种极特殊的政治背景下，具有极敏感的政治嗅觉，又有投机之心，受到汉武帝特殊信任并赋予重要权力的江充，就利用汉武帝父子政治倾向不同的矛盾，制造了太子宫中埋木人行"巫蛊"的冤案。江充上奏汉武帝称其身体总是生病，是因为后宫有人在用"巫蛊"的方式加害，当时汉武帝很信任江充，就让他做直指绣衣使者，来处理这个案子。江充即带领胡巫（北方草原少数民族的巫人）来一起处理。"巫蛊"的方式，其中有一种就是把自己的仇人做成木偶的形象，埋在地里，有的时候还在偶人上头钉上针或者洒上酒来诅咒。据说当时在后宫挖开地面，挖到了很多这样子的木偶。后代很多人都质疑，不知道是否是江充故意设置的这种情景，事先埋下了这么多木偶人。总之，据说在皇帝的座位下和太子刘据住所掘蛊，真的得到了桐木人，上面都刺着铁针。当时汉武帝正在甘泉宫（位于今陕西淳化）避暑，卫皇后派人去看望他，他也不愿意见。太子刘据在处于极其被动的形势下，就召问他的老师石德，石德劝他说现在这种情形非常危急了，你无以自明，不如把江充抓起来，关到监狱里审问。他还说这时候陛下在甘泉宫避暑，皇后派人去请安都得不到回报，不知他是否还活着。你可别忘了公子扶苏的教训。于是刘据下决心抓了江充，调动自己可以调动的部队，动员了数万市民与政府军战于长安城中。当时在甘泉宫休养的汉武帝命令严厉镇压太子军，又具体指示："捕斩反者，自有赏罚。"命令把城门关住，造反的人一个都不许跑掉。并且迅速回到长安城西建章宫，亲自指挥平定动乱。仗打了五天，死了几万人，太子兵败出城东逃，在追捕中自杀。

《汉书·武五子传》最后赞语就说："巫蛊之祸，岂不哀哉！此不唯一江充之辜，亦有天时，非人力所致焉。"班固认为，从刘据一出生，汉武帝就开始和匈奴作战，"自是之后，师行三十年，兵所诛屠夷灭死者不可胜数"，"及巫蛊事起，京师流血，僵尸数万，太子子父皆败。故太子生长于兵，与之终始，何独一嬖臣哉"！他认为这个事件的发生是刘据的失败，也是汉武帝的失败。他说太子一生的成长都是和汉武帝长期与匈奴作战这个历史过程相伴始终的，他认为这不是人力所导致的事变，是天时所决定的，这当然是另外一种见解。

事变发生之后，汉武帝察觉其中是有冤案的，所谓"久之，'巫蛊'事多不信"。后来他又知道太子只是因为当时惶恐，不知道该怎么做才采取了这种举动。又接受了一些大臣的劝谏，内心悔悟。他把江充一家杀掉了，又把江充的同党苏文烧死在横桥上，原来因为追捕太子立功的那些人也全都处置了。而且"怜太子无辜"，为了追怀太子，他在刘据去世的地方修了一座"思子宫"与"归来望思"之台，来表示自己的哀念。据说，当时"天下闻而悲之"，大家都为太子刘据感到哀伤。

事后又有一个特别有意思的历史事件发生了，就是汉武帝颁布了一道"罪己诏"，就是所谓"轮台诏"。轮台现在是新疆的一个县。当时汉王朝的军队在西域作战失利，包括桑弘羊在内的大臣们就提出战争要进一步升级，再增加部队，在轮台设立一个屯垦基地，汉武帝否定了这个意见。他做了非常沉痛的自我反省，他说："朕即位以来，所为狂悖，使天下愁苦，不可追悔。自今事有伤害百姓，靡费天下者，悉罢之！"就是说从今天开始，以前的法令、制度、政策，有使老百姓受到沉重的经济压力的统统废除。他对于以前在西域发动的战争也有所追悔，在提到征服大宛的战争时，他说"……乃者贰师败，军士死略离散，悲痛常在朕心"。他又说：现在你们建议"远田轮台"，在这里进一步扩大战争"是扰劳天下"，根本不是为老百姓考虑，我不愿意听这样的意见。他提出现在国家的主要任务是"禁苛暴，止擅赋，力本农"。就是纠正以前政策上的过失，把政策的重心确定到经济建设上来。于是他决定"不复出军，封丞相车千秋为富民侯"。车千秋是最初向汉武帝建议，为刘据平反的一个低级官员，后来提拔得很快，直接做了丞相，又封"富民侯"。定名"富民"两个字是一个重要的政治信号，就是"以明休息，思富养民也"。就是宣布政策的完全转变。

　　宋代的大史学家司马光的《资治通鉴》里面对这个事件有一段非常好的评论："孝武穷奢极欲，繁刑重敛，内侈宫室，外事四夷，信惑神怪，巡游无度，使百姓疲敝，起为盗贼，其所以异于秦始皇无几矣。然秦以之亡，汉以之兴者，孝武能尊王之道，知所统守，受忠直之言，恶人欺蔽，好贤不倦，诛罚严明，晚而改过，顾托得人，此其所以有亡秦之失而免亡秦之祸乎！"他说汉武帝的错误和秦始皇没什么不同，但是历史的走向很奇怪，"秦以之亡，汉以之兴"，秦始皇犯了这样的错误，政权倒台了，但汉武帝犯了同样的错误，政权却没有崩溃，在汉武帝之后汉昭帝、汉宣帝时代又有一个"昭宣中兴"，汉王朝的政治功业有着进一步的成功，为什么呢？他总结说是因为汉武帝能尊崇儒学，还能听取一些积极的、批评性的意见和建议，诛罚严明，特别是"晚而改过，顾托得人"，就是到晚年有一个非常勇敢、明智的转变，并将他确定的继承人——七岁的小儿子，委托给霍光、金日磾等几个大臣来辅佐，这是一个非常好的选择。这是他所以犯了和亡秦同样的错误，却避免了亡秦那样的灾祸的原因。

　　我们分析这段评价，特别是"晚而改过"几个字说得非常好。所以明代人吴鼎在《读史有感》中写诗说："汉武雄才世莫伦，轮台一诏见天真。"体现了这一政治人物真诚、可爱的一面。李贽在《史纲评要》卷七《汉纪》中说，"汉武惟此一诏可谢高帝、文帝"，就这道诏书可以说对得起他的曾祖和祖父汉高帝和汉文帝了。"天下大坏而得以无恙"，连年的战争使得天下残破，社会苦痛深重，但是最后还比较平安，把政权维护下来了。"过天地之风雷，可不勇哉"，就是说他这个"罪己诏"的颁布，体现出来非常值得赞赏的政治勇气，不是随便一个人都可以这样直接、沉痛地来反省、纠正自己的错误。北京大学教授田余庆先生专门写过一篇质量非常高的长篇论文《论轮台诏》，他说："历史动向向我们昭示，汉武帝作为早期的专制皇帝，实际上是在探索统治经验，既要尽可能地发展秦始皇创建的专制主义中央集权的统一国家，又要力图不蹈亡秦覆辙。在西汉国家大发展之后继之以轮台罪己之诏，表明汉武帝的探索获得了相当的成功。"他说："轮台诏能够奏效，是由于他颁行于局势有可挽回之际，而且有可挽回之方。"就是说汉武帝颁布这个诏书，进行了政策的扭转，他抓的时机很好，再晚也可能就不行了，就是这个时候还来得及挽回。另外，他有非常好的、非常得体的、非常正确的挽回之方，那就是怎么样来扭转它，这样的政策转变能够实现得比较得当。所以，他说后来很多皇帝想学汉武帝这招，碰到困难的时候，碰到危机的时候，想靠它来扭转局势，但是真正奏效的很少。"有可挽回之际"，却没有抓住时机，"有可挽回之方"，却没有有效的方式也是不行的。

"巫蛊之祸"这种在王朝都城的市中心发生大规模流血事件，又以正规军武装平定政治动乱的情形，在历史上是绝无仅有的，而汉武帝在事后的处理方式，在历史上也是绝无仅有的。中国古代帝王能够意识到自己的政治失误并且致力于扭转补救，已经是难能可贵的，其方式有许多种。一般情况下，往往尽管在实际上对失误有所纠正，然而在口头上对于失误却并不愿意公开承认。像汉武帝"轮台诏"这样正式沉痛地向全民公开承认自己的重大失误，在历史上是极其罕见的。

七、汉武帝的"文采"

毛泽东的《沁园春·雪》有"惜秦皇汉武，略输文采"的名句，他是站在中国政治史制高点上的角度来评价的。实际上，对于汉武帝的文采我们还是可以作一些分析的。汉武帝得"武"字谥号，自然是因为在军事方面功业显赫，正如清代学者赵翼评价汉武帝时所说，"帝之雄才大略，正在武功"（《廿二史劄记》卷二）。然而，班固在《汉书·武帝纪》的赞语中，对于他所有的贡献一个字都没有说到武功，却着力宣扬了他在文治方面的成就。

汉武帝不仅在文化建设方面有特别显著的功绩，他本人的"文采"，历代也多有学者加以赞扬。赵翼《廿二史劄记》卷四有"汉帝多自作诏"一条，其中说到"汉诏最可观，至今犹诵述"，文辞"可观"，古今"诵述"的诏书中，有的是"天子自作"。他举的第一个例子，就是汉武帝。这或许也是班固所说"号令文章，焕焉可述"的表现之一。《文选》中列有多种文体的作品，其中"诏"一类只收录了两篇，都是汉武帝所作。此外，他"深陈既往之悔"，沉痛检讨政治过失的著名的"轮台诏"，显然也是绝不可能由别人代笔的。另外，他的赋也作得很好，他喜欢的李夫人去世了，他有《伤悼李夫人赋》，特别还有《秋风辞》写得非常精彩。

八、一个多情的帝王，一个无情的帝王

"金屋藏娇"的故事，是以汉武帝为主角的宫廷情感童话。在陈皇后也就是阿娇之后，汉武帝专宠卫子夫。卫皇后色衰，王夫人得幸。王夫人去世较早，后来李夫人得宠。李夫人去世后，又有尹婕妤等得宠。他最后喜欢的女子钩弋夫人，是汉昭帝的母亲，他确立汉昭帝作他的继承人，却逼死了他的母亲。周围的人都很不理解，汉武帝解释说他担心的就是"母壮子少"，他死了以后孩子还小，而母亲正是青壮年时期，不管在情感生活上，还是在政治事务的处置上都会生出很多问题来，所以，提早把她给处置了。

陕西省西安市汉城湖公园内的汉武大帝雕像　　　　　　　　　　　岩峰 / 供图

　　汉武帝在位时，曾经频繁任免丞相。他在位 54 年间，先后用相 13 人，平均任职时间只有 4 至 5 年。其中卫绾于汉景帝时任相，汉武帝任命的丞相计 12 人。其中除田千秋（即车千秋）继续在汉昭帝时代担任丞相而外，其余 11 人中，3 人在任上去世（其中田蚡精神错乱致死，也不属于正常死亡），有 3 人被免职，2 人有罪自杀，3 人下狱处死。政府高层官员受到严厉处置数量如此之多，密度如此之大，在历史上是空前的。汉武帝晚年，曾出现李陵所谓"法令亡常，大臣亡罪夷灭者数十家"的情形。这和他的个人性格有关系，也和他个人强势地位有关系。汉武帝也是大量地任用酷吏的一个帝王，汉代最有名的酷吏都是在汉武帝时代得到信用的，这些人在行政上有特别多的表现，杀人很残酷，有时候根本不按照法令来做。

　　在汉武帝时代，法令极其严酷。据《汉书·刑法志》说，当时因为社会矛盾尖锐，"穷民犯法，酷吏击断"，法网越来越繁密。"律令凡三百五十九章，大辟四百九条，千八百八十二事，死罪决事比万三千四百七十二事"。"决事比"就是已经判定的案子，在判定别的案子的时候，可以用这个案例来做比照。决事比之多，连主持司法的官员也不可能全部通读。在这样的法制环境下，冤狱纷生，不知有多少人不平而罪，不平而死，特别是没有权势、没有政治影响力的下层民众。其中，自然很可能也有一些本来可以促使文明进步、推动社会前行的"英雄"，被暴政和酷刑灭杀了。

我们在认识汉武帝的业绩时，首先应当明确，对于其成功的肯定，不能忽略专制政治的背景。汉武帝虽然史称"雄才大略"，但功业的背面多有祸民的事实。而神仙迷信和长生追求，也留下千古笑柄。清末民初的民主志士易白沙曾经著《帝王春秋》，"举吾国数千年残贼百姓之元凶大恶，表而出之，探其病源"，所列诸种罪恶中，"弱民""虚伪""奢靡""愚暗""严刑""奖奸"等，汉武帝均不能免。宋人葛立方说，"汉武好大喜功，黩武嗜杀"，这样的评价，应当说是不违反历史事实的。

（讲座时间 2012 年）

刘庆柱

丝绸之路的考古学解读

刘庆柱

刘庆柱，1943年生，河南南乐人。1967年毕业于北京大学历史系考古专业。中国社会科学院学部主席团成员、历史学部主任、学部委员，中国社会科学院古代文明研究中心专家委员会主任，郑州大学历史学院院长。《考古学报》《考古学集刊》《中国考古学》（英文版）主编。国家哲学社会科学研究专家咨询委员会委员、国家级"有突出贡献专家"、享受国务院颁发政府特殊津贴专家、国家社科基金考古学学科评审组专家。兼任中国古都学会名誉会长、中国圆明园学会会长、（国际）亚洲史学会常务理事、德国考古研究院通讯院士等。

主要研究领域为中国古代都城考古学、古代帝王陵墓考古学和秦汉考古学。参加并主持秦都咸阳遗址、西汉十一陵、关中唐十八陵、秦汉栎阳城遗址、汉杜陵陵园遗址、汉长安城遗址、秦阿房宫遗址等考古勘探、发掘工作。已出版专著、论文集十余部，论文300余篇。

中国社会科学院和国家图书馆曾经就讲座选题一事，召开过一次座谈会，院里让我作为一个学者参加讨论，我就曾经谈道，是不是可以讲讲丝绸之路。当时我的想法是，针对丝绸之路，现在社会上包括学术界说法很多，虽然大家都是出于一种很好的想法，但是，关于丝绸之路一些深层次的认识问题，还需要通过一种比较好的形式，比如学术报告会等，来进行一下交流。为什么我谈这个问题呢？因为联合国教科文组织的世界遗产委员会，把丝绸之路作为世界遗产申报项目进行评审。这个项目从最早联合国教科文组织建议，到我们开始行动，到最后的评审，用时将近十年。在这期间，我参与了一些工作，主要是后期文本的讨论、评审工作。它的正式中英文文本，提交给联合国教科文组织后，我突然接到电话说文本被退回修改，退回修改的原因，就是对丝绸之路的定性。现在一般都认为，丝绸之路是商贸之路、文化之路。但是，有些世界遗产组织专家认为，丝绸之路是古代中华帝国的发展之路。其实在这之前我就曾经提过，丝绸之路的文化交流是副产品，主产品不是文化交流。在遴选申报项目的时候，我曾经参加过讨论和考察，原来中国段选了48项，后来压缩成20多项，因为各省区都非常积极，报了好多项目。我曾经建议他们说，你们报的这些项目，都变成了佛教东传之路了，变成了中国"被"丝绸之路了。实际上，当年是世界"被"丝绸之路，是"被"谁呢？"被"中国。针对这一想法，我觉得丝绸之路应该重新解读一下。

一、关于丝绸之路的由来

从19世纪开始，随着西方殖民主义的发展，文化的扩张也比较多，许多国家以考察队的名义到了中国。其中主要有西方的英国、德国、瑞典、法国、俄国等，还有东方的日本，组织了一批所谓的考察队来到了中国，他们在中国（主要是西部地区）发掘了好多东西，然后拿回去整理，他们中的一些人后来成了所谓的汉学家。19世纪后半叶德国的地理学家李希霍芬写了一本名为《中国》（1877年出版）的书，在书中他将公元前114年至公元127年间，连接中国与河中（阿姆河与锡尔河之间，又称"河间"）及印度的丝绸贸易路线称为Seidenstrassen。英文将其译成"Silk Road"，中文译为"丝绸之路"，这是第一次出现"丝绸之路"一词。1910年德国学者阿尔巴特·赫尔曼（A. Herrmann）在其出版的《中国和叙利亚间的古代丝绸之路》一书中又作进一步阐述，并将丝绸之路延伸至叙利亚。

丝绸之路现在已成为古代中国、中亚、西亚之间，以及通过地中海（包括沿岸陆路）连接欧洲和北非的交通线的总称。因为中国与中亚、西亚等地上述交通路线之间的沙漠是其必经之路，所以人们又称其为"沙漠丝绸之路"（或称"绿洲丝绸之路"），这一名称是相对于后来学术界提出的"草原丝绸之路""海上丝绸之路"和"西南丝绸之路"等而言的。

二、不同丝绸之路的认知

丝绸之路有多条，目前学术界一般认为主要有沙漠丝绸之路、草原丝绸之路、海上丝绸之路、西南丝绸之路等。我们通常所说的丝绸之路即沙漠丝绸之路，它是丝绸之路中最为重要的。为什么会出现这些不同的丝绸之路呢？主要是因为它的时空特点不相同，历史作用不一样。

（一）草原丝绸之路认知

草原丝绸之路在我们中国境内，东起大兴安岭（有人说东边还可以一直到朝鲜半岛），西边到我国的新疆，再向西一直到黑海，这是国际上公认的一条草原丝绸之路。分布的地域大约主要在南西伯利亚和新疆北部，到中亚的北部。这条丝绸之路很早就有了，距现在至少应该有四千年，或者再往上推到五六千年。有人认为还早，但是现在还没有证据，有据可查的是四五千年前这条路就通了。促成这条路形成的原因，是当时游牧民族的放牧活动，他们的活动传播了不同地区的文化，交换了不同的物品。因此，我认为草原丝绸之路是一条"文化交流"之路。当然这个文化，不是指我们现在所说的唱歌、跳舞、电影等，考古学上的"文化"称为"考古学文化"，它们是同一时代、一定区域之内具有当地特征遗迹和遗物的共同体。比如，我们说公元前 200 年至公元 200 年汉王朝区域之内的考古学文化主体为"汉文化"，"汉文化"包括什么？在特定的时代——汉代，在汉王朝管辖的国家空间所形成的律令制国家架构、"独尊儒术"的思想、"重农抑商"的经济、汉字"文化基因"的形成与传承、"汉译佛经"与本土道教的宗教信仰，这就是"汉文化"。这种"汉文化"实际上当时影响到东亚广大地区，包括东北亚的朝鲜半岛、日本列岛与东南亚半岛北部，形成"汉文化圈"。

　　早期草原丝绸之路实际上是一条文化交流之路，当然这种交流是游牧民族商业活动的"副产品"。搞文化交流可能是我们当代或者近代的事情，比如，包括宗教传播在内的这些文化交流，都是近代以来的事情，在古代没有以文化交流为职业的。秦汉时期以后，沙漠丝绸之路开通了，这条路就变成一条"辅路"，所起的作用不像以前那么大了。

（二）沙漠丝绸之路认知

　　现在一般所说的丝绸之路，就是沙漠丝绸之路。我们（包括西方学者）现在一般认为，沙漠丝绸之路是以张骞通西域为开端的，它的"起点"不在罗马，也不在乌兹别克，而是在中国。因此，我们在给联合国教科文组织的丝绸之路文化遗产申报大纲里头写，丝绸之路的起点是长安。为什么我要强调起点呢？就是要说明丝绸之路是谁开的，这条路是从哪里到哪里的，这要弄清楚。不是像有人说的，丝绸之路是西方人开的，是从西方到东方的，而是中国人开的，由长安、洛阳往西方去的这么一条路。

　　沙漠丝绸之路以张骞通西域为开端，自陕西西安经甘肃、新疆，出境后经中亚、西亚至南欧意大利威尼斯，东西直线距离 7000 公里，而在中国境内长达 4000 公里。现在笼统地说，丝绸之路西边到了威尼斯，书上一般都这样写。我认为早期的沙漠丝绸之路，到达这些地方很难，应该说是间接到达那里的，直接只到中亚。因此说直线距离 7000 公里，恐怕还得打个问号。但是这不排除我们的一些影

甘肃省酒泉市阳关博物馆的张骞雕像　　　　　李全举／摄

响，通过间接的关系，比如通过中亚的粟特人，传播到叙利亚，传播到当时的罗马。

沙漠丝绸之路不像草原丝绸之路，它不是一条民间的道路，也不是一条自然形成的道路，而是西汉王朝官方开辟的一条"政治之路""外交之路"。就当时而言，"文化交流"和"商贸活动"是它的"副产品"。有人说它是商贸之路，因此在申遗的时候，有些学者（包括一些外国专家）就提出来，说你们申报世界遗产，丝绸之路怎么没有与丝绸有关的卖丝绸的商铺、做丝绸服装的加工厂等。当时我就提出来，我说你以为丝绸之路真是卖丝绸的？张骞出使西域的目的是去推销丝绸吗？其实张骞是要与西域 36 国及中亚各国建立友好关系，而西域地区的酋长们渴望脱离匈奴的统治，加入汉王朝统一的国家政体当中。因此，我们认为张骞是我国历史上一位外交家和政治家，也是这个原因。

（三）西南丝绸之路认知

西南丝绸之路又称"蜀身毒道"，或"南方陆上丝绸之路"。西南丝绸之路是从中国西南地区四川成都、云南大理，经保山、腾冲、盈江到达缅甸境内的八莫，从八莫到印度，又从印度至中亚、欧洲。学术界有的学者提出，西南丝绸之路可以分为东路、中路与西路。东路是由成都、贵州西北、广西、广东至南海；中路是由成都、云南、步头道、桑道至越南；西路有身毒道和五尺道两条，二者均经云南、缅甸至印度。

最近有人提出，西南丝绸之路也要申报世界遗产。现在西南丝绸之路有一个争论，就是我们在申报丝绸之路（沙漠丝绸之路）世界遗产文本的时候，印度方面提出要申报一条"高原丝绸之路"，就是从印度经过拉萨到格尔木，再到青海，然后到我国内地，通过这条路把印度佛教文化传播到中国。我提出，当时（东汉）佛教文化从印度传到中国，不是通过这条路，而是通过阿富汗到中亚，然后往东进入新疆，再从新疆经过甘肃到了内地；还有一条是从印度到缅甸，进入腾冲到昆明，然后进入四川，从四川沿着长江往东到南京，就是六朝时期的佛教，叫作"南传佛教"。所以，不能把所谓的"高原丝绸之路"算在其中，当然印度的提法后来被排除出去了。这是我们丝绸之路申报世界遗产的时候，在国际上曾经有这么一种说法，后来没有被采纳。所以，表面看来申遗是个文化行动，实际上我认为丝绸之路是一条"政治之路"，所谓"文化"是带有政治含义的，只要一跨越国界，一超越民族，文化就有了政治色彩。西南丝绸之路现在正在做申遗的工作，不太好做，后面我会谈到，佐证材料是怎么找出来的。

西南丝绸之路是一条商贸之路，文化交流是其"副产品"。它的商贸主要是民间的，官方的很少，而且时间很早，比沙漠丝绸之路还早。张骞出使西域到现在的阿富汗，突然见到了丝绸，他问是怎么来的，回答说是从印度来的。那个丝绸就是从四川经过云南、缅甸到了印度（包括现在的巴基斯坦），然后北上到了阿富汗。我曾经去过巴基斯坦，它的北部考古发现我们战国时期的文物，就是说那时候我们已经与那里有了联系，当时可能就是通过这条路过去的。

因为西南地区铜鼓多，也有人将西南丝绸之路称作"铜鼓之路"。也有的叫作"茶马之路"，大家都知道茶马古道，就是贩卖茶叶，这当然是很晚的事了。总之，这条路现在引起文化遗产保护的重视，现在正在寻找它。

（四）海上丝绸之路认知

海上丝绸之路在我们申遗的后备名单中。一般认为海上丝绸之路是从汉代开始的，《汉书·地理志》记载，南海之航线，最远可达印度南部东海岸之唐契普拉姆（Conjevanam）。中国境内的汉代番禺、徐闻、合浦、交州等地是早期港口，其中番禺尤为重要。但是考古发现证实，春秋战国时代，从东亚经过南亚至西亚的海上丝绸之路已经存在。海上丝绸之路主要是进行商贸活动，而且是大型商贸活动，有些是国家行为。这条丝绸之路主要不是运丝绸的，从发现的东西来看，主要是运陶瓷。先秦至隋代以前，中国多是与西亚、中亚地区往来；南朝后期与波斯来往增多；唐、宋、元时期则以阿拉伯地区为多。中国唐宋时代的瓷器，在东南亚、中亚、南亚、西亚、北非等地多有发现，这应该是当年海上丝绸之路商贸活动的遗存，那时陶瓷商贸成为海上丝绸之路的主角，因此这条路又称"海上陶瓷之路"。

三、丝绸之路考古发现与研究

关于丝绸之路的确认主要是依据考古发现，同时结合历史文献记载。因此可以说近代以来人们对丝绸之路的认识，是源于近代考古学传入中国。

丝绸之路是"一条线"，但是线是由千千万万个"点"组成的，考古学正是通过对丝绸之路上若干个"点"的发现，"连接"了已经淹没于地下、水下的丝绸之路。这是一个方法论问题。现在已经有很多人从历史地理学角度来考证，因为中国的正史，一般是政治史，古今是一样的，有些东西不会记载得那么详细。有一些考察地理的笔记，比如徐霞客的《徐霞客游记》、郦道元的《水经注》也记载了一些。但是我发现，由于受当时的交通条件限制，有些地方他们不可能全都跑到，有一些也是听传说记录下来的，有些传说难免会误解或者张冠李戴。我讲这个的意思是说，书上有好多记载是不太准确的。丝绸之路也是一样，现

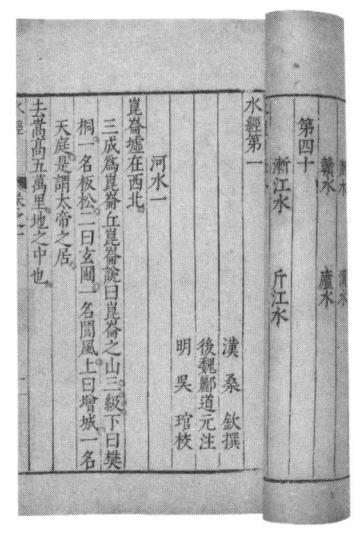

明刻本《水经注》书影

在众说纷纭，但是我们现在没必要找这条路，随着风一吹，沙子之上的路就全都没有了。我们要找"点"，虽然沙子之上的路没了，埋在沙子底下的若干"点"还在，好多文物是我们靠这些"点"发现的，再通过这些"点"把路连接起来。

（一）草原丝绸之路考古发现与研究

在人类史前时代，东亚、地中海、中南美、南亚次大陆等地，已经形成了不同的文化。近百年来的考古发现说明，上述不同文化发展出了东亚文明与地中海文明、中南美文明等，它们之间早在远古时期已经有着密切的文化交流。比如我们史前与先秦时代考古发现的农作物如小麦，家畜如牛羊与马（这种马是古代印欧人首先在黑海—里海北岸培育成功的），交通工具如马车，金属冶

铸、金器、玻璃器（钙钠玻璃）等，说明东亚地区历史上可能受到地中海文明的影响。

与此同时，东亚的中心地区——黄河流域的古代文明也在史前时代已经西渐。公元前 4 世纪后半叶，仰韶中晚期文化进入河湟地区和岷江上游；公元前 3 世纪前半叶，传入到黄河上游、川西北地区及河西走廊西部；公元前 3 世纪末，西进至新疆哈密，来自东方的蒙古人种与从新疆北部南下的原始高加索人种在哈密发生了碰撞并出现融合。西传过去的也包括农业。

1. 先秦时期草原丝绸之路的考古发现

中国新石器时代晚期遗址出土的古玉，有些玉石矿物成分与和田玉相似，这些发现说明至少在新石器时代晚期，于阗（今和田）就开始和中原频繁交往。进入先秦时代，更多的古代于阗玉石在内地已被考古发现。1974 年，殷墟妇好墓发掘、出土了 500 多件玉器，其中有相当一部分经过鉴定是和田玉。也就是说，在 3000 年前，和田的玉料就到了东方。它传过来的线路是，从和田到吐鲁番，然后北上通过新疆的北部到现在的甘肃、内蒙古，再南延到宁夏，然后再往东走，从山西进入河北，到河北的南部，再到安阳，然后再往东进入山东，这就是和田玉在 3000 年前传播的路线，也是利用了草原丝绸之路。与此同时，具有内地特点的文物，在西域的草原丝绸之路先秦时代遗存中被考古发现，如巴泽雷克墓地出土了中国秦代漆器残片、战国时代"四山纹"铜镜等。考古资料还显示，进入新疆东部的东亚蒙古人并未停止西进的脚步，他们以哈密绿洲为基地，沿天山余脉南北两路继续西行，一路向北进入巴里坤草原、准噶尔盆地南缘、乌鲁木齐；另一路向西进入吐（鲁番）鄯（善）托（克逊）盆地，分别进入天山谷地与焉耆盆地。

2. 后期的草原丝绸之路考古发现

后期的草原丝绸之路，在沙漠丝绸之路开通以后，就居于次要地位了，但是在欧亚文化交流中仍然发挥作用。魏晋南北朝时期，鲜卑人在现在的山西大同，建立了北魏政权，因此政治中心转到了这里。我说丝绸之路实际也叫"政治之路"，因为它总是跟着首都走，首都到哪儿，丝绸之路的中心点就到哪儿。

于是，中国第一个国家级的石窟寺——云冈石窟，就出现在大同。我曾经在申遗时谈过，其实中国最重要的石窟是云冈石窟，那是"国"字号的，是国家行为。而敦煌石窟是民间的行为，那是当时一些路过的商人和官宦，有了钱以后开始做的。后期的草原丝绸之路，一直通到河北，近年陆续发现了一批欧洲和中亚的文物，包括金银器、铜器、玻璃器，波斯萨珊朝银币、拜占庭金币。这些东西，大多数出在贵族的墓葬里头。

4—11 世纪，草原丝绸之路成为东北亚的国际交通路线，对中国、朝鲜和日本与西方的文化交流有极重要的作用。草原丝绸之路从中国往东发展，进入了朝鲜和日本。我们经过 20 世纪 70 年代以来的考古工作，证明稻米的起源地在中国，而大家知道，日本人是很早就吃稻米的，其中有的就是通过草原丝绸之路从中国传过去的。草原丝绸之路经过陆路到朝鲜半岛，然后通过对马海峡到了日本的九州。我们通过日本弥生时代考古发现的中国文物分布图，可以看到中国的文物在那里分布之多。九州是离中国和韩国最近的地方，在九州地区发现了大量的中国历史上不同时期的文物，其中不少就是通过草原丝绸之路传播过去的。

（二）沙漠丝绸之路考古发现与研究

我们通过考古发现确认丝绸之路，目的是通过科学研究来复原历史。比如，丝绸之路当年在主观上、客观上到底起到什么作用？我一直认为，丝绸之路不单单是个文化问题，开拓丝绸之路的动力不是要传播文化，也不是因为要做买卖。为什么呢？大家知道汉武帝时期的经济政策是"重农抑商"，商人没地位，不仅是汉武帝时期，中国古代一直到清朝都是如此。在中国古代，等级排位一般为士农工商，商人排在最末一个，地位很低。过去有个规定，凡是经商的不能考官。因此，说丝绸之路是国家开辟的一条商业之路，这跟当时的国家大政方针不一致。所以，我认为当时这条路主要不是为商业贸易而开的，它是一条"政治之路"，主要是搞一些外交活动，即先把路打开，先交了朋友，然后去做其他事情。当时主要是为了跟西域 36 国搞好关系，使他们认可了以后，再让他们接受汉朝的管理体制。当然匈奴也想这么做，但是张骞抢先了一步。通过张骞出使西域，汉王朝先后在甘肃河西走廊设立酒泉郡、武威郡、敦煌郡、张掖郡四郡，尔后在今新疆地区设置西域都护府，治乌垒城（今新疆轮台东），搞"屯田"，使西域成为汉王朝一部分，西域各族成为中华民族的成员。

现在我们考古就要找到物证，张骞去了以后，汉王朝是怎么管理这个地区的？通过丝绸之路的 4000 公里，我们的主体文化是怎么落地生根的？平台是什么？这些遗迹是丝绸之路上很重要的东西，也是很重要的证明。

通过对新疆地区考古，我们发现了沙漠丝绸之路上的汉唐王朝军政、经济设施遗存，主要有作为社会"政治平台"的城址，军事与经济双重功能的屯田，军政功能的烽燧、亭障，等等，这些是中央政府在西域行使国家主权行为的重要物化载体。

1. 国家"政治平台"——城址

在地中海地区，"城"是商业的推动力，而在中国，"城"是政治概念。文献记载"筑城以卫君，造郭以守民"，"君"是管理者、统治者，"民"是老百姓，修城的目的就是管理国家。我为什么要搞古代都城研究呢？因为都城是国家的缩影，皇宫是国家的政治中枢，通过这个平台，就可以知道它怎么管理国家，用什么样的政治形式，什么样的组织形式，这些都可以体现出来。可见，城址确实很重要，它通过外在的形象来传达一种政治信息，建筑本身就体现政治。同样，在丝绸之路上，通过这些城址，我们可以看出是谁在这里管理，体现哪一种政治，是不是体现中华民族的政治。比如，一个城址，它的管理机构和内地的一样（有县衙门、政府机构），那就是代表内地政治。以楼兰地区为例，楼兰早期的城有两种，一种是圆形的，一种是方形的。在汉代经营西域之前，西域的城市布局主要是受中亚的影响，为圆城。张

骞通西域后，城址发生了变化，出现了内地的方城。方形城出土的东西大多和内地基本一样，这些方形城址之中出土了文书和官印。上述遗址和遗物的年代经考证，基本都是在张骞出使西域以后才有的，它们是汉王朝在这一地区行使国家权力的物化载体。沙漠丝绸之路的西域汉唐城址是汉唐时代中央政府管理西域及丝绸之路的物化载体，目前已经考古发现的西域汉唐时代城址有多座。其中较为重要的有：轮台和塔里木盆地南缘的罗布泊和若羌地区的汉代城址，今轮台县策大雅镇的乌垒城遗址即西汉时代的西域都护府遗址，汉代的楼兰、鄯善古国的汉代城址；库车县城附近的唐代安西都护府治所（亦为古龟兹国的伊罗卢城）——皮朗古城亦称哈拉墩；高昌故城，汉称高昌壁。两汉魏晋时期，戊己校尉屯驻于此，此后曾历为前凉高昌郡治、麹氏高昌王国国都、唐西州州治和回鹘高昌王都，全城分外城、内城和宫城三部分，布局略似唐长安城。和田地区的早期尼雅遗址（汉代精绝国）的考察，反映了汉代这一地区作为汉王朝组成部分之后的重要变化。

新疆吐鲁番市火焰山下的高昌故城废墟　　　　　　　　　　　　　　姜浩 / 摄

北疆地区奇台县石城子有一座东汉时期的古城遗址，城址内出土过大量汉代文物。该城址有可能是曾设有汉朝官署的疏勒古城。中古时代的北庭故城，亦称护堡子古城，在新疆昌吉回族自治州吉木萨尔县城北。古城规模宏大，略呈长方形，分内、外二城。外城周长 5 公里左右，南、北、西三面城垣尚存，高 10 余米，为夯土建筑，厚 8 至 12 米，有马面及护城河。在城西北隅出土唐代铜质官印"蒲类州之印"和工艺水平很高的铜狮、石狮、葡萄纹铜镜龟、开元通宝、刻花石球、下水管道及陶器等。从北庭故城城址形制与其出土遗物来看，其与内地考古学文化的一致性是显而易见的。

这些考古发掘，恰恰是内地和当地的维吾尔族考古学家共同去做的，我觉得很有说服力。

2. 军事与经济双重功能的古代屯田

屯田是中国古代王朝边远地区的一种国家的军政管理与生产组织形式。《汉书·西域传上》记载："汉兴至于孝武，事征四夷，广威德，而张骞始开西域之迹。其后骠骑将军击破匈奴右地，降浑邪、休屠王，遂空其地，始筑令居以西，初置酒泉郡，后稍发徙民充实之，分置武威、张掖、敦煌，列四郡，据两关焉。自贰师将军伐大宛之后，西域震惧，多遣使来贡献。汉使西域者益得职。于是自敦煌西至盐泽，往往起亭，而轮台、渠犁皆有田卒数百人，置使者校尉领护，以给使外国者。"汉代在西域最重要的经济建设是屯田，当时屯田的屯军，具有双重身份。民丰县尼雅遗址发现了"司禾府印"，这枚官印说明东汉在尼雅一带屯田并设有专门管理屯田事务的机构。罗布泊北岸土垠遗址出土汉文木简内容大部分与屯田有关，对研究汉代西域的屯田制度很有价值。罗布泊北的孔雀河北岸发现的古代大堤，用柳条覆土筑成，应为水利工程。楼兰城东郊考古发现有古代农田开垦的遗迹。米兰发现的大规模灌溉系统遗迹应该是汉代遗存。轮台县西南拉伊苏附近的轮台戍楼为唐代屯田遗址的一部分。

还有一些是西域地区国家修的水利工程——坎儿井，坎儿井实际上就是司马迁最早在《史记》当中记载的陕西渭北地区的"龙渠"，据《史记·河渠书》记载："岸善崩，乃凿井，深者四十余丈。往往为井，井下相通行水……井渠之生自此始。"坎儿井是为农业服务的，吐鲁番的农业是从陕西、甘肃传播过去的，如果农业传过去了，那么相关的农业技术，尤其是水利技术也带去了，因此我们推断，东疆地区的农业及其水利灌溉工程技术，是顺着丝绸之路由东往西发展过去的。

3. 军政功能的烽燧及亭障

由敦煌至库尔勒，沿线筑有汉代烽燧，这些烽燧遗址是中央政府设立的，是国家工程。干什么用呢? 有事一举烽火，几十里一个台，向外传递信息。还有一些其他的建筑，是当时士兵住的生活区域，或者一些相应的兵营。我一直建议更多烽燧要列入丝绸之路的世界遗产，这是中国古代王朝开辟丝绸之路、保护丝绸之路的历史见证。我认为不能光列佛寺，佛教东传只是丝绸之路的"副产品"，在佛教的东传中，其主要内容也是中华民族文化的有容乃大，是佛教的"汉化"。西域地区的汉唐烽燧，是中国相应的军政设施的物化载体。通过丝绸之路考古发现，说明新疆早在两千年前已经是中国的一部分。

4. 西域考古发现重要的"汉文化"遗存

（1）汉代西域相关文字资料考古发现

汉代西域考古发现的汉字，是该地发现时代最早的文字之一，是此地两千年来一直使用的"官方"正式语言与文字。比如那些文书、买卖的合同，使用的基本上是汉字。

与汉字相关的书写制度与材料也深受中原影响。这套制度传入西域与屯守边疆的戍卒有关。比如佉卢文牍的封牍方法与在敦煌汉简和罗布泊魏晋简牍中看到的封牍方法相同。

还有体现在货币上的汉字。"汉佉二体钱"最重要的币值（即钱币单位）就使用汉文。"汉佉二体钱"是在南疆和田地区发现的一种钱币，这是当时这个地区的少数民族（来自印度）使用的钱币。汉代在那里进行管理以后，就采用两种文字，一面是汉文，一面是当地少数民族使用的佉卢文[①]。文字是我们考察政治的一个非常重要的指数，一种文字用在什么地方? 这种文字在一个国家重要不重要? 一个国家哪种文字占主导? 这些都非常重要。比如在我们中国，应该说现在英语非常流行了，但是我们的人民币上绝对不能印英文。如果货币上印两种（或多种）文字，那就说明或者这个地区是殖民地，或者其中一种文字是这个地区的古文字，或者是当地人常用的和国家通行的文字。

（2）出土的丝绸、漆器、铜器

还有出土的一些丝绸。丝绸是次要的，关键是上面印了一些文字，用现在的话说有一些政治口号，像"五星出东方利中国""长乐明光""王侯合昏千秋万岁宜子孙"。这里我附带说一下"王侯"，这些丝绸不是用来买卖的，这是中国古代朝贡文化的体现。什么叫朝贡文化？那边的国王来到了长安，中国的皇帝到渭河桥（相当于北京的金水桥）以很隆重的礼仪迎接，走之前送给他好多东西，送他最重要的东西中就有丝绸服装。中国古代对官方使用的车舆、服装十分重视，这是使用者最重要的级别和地位的标志。因为这些东西也好携带。当然从丝绸之路来到长安、洛阳的使者，也带来许多西域、中亚的特产，如葡萄、葡萄酒、马匹、金器等。总之，中国送出去的礼物，都是我们觉得他们那边认为好的，而我们也认为名贵的东西，而且要署上"特制品"，比如署上"王侯""五星出东方利中国"的字样，说明这些东西是在"国营企业"里头生产的，专门作为"朝贡"礼品赠送的。因此，这些东西一般都出在贵族墓里头。他们有时也送我们狮子、犀牛，我们的皇帝也非常重视这些。我曾经在20世纪70年代，去过汉文帝母亲的陵墓——南陵，就在西安的灞桥附近，在南陵的陪葬坑里发掘出了犀牛骨头，经鉴定是南亚的，那就是朝贡过来的。我到江苏盱眙县，那儿发掘了汉代江都王（后来的广陵王）墓，墓保存得不错，出土了好多器物，其中最引人注目的舶来品，有鎏金的象、犀牛等西方或者南亚的东西。

1998年在若羌县楼兰古城以北贵族的墓葬出土了木棺，木棺头挡板的圆圈内绘着一只金乌，足挡板的圆圈内绘着一只蟾蜍，分别代表日、月。用金乌和蟾蜍象征日、月是源于中原文化。中国人有"二元论"的说法，一个阳间，一个阴间，阴间仿照阳间去做，在阳间是什么地位，到阴间也是什么地位，甚至还得夸张，绝对不会贬低自己。日月星辰、天地河海，这些在中国古代是皇帝、达官显贵使用的，阳间使用，阴间也流行，叫"天文图"。秦始皇墓里放水

银，就象征着国家的江河海洋，象征着
生前都城、宫城之中修的"长池""太液
池""四海"。明清北京城有中南海，就
是元大都的太液池。古代还有叫四海池
的，东、西、南、北海。有人说中国对
海不重视，我认为中国古代的皇帝一直
很重视海，皇宫就是一张地图，有山有
海，什么都有。因此皇帝死后，继承者
把象征天地的一切都置于陵墓之中，这
种观念就是中国传统的地理观、天文观、

西汉彩绘云纹漆鼎

自然观。我们在新疆发现的这件两千多年前的棺椁，上面的彩绘图案明显受到
中国古代传统文化的影响。

还有出土的漆器，上面绘有四叶纹，这种纹饰图案和器物造型，都和湖南
马王堆、江苏的广陵王墓，以及山东沂蒙山区出土的同时期的器物相近。

1995 年尉犁县营盘 22 号墓出土的刺绣图案上的云朵纹，都是当时内地流
行的绘画体裁，刺绣的方法叫"锁绣"，也是中国古代用的刺绣方法。

还有出土的"汉归义羌长"铜印。铜印正方形，卧羊钮，阴刻篆文"汉归
义羌长"。该印是古羌族人归属汉朝以后，汉王朝中央政府颁发给首领的官印。
西域羌族散居在塔里木盆地各绿洲和帕米尔西河谷中，主要从事畜牧和狩猎，
亦兼农业。

5. 西域考古发现的主要意识形态遗存

（1）属于"国学"的汉文文献典籍

如罗布泊西汉烽燧遗址中出土过《论语·公冶长》篇简，罗布泊海头遗址
发现约为东汉末年的《战国策》残卷、算术《九九术》残简，1993 年尼雅遗址
N14 发现《苍颉篇》残文等。此外，还出土有《毛诗》《郑玄注论语》《伪孔传
尚书》《孝经》《急就篇》《千字文》，薛道衡《典言》，佚名《晋史》《唐律疏义》
《针经》《佛经》等古籍抄本。

（2）佛教的传入与汉化宗教

丝绸之路开通以后，南亚佛教通过中亚、西域传入内地，融入了中国的传统的汉文化（中华民族文化），成了汉文化圈的一种很重要的宗教，而佛教中国化，西域是第一站，然后到了甘肃、宁夏是第二站，进入中原就是第三站。通过中原进一步整合，最后到了朝鲜、日本，到了东南亚、越南北部地区，就形成了汉文化当中的主导宗教文化，就是所谓的中国化宗教。通过丝绸之路的不同地区，我们可以看到它的整个变化，尤其是通过几个石窟就可以看到它的变化，从吐鲁番到敦煌，到麦积山，然后到大同云冈，然后再到龙门，然后往东，越往东走，越能看到它们的变化，到最后儒道释三教合一。

（三）西南丝绸之路的考古发现与确认

对于西南丝绸之路，我们在 20 世纪曾经进行过调查，发现在川西南地区有个非常奇特的现象，每隔 30 里，就发现一批距今 2000 年左右，或者 2000 多年左右的墓地，墓地附近有房子，这就使我们联想起来这是当时的驿站。驿站有人管理，有人生活，生前住在房子里，死后埋在墓地里头。通过这些驿站，一个点、一个点连接，就连成一条线，也就是当年丝绸之路的路线。

西南丝绸之路的考古发现主要有与佛教相关的遗存。古代中国的佛教基本上是来自两个方面：一是上面谈到的通过沙漠丝绸之路从南亚、中亚传至东亚；另一个是通过西南丝绸之路，从印度经缅甸进入中国云南、四川等地。

1936 年，在喀布尔以北 60 公里，发掘亚历山大城的时候，发现了许多中国的丝绸，其地层相当于战国时期，这说明在张骞开通丝绸之路之前，丝绸就已经传过去了。应该是从成都经滇缅道运到印度，再到中亚的，就是说这条路很早就有了。

近年来，有的学者根据四川三星堆与云南的考古发现指出，西南丝绸之路可能早在夏商时代已经存在。三星堆遗址出土的 4000 余枚齿贝，原产于印度；云南大理、晋宁、曲靖等地也均发现了齿贝。三星堆遗址发现的 80 支古象牙与成都金沙遗址考古发现的数以吨计的象牙，均应产于印度。三星堆遗址发现的柳叶形青铜剑在近东、印度河、恒河一带有发现，同时期遗址中也有发现。学者推断，三星堆遗址柳叶形青铜剑可能源于伊朗高原，经印度河、恒河传入。如果这种看法成立的话，那么西南丝绸之路的时代将要上溯至夏商时代。

（四）海上丝绸之路考古的发现与研究

海上丝绸之路也在申遗，现在发现了不少线索。主要是通过码头、沉船来找海上丝绸之路的路线。再就是从海内外各地出土的遗物，探索通过海上丝绸之路进行的交流活动。比如我们在安阳殷墟发现了 3000 年前的甲骨文，甲骨文刻在龟板上，经过验证，这些龟板是来自马来西亚的"亚洲大陆龟"。

早在殷商时代，犀牛形象就进入中国青铜器艺术。战国秦汉时代流行铜犀牛，河北平山战国中山王墓出土错金银青铜独角犀。汉文帝的母亲薄太后的南陵出土了真的犀牛骨架，汉武帝茂陵陵区出土的错金银铜犀牛，还有汉代江都王陵出土的铜犀牛，唐高祖献陵的石犀牛等，其中大多数犀牛来自南亚地区。南亚地区犀牛也有不同品种，印度犀牛个体较大，而东南亚的苏门答腊犀牛个体较小。中国古代的犀牛及其作为模型的犀牛，可能都与海上丝绸之路有关。

除了以上所说的犀牛之外，山东半岛战国古墓不断出土西方玻璃珠，年代在公元前 6—前 3 世纪，属于地中海东岸产品。汉唐时代通过海上丝绸之路来到中国的其他域外遗物还有山东临淄西汉齐王墓发现的裂瓣纹银豆，山东青州西辛村发现的裂瓣纹银盒。在广州南越王墓及南越国遗址出土了非洲的象牙及象牙印章、象牙器，西亚或中亚的银盒、金花泡饰，南亚的乳香，广东汉墓出土了罗马玻璃、肉红髓石珠和多面金珠、波斯银币和银器等。在华东地区的江苏、福建等地出土了多面金珠、罗马玻璃、波斯孔雀蓝釉陶瓶与波斯釉陶壶等。由此可以复原一条从埃及亚历山大港，经印度、东南亚到山东半岛的古代海上交通路线。至于汉代与南北朝时期，中国北方通过海上丝绸之路与东北亚的朝鲜半岛与日本列岛的交流更为频繁，那里出土的众多汉代与南北朝时期的中国文物是最有力的历史见证。中古时代及其以后，随着欧亚大陆丝绸之路的衰落，海上丝绸之路进入了其最为繁盛的时代，唐、宋、元时代，尤其是宋元时代，中国在海上丝绸之路发展中发挥着极为重要的作用，占据着主导地位，中国的船队活跃在印度洋，远航至非洲东海岸。宋元时代中国的航海与造船技术居于世界先进水平。

四、丝绸之路与"盛世"中国

丝绸之路最兴盛的时候，也是中国最兴盛的时候，哪条丝绸之路最兴盛，就说明中国哪个地区最兴盛。比如，草原丝绸之路最兴盛的时候，是中国北部地区的文化最兴盛的时候。为什么呢？因为它的主体文化在那里。到汉唐时期，以黄河流域为主，沙漠丝绸之路就兴盛了，到了唐宋及其以后，隋炀帝大运河已开，政治中心东移、北移，往东移到了开封，往北移到了北京；经济中心移到了现在东南地带及长江三角洲，丝绸之路也就由沙漠丝绸之路为主，变成了海洋丝绸之路为主。因此，我觉得丝绸之路是跟"盛世"相连的。沙漠丝绸之路始于张骞出使西域，汉唐时代是丝绸之路最为繁盛时期。两大盛世"文景之治""贞观之治"，都在汉唐丝绸之路时期。

（一）丝绸之路与统一多民族国家和中华民族的形成、发展

丝绸之路为最初的统一多民族中央集权国家所开创，与最早"现代中国"出现同步，与中华民族形成与早期发展同步，是我们国家的发展之路，也是我们中华民族的形成之路。

中国在秦朝进入帝国时代，秦始皇建立统一的、多民族中央集权国家以后，他先到了秦皇岛（秦皇岛名字或与此有关）。20 世纪 90 年代，考古工作者在秦皇岛发掘了秦始皇的行宫遗址，在绥中也发现了姜女石遗址[②]。但是由于秦始皇的急政、暴政，秦朝很快就崩溃了。西汉王朝的建立，使统一多民族中央集权国家得到进一步发展，其中就包括丝绸之路的开通。

西汉王朝为了开通丝绸之路，首先需要排除匈奴的干扰，保障从长安通往西域、中亚的交通，为此西汉王朝在河西走廊建立了河西四郡，在天山南麓一

带设置了西域都护府，使国家西部疆界从甘肃中部（秦代国家西界在兰州）扩展至西域，在这一社会发展中，沙漠丝绸之路发挥了重要作用。北方南匈奴的内附与东北地区乐浪四郡的设置，使汉王朝疆土发展到朝鲜半岛北部，完成了北方与东北地区的国家建设，在这一历史进程中，草原丝绸之路的作用是显而易见的。在南边南海九郡的建设，使华南与东南沿海成为中华民族与古代中国的"大后方"，这与海上丝绸之路的建设有关。而西南丝绸之路促进了西汉王朝对"西南夷"的开发。不难看出，草原丝绸之路、沙漠丝绸之路、海上丝绸之路、西南丝绸之路与中华民族、统一多民族国家的形成有着十分密切的关系。

丝绸之路一开始实际是一种"朝贡文化"，反映古代中国有容乃大、与邻为友的传统，这种文化一直延续到清朝。郑和下西洋就是例子。我曾经到加拿大参加一个纪念会，我的一些加拿大朋友对我说，哥伦布航海要比郑和下西洋晚得多，美洲大陆应该是郑和发现的。我说我不敢认同这一观点，我也不能说中国人都行，因为根据还不多，但是郑和至少到了东非。另外，现在有些人认为，郑和下西洋是打通了丝绸之路。其实作为官方派遣，郑和下西洋不是去做买卖的，不是想赚钱的，中国古代的传统是国家不做买卖，他是去宣传中国文化去的。因此，郑和去时带了好多礼品，把我们最好的东西带过去，不管这个东西价值高低。我觉得中国当时的外交，在特定时代是一种有容乃大的外交，我们叫它"朝贡文化"。

（二）丝绸之路与古代中国走向世界

中国历史上各个王朝，真正走出中国是从丝绸之路的开通开始的。过去只是说通过丝绸之路，国外的文化、艺术、宗教、自然物产如何影响传播到中国。但是从世界历史的角度来说，更为重要的是中国走向世界。

近代考古学问世以来，各地考古兴起，我们才在中亚、西亚、南亚、东北亚、东南亚、非洲等地发现了数量众多的中国文物。如在中亚和西亚地区今阿富汗、哈萨克斯坦、乌兹别克斯坦发现的汉唐时代的丝绸与中国文物，南亚印度和巴基斯坦、非洲东海岸肯尼亚等地考古发现的宋元时代的中国古代瓷器等，东北亚与东南亚朝鲜、韩国、日本、越南等地出土的青铜器、五铢钱、铜镜、印章、瓦当、丝绸、瓷器等中国古代文物，这些遗存有的是中国人走出国门带出去的，有的是外国人来到中国把它带回去的历史见证。这充分说明，丝绸之路使中国走向世界。

从西伯利亚一直到中亚、西亚，欧洲个别地方（欧洲地区古代的少，近代的多），还有东非和南亚，都曾经发现过中国文物。

这些发现中的遗址比遗物重要，尤其是那些"汉式"城址、宫殿、寺庙遗址出土的建筑材料：砖瓦、瓦当等及其遗址建筑形制，这是古代文化中"权重"尤为突出的遗物，只是遗址里的一个演员。我们需要看遗址里的什么呢？主要看它的宫殿和当时的墓葬，这些东西都很重要。然后，我们看它的位置，比如，如果是中国式的宫殿，在城里的中轴线上，位置肯定重要。我们通过判断它的位置、空间、造型，就知道我们的文化在这个民族、这个地区所占的政治地位。

（三）丝绸之路与古代世界走向中国（"被丝绸之路"）

丝绸之路还使世界走向中国，其中草原丝绸之路的东北亚、海上丝绸之路的东南亚，建立了与汉王朝及其以后历代王朝的密切关系，形成以古代中国为核心的"汉文化圈"（"汉字""儒家思想及经典""汉译佛经的佛教""律令制社会""以农立国"等）。

在这里我用了一句"被丝绸之路"，这句话是前年在世界遗产申报的讨论会上，我提出来的。我认为我们原来提出的文本，体现出的是我们中国"被丝绸之路"了。我们申报的一整套世界遗产，都是佛教寺院与石窟、祆教、摩尼教、景教遗存等。我说既然是文化交流，就应该是双向的，而你们申报这些都是单向的，而且主次都说反了。实际上外边的商人到我们这来，带来的是日常物品与当地土特产，但是我们通过丝绸之路输出去的是什么？是我们的城市、宫殿建筑，以及墓葬，这些是十分重要的"文化基因"，就如《汉书》里所说的，西域统治者"乐汉衣服制度，归其国，治宫室……撞钟鼓，如汉家仪"。因此我认为，丝绸之路是其沿线"被丝绸之路"的。

　　当年丝绸之路上的外国人，商人是到汉唐王朝淘金来的，政治家、军事家等是来汉唐王朝"学习"汉文化的，带着他们的土特产，当然也带来了他们的文化，这些文化包括艺术，也包括一些风俗习惯。但是，我们出去的东西，除了丝绸之外，很多与政治有关。比如我们的钱币，大量在国外发现；还有代表我们意识形态的铜镜，镜子本身没什么意义，关键是背面的图案，最早使用镜子的人都是贵族，他们利用印在镜子后面的图案，传达一种当时社会的主流思想和政治理念。因此，我觉得在汉唐时期的丝绸之路，是域外商人到中国的淘金之路。中国为当时的外交活动，在都城专门设立了"葡萄宫"。唐长安城西市里，有大量的胡姬当服务员，李白写诗的时候，有胡姬在旁边给他倒酒。唐代长安城的西边，还有大量的胡人墓，这些都是佐证。

　　还有一个值得注意的是古代的帝王陵墓，任何一个时代的帝王陵墓，都是一个时代精神的最集中表现。因此，我在研究古代陵墓的时候，不单单是研究陵墓建筑，建筑是政治的反映。比如唯独在中国唐代皇帝陵之旁，安置了"蕃酋"的石像。李世民的墓前，就放着 14 个酋长的石像，叫"十四蕃酋像"。武则天乾陵安置了 64 个"蕃酋"的石像，大小跟真人差不多一样高。大唐王朝帝陵的这些众多"蕃酋"的石像，与丝绸之路息息相关，同时也证明这些"蕃酋"的石像所在地区如何"被丝绸之路"、证明世界是如何"被丝绸之路"的。

　　中国汉唐王朝是丝绸之路的开拓者，丝绸之路之"被"可以从众多的考古发现得到佐证：丝绸之路的天山廊道的古代农业经济与史前时代后期内地农业的东渐密切相关；西域地区古代城址中方形的城址，与屯田相关的遗迹与遗存，众多的汉唐烽燧遗址等等，都是当地"被丝绸之路"的佐证。

　　从文化与精神两个方面来看，更为清晰地看出丝绸之路的开通，直接使西域"被丝绸之路"。文字是人类文化中最重要的基因，文化基因最核心的是文字。因此我们说秦始皇统一中国、统一文字，应该是功莫大焉，如果当时不统一文字，现在的中国也许是现在的欧洲。多文字往往会造成国家的不稳定，或者政治不安定。丝绸之路开通之后汉字作为西域官方文字在使用，包括以汉字为主的文献典籍（代表思想意识形态）、汉字印章（代表政权）、高级服装上的汉字（外化的标识）、石碑上的汉字（代表在另一个世界还是这个国家的国民）、货币上的汉字（代表主导的经济形态）等等；佛教通过张骞开通的丝绸之路由中亚进入西域，借此中国化东传，佛教"被"逐渐融入中华文化，以后连同道教、儒学，发展为儒道释合一的中华民族传统宗教文化，使佛教的中心从南亚转到中国与东亚。

对于中国古代历史（尤其是中古时代以前的历史）来说，古代的四条丝绸之路中，沙漠丝绸之路最重要，因为这条丝绸之路关系到中国历史上的"盛世"——汉唐王朝的国家安全和发展，关系到汉唐王朝"和合外交"的实施，关系到古代世界东西方文化的交流。

注释：

①佉卢文是一种古代文字，通用于印度次大陆西北部和中亚的阿富汗一带，最早发现的佉卢文可追溯至公元前 251 年，至公元 3 世纪时就已逐渐消失，但在丝绸之路各地仍被使用，可能一直到 7 世纪才彻底被遗弃。——编者注

②据《姜女石——秦行宫遗址发掘报告（上下册）》介绍：姜女石遗址是目前国内保存较好并经过大面积系统发掘的秦代大型建筑遗址群之一，是秦统一大帝国的象征与见证，同时又是一项将人文建筑与自然景观完美结合的古代人类工程。它的发现对秦代考古、历史地理学科的研究均起到了积极的促动作用，具有极高的历史价值与学术意义。——编者注

（讲座时间 2014 年）

雷 颐

甲午战争与近代中国

雷 颐

雷颐，1956年生，祖籍湖南长沙。1982年吉林大学历史系毕业，获学士学位。同年考入吉林大学研究生院历史系中国近代史专业，1985年毕业，获历史学硕士学位。1985年到中国社会科学院近代史研究所工作，现为社科院研究员。曾任《近代史研究》副主编。

研究方向为中国近代文化史、政治史，中华人民共和国史。著有《帝国的覆没》《中国

切片，1900》《取静集》《时空游走：历史与现实的对话》
《雷颐自选集》《经典与人文》《图中日月》《萨特》《被延
误的现代化》《历史的进退：晚近旧事与集体记忆》《历
史的裂缝：近代中国与幽暗人性》等。

2014 年是甲午战争爆发120周年。在1994年，甲午战争爆发
100周年的时候，除了一些专业人员研究以外，没有任
何社会反响；2004年，甲午战争爆发110周年，也没有任何反响。那么，为什
么2014年社会反响这么热？这确实还跟中日关系有联系，说明中日关系引起了
人们的广泛关注。

　　本篇主要把甲午战争放在中国近代史的脉络中，通过甲午战争看中国近代
的变化。因为甲午战争爆发后，中国的惨败给中国人以极大的震动，用梁启超

当时的话说：中国四千年的迷梦，实际上是从甲午战争被震醒的。中国近代史从 1840 年开始，第一次鸦片战争、第二次鸦片战争、中法战争，中国都失败了，但是却没有引起整个社会或者国家的巨大震动，恰恰是甲午战争才使中国真正举国震动。因为我们中国人千百年来都很了解日本，这个一向为中国所轻视的"蕞尔岛国"，千百年来一直都在学习中国，它们连自己的文字都没有，一直是使用汉字。中国人觉得，我们打不过英国、法国可以理解，因为我们不了解它们。但我们觉得太了解日本了，千百年来日本一直是在派留学生学习中国，在中国人的心目中或者它曾经长期还是中国的藩属国，我们怎么可能被它所打败？对此中国人百思不得其解。因为在甲午战争前，从《申报》《点石斋画报》等报刊可以看出，中国整个舆论，上到决策者、读书人，下到一般老百姓，除了少数人觉得不一定打得过日本以外，绝大多数都觉得当时打日本很容易。所以甲午战败，中国人自然大为震惊，群情激愤，痛心疾首。实际上我们知道，战争，尤其是大规模战争，不仅仅是两国军事力量的较量，更是两国经济、政治、社会制度的全方位的较量。"天朝上国"被"岛夷"所败，当非偶然。其"前因"与"后果"，引人深思。

一、现代国家制度建设

我们首先简略对比一下，1894 年甲午战争爆发之前，中日两国国家制度的状况：日本基本上是"现代国家"，而中国总体仍是"前现代国家"。

（一）政治制度方面

以明治天皇为首的新政府于 1868 年 4 月 6 日发布具有政治纲领性的《五条誓文》，宣布：1. 广兴会议，万机决于公论；2. 上下一心，盛行经纶；3. 官武一途以至庶民，各遂其志，人心不倦；4. 破旧有之陋习，基于天地之公道；5. 求知识于世界，大振皇基。20 余年后，1890 年 11 月 29 日，日本第一届众议院、贵族院开议，正式开设议院。而此时中国，千百年来的皇权专制并没有变化。

（二）经济制度方面

日本之明治维新的重要内容是开商法公议所、办商法学校和"帝国劝业博览会"，鼓励工商业。1869 年，日本确定了修建铁路的方针，1870 年设立铁道事务局，东京—横滨铁路于 1872 年首先通车。电信业开始于 1869 年，首先在东京—横滨之间开通电报业务，以后发展迅速，开始只供政府专用，1878 年以后允许民间使用。1872 年从法国购进机器，建机械缫丝厂，由法国专家指导。

日本现代经济发展的一个重要方面，是将原与中国洋务运动类似的"官营"企业出售给私人，由政府对私人企业提供资助。尤其是鼓励发展现代工商业，引进大机器生产军工、民用品。这些企业起初是政府开办，后来明治政府马上意识到，官办企业效率低下，腐败严重，于是从 19 世纪 70 年代开始实行官营企业私有化。由于这些大的官营企业很贵，当时的许多商人买不起。所以，日本在 1880 年制定了《廉价处理官营工厂概则》，将企业廉价处理给私人，像三井这样一些大财团，就是那个时候日本明治政府卖给商人的。但实际上当时日本工商业并不算特别发达，还有很多人没有钱，即使廉价处理，也只有少数的商人能买得起。1884 年，政府再次规定以极低的价格和无息长期分期付款的办法出售，官营企业才顺利得以处理，从而大大促进了日本现代经济的发展。

而中国洋务运动却举步维艰，1872 年，李鸿章觉得官办企业腐败严重、效率低下，应该私有化，但是，从上到下各方面力量坚决反对。最后李鸿章提出"官督商办"，由商人出钱经营，注册是国家的。从 1872 年到 1894 年，经过 20 余年的时间，企业发展得很大了，就引发了产权不清的矛盾，商人觉得企业是我投资、我经营的，发展到这么大，应该是我的；而官方很多人觉得，企业注册就是国家的，官方给予优惠政策，应该归国家，双方矛盾很大，影响了中国的经济的发展。

（三）金融体制方面

日本明治维新之后不久就于 1871 年颁布"新货币条例"，开始统一币制。

1870 年以后，开始引进欧美现代银行制度。到 1878 年，就有 100 多家银行；到 1879 年，国立银行有 153 家，政府决定停止国立银行的发展；到 1884 年，私立银行与类似金融机构多达 955 家。1881 年引进欧洲发达国家的中央银行体制，发行公债，极大地提高了融资能力。

中国一直未建立起现代化的金融体制，只有传统的票号、钱庄，国家财政的主要来源还是靠农民、地主缴纳的税收，所以，碰到紧急状况，完全没有现代的融资手段与强大的融资能力。中国第一家现代银行"中国通商银行"，则是甲午战争惨败后才于 1897 年 5 月 27 日成立的。

（四）军事体制方面

日本早在甲午战争之前十几年就在考察学习西方兵制的基础上进行了全面的兵制改革，实现了武器标准化和编制现代化，陆军以师团为基本战略单位并有现代后勤体制保障。日本起初认为拿破仑很厉害，就模仿法兰西，让法国军官帮助它建立陆军。不久发生了普法战争，法国被普鲁士打败，日本又觉得普鲁士最强，赶紧改学普鲁士，让普鲁士派军官来建军官学校。还实行了征兵制，包括大本营制、参谋本部制，建立了现代后勤保障体系，完全是一个现代化的军队了。

而此时的中国军队，仍由传统的八旗、绿营和勇营三部分组成。太平天国时就证明八旗兵和绿营兵已经腐朽不堪，所以在甲午战争中没有起到什么实际作用。清军在甲午战争中的主力是勇营，始于湘军的勇营实行的是将帅自招的募兵制度，从武器装备到编制仍处于从"传统"向"现代"过渡之中。

（五）教育方面

日本明治维新后，1871 年成立文部省，聘请西方学者参与教育改革。1872 年颁布了《学制》等一系列有关教育制度的规章，兴办了现代的东京大学，全力办好小学，强调教育平等，强制教育，初步建立了现代教育体系。1885 年，文部省颁布了大、中、小学令和师范学校令，建立起完整的国家教育制度。

中国当时还是传统的科举，虽然有洋务派和传教士办的一些现代学校，但是很边缘，都没有人愿意上，只有穷人家的孩子为了混口饭才上这种学校，上完之后也没有出路。因为当时在中国，读书人只有学习孔孟之道，靠科举、当官才有出路。所以，中国的新教育起步艰难，阻力巨大，一直蹒跚而行，未获得正统地位。

通过上述比较可以看出，甲午战争时，中国仍属"非现代国家"，而日本已基本完成"现代国家"建构，这是中国惨败的根本原因。

二、文化因素

我们自然会提出一个疑问，1840 年鸦片战争，帝国主义列强打开了中国的大门，使中国被迫走上了现代化的进程；而日本的情况跟中国差不多，它是在1853 年被美国的军舰打开大门，同样也签订了不平等条约，开放了门户。那么，为什么中国大门的打开早于日本 13 年，而中国整个改革或者被迫进行现代化的进程，却比日本慢了那么多，原因在哪呢？从文化上来说，还在于中国的"华夏文化中心论"，以"天朝上国"自居。严"夷夏之防"，只能"用夏变夷"，不能"以夷变夏"。

（一）艰难的洋务运动

1. "天朝上国"的观念

千百年来，中国历史上周边的国家，无论是越南、朝鲜，还是日本，其文化都不如华夏文明悠久灿烂。所以，久而久之中国人从先秦时就形成了一种观念，即"华夏中心论"。中国人觉得，天下是以中国为中心的，中国是"天朝上国"，全世界都得由中国来统治。只有中国的最高领导人才能称为皇帝，皇帝就是"天子"，全天下只能有一个"天子"，其他国家都是中国的藩属国，越南、朝鲜等只能称"国王"，就是说，他只是一个地方的最高行政领导人，这些国家的新国王继位，要由中国皇帝来册封。中国文化把非华夏文明称为"狄夷"，认为他们都是很落后的。这种观念从先秦时代就已建立起来，后来逐渐变成一套很详细的意识形态话语，叫作只能"用夏变夷"，不能"以夷变夏"，就是说只能用华夏文明去改变落后者，不能用落后者来改变华夏文明。同这个观念相适应，在中国人的世界观中，所有的国家都是中国的藩属国。在近代以前，中国接触的周边国家确实就是这样的，像越南、朝鲜、琉球，包括日本在内，都曾经是中国的藩属国。在这个观念中，中国觉得自己在文化上是最发达、最优越的，不需要和其他国家互通有无，其他国家只能向中国学习，而不能改变中国，这种观念一直很强烈，也影响至深。

"天朝上国"的观念，表现在洋务运动上就更加明显。1840 年，林则徐参加指挥鸦片战争，虽然他是当时最有见识的中国人，但是，我们从林则徐最初的对外看法上，也能看出中国人普遍的对外观念。事情得从 1793 年乾隆皇帝八十大寿说起，当时英国派使臣带领庞大的船队来给乾隆皇帝祝寿，要求跟中国通商，但是后来却没有达成协议。为什么？因为英国人不愿意下跪。过去越南、朝鲜等国的使臣，见了中国的皇帝都要下跪，而英国使臣却不愿意。乾隆皇帝认为，中国无所不有，不需要跟其他国互通有无，所以双方没有达成协议。后来慢慢就有一个传说，说英国人不是不愿意下跪，是不能下跪，为什么不能？因为他们天生膝盖不会打弯。所以，林则徐到鸦片战争的前线指挥的时候，还反映出这种观念的影响。他到前线视察完以后，在给朝廷的奏折中写到，英国人并不是天生的膝盖不能打弯，而是英国军装的装束太紧密了，从脚脖子一直打到大腿根，所以膝盖不容易弯曲。于是他很乐观，觉得英国人身躯不便，虽然在船上操纵枪炮非常厉害，但是只要他们一上岸，因膝盖不能打弯，我们就可以在岸上打败他们。这是林则徐最初的看法，但是打过几场仗之后，他明白了完全不是这样。

打了几次败仗后，清政府并没有意识到他们失败的原因在于英国已经进入现代化，而中国还是一个落后国家。他们觉得是指挥官不行，于是就派去了他们认为最能打仗的湖南提督杨芳。杨芳到了广州之后先去观战，他发现了一个很奇怪的现象：英国军舰在水里颠簸，炮也随之颠簸，但是打得却很准，威力还很大。他觉得英国人肯定是用了邪术，他要想办法破除邪术。于是他就在广州征集大量的马桶，尤其是妇女的生理用品盖在马桶上，等英国军舰一来，就把这些东西放出去。他觉得破了邪术，英国人就败了，这当然是行不通的，但杨芳的想法却是当时中国人普遍的看法，所以杨芳并不值得嘲笑，他反映出整体中国人的观念，中国人对世界就是这么看。

2."师夷长技以制夷"（《四洲志》《海国图志》）

我们为什么会把林则徐定为"睁眼看世界第一人"？因为林则徐经过鸦片战争，马上意识到这是我们完全不了解的敌人。作为钦差大臣，他违反了规定，从澳门找了几个美国传教士来了解敌情。美国传教士就给他介绍了世界各洲以及美国、英国等国家的情况。他又让人从澳门买回了大量的介绍英国地理、历史、军事等方面的书籍，雇人翻译，最后编成了一本书叫作《四洲志》。他当然知道这在当时是犯忌的，就没敢出版，但是这本书的消息还是传了出去，林则徐受到了批评指责，说他宣扬"狄夷"的东西。按照今天的理解，"知己知彼，百战不殆"是最正常的一件事情，现在哪个国家打仗，不都花重金买敌国的情报？但是这在当时那个年代却备受指责，林则徐了解敌情却成了他的罪状。后来他因为抵抗英国人，受到不公正待遇，被流放到新疆。

林则徐在从福州去往新疆流放的途中，路过江苏镇江，遇到他的好友魏源。他向魏源详细介绍了鸦片战争的情况，并把他编辑《四洲志》的资料交给了魏源。他觉得中国要好好了解世界，希望魏源抓紧时间完成这些工作。魏源在随后的两三年中，搜集了大量的资料，编了一本书叫作《海国图志》。这是一本当时中国最详尽的介绍世界情况的书，介绍了世界上有多少个洲，多少个国家，各国的人文、历史、经济、军事，尤其介绍了这些国家的武器、轮船、军舰等情况。当然，魏源这本书跟林则徐是一个思想观念，即中国是"天朝上国"，觉得中国一切都是最好的，包括所有的文化、制度都是最好的，就是一点不如人意，武器不如外国。所以，他们提出一个著名的口号叫作"师夷长技以制夷"。这在今天看来也是最正常不过的一件事情，但在当时却是"石破天惊"的一个主张。举国上下，从朝廷到一般的读书人，绝大多数人都坚决反对，还给林则

徐又加了一条罪状叫作"溃夷夏之防"。因为中国人长期认为，中国和外国之间
有一道文化防线，要学习敌人的武器，就会导致中国文化完全沦落丧失。而林
则徐、魏源破坏了这道文化防线，是"乱阶之倡"。所以这个口号当时受到了举
国上下的抵制、批判。广东当时有位士绅叫梁廷枏，他最了解鸦片战争的情况，
曾经写过一本书《夷氛闻记》，还歌颂了林则徐抵抗英国人，谴责了琦善、杨
芳。但是对于林则徐"师夷长技以制夷"的理念，他也不敢支持，他认为林则
徐在这一点上是违反了道统。

中国近代第一部世界地图集《海国图志》　　　　　　　　　　　　　　海峰／供图

　　但是，就是这样一本在中国受到抵制、批判的书，却很快传到了日本。日
本在短期之内把《海国图志》翻刻了21版，读书人都读这本书。现在包括日本
学者在内的许多人都公认，《海国图志》对日本明治维新起了重要的思想启蒙作
用。日本明治维新一个重要的先驱人物佐久间象山，就是读了这本书以后，觉
得日本要改革。他19世纪50年代在日本培养学生，其中重要的内容就是通过
《海国图志》了解外国。1853年，美国的军舰轰开日本的大门，他的一些学生
就更觉得《海国图志》说得对。当时有一个叫作吉田松阴的人，就想看一看欧
美这些国家是不是像《海国图志》说的那样。他悄悄地潜入到美国军舰上，想
到美国去，结果被发现后赶了下来。后来他又被日本幕府以"私自出国"的罪
名关押了一年。吉田松阴出狱以后，就招募一些学生读书，其中重要的一本书
也是《海国图志》。他的学生中有两个人在明治维新中起了很重要的作用，一
个是木户孝允，一个是伊藤博文。可以说，林则徐和魏源为了启蒙中国人的书，
中国人拒绝接受，结果却无意中启蒙了日本人。日本经过明治维新走上了富国

强兵的道路，反过来一次一次地侵略中国，这个历史的教训，我觉得很值得吸取。

3. 洋务运动

中国为什么会从 1863 年开始洋务运动？主要因为曾国藩、左宗棠、李鸿章在镇压太平天国运动的过程中，感到洋枪、洋炮确实厉害，他们决定使用洋枪、洋炮，并且还要造洋枪、洋炮。这时候，他们想起来被冷藏了 20 年的《海国图志》，于是拿出来大量翻刻，并送给总理衙门，让当时的官员都来读这本书。

之所以能够在 1863 年做成这个事情，除了曾国藩、左宗棠、李鸿章认识到这一点以外，另一个重要的原因是，太平天国运动引起了中国晚清政治格局的重大变化。我们知道，原来清王朝一直很警惕汉族人，它的地方大臣，包括总督、巡抚都由满族人担任，军政大权都掌握在满族人手中。但是太平天国运动证明了国家军队八旗、绿营不堪一击，还是得靠曾国藩、左宗棠、李鸿章从私人团练开始组成的湘军、淮军去镇压的。而且太平天国占领的一些地方，巡抚不是被杀，就是逃跑，按照清律，逃跑是要斩首或关押的。曾国藩他们每收复一个地方，就派自己的人去担任领导，这样一批汉族官员开始掌握了军权和地方大权。我觉得太平天国一个重要的后果，就是客观上使清朝政府入关两百年来，汉族人第一次有了相当的权力，这是重大的政治格局的变化。

晚清名臣、洋务运动的主要领导人之一李鸿章

吴雍／供图

　　这些汉族官员决定，要在他们的权力范围之内，使用洋枪、洋炮，造机器，这在当时遇到了巨大的阻力，其阻力之大我们通过几个例子就能说明。比如，日本是在1869年建立的电报，实际上李鸿章早在1868年就意识到要建电报，这时已有两条外国的海底电缆通到上海，一条是俄罗斯的，一条是英国的。此时，中国和俄国在新疆伊犁有小规模的冲突，因为没有电报，还是靠马匹一个驿站、一个驿站地传递情报，非常不便。李鸿章就向朝廷提出要建电报，朝廷从上到下坚决反对。拒绝的理由现在看来很荒唐，他们说"铜线"（当时对电报的称呼）有很多坏处，其中最大的一点就是，用了它人们就会对朝廷不忠诚。为什么？因为"铜线"是埋在地下的，他们说洋人是犬羊之性，没有父母，不讲伦理，可以用这个。我们是讲伦理的，我们讲祖宗崇拜。我们的祖坟世世代代都埋在地下，电流通过必惊动祖坟，惊动祖坟，祖宗就不安，祖宗不安就是不孝，而"求忠臣必于孝子之门"，所以，用了电报大家就都不忠于朝廷了，以此为理由一次一次地拒绝。从这件事情上我们可以看出，建电报并不涉及政治体制改革，也不涉及个人利益，它所带来的好处是显而易见的，一个正常的政府都应该知道这一点，清政府却一次一次地拒绝。直到1879年，李鸿章当了直隶总督兼北洋大臣，他悄悄地在自己的势力范围之内，从天津直隶总督府到塘沽的炮台之间架了几条电线，通过电报可以指挥好几个炮台，他觉得特别神奇。他请其他的官员来试，大家都觉得好，就给朝廷打报告，1880年朝廷才同意建电报。从1868年李鸿章提出来到1880年，前后经过了12年的时间，可见清政府的短视。

　　我们再举一个修建铁路的例子，大家知道直到今天铁路还很重要。日本在1869年确定了修建铁路的方针，1870年设立铁道事务局，1872年东京—横滨铁路通车。实际上，李鸿章也是在1872年就提出来要修铁路，他觉得以后会战争不断，各地的农民造反、列强侵略都不会停止，铁路对运兵打仗很有好处。所以，1872年他向恭亲王奕䜣提出，运兵和运货都需要铁路。奕䜣是个明白人，他知道应该修铁路，但是反对力量太强大，他不敢提出来。李鸿章不信，就自己提出来，结果是一片反对之声，说这不是为中国谋，是为敌国谋，是"用夷变夏"。这个口号在中国近代是一顶很大的帽子，"用夷变夏"就是用"狄夷"的东西改变中国传统文化。还有的说，铁路有震动，会震动地神，逢山要开隧道，河上要架桥，就惊动了山神、河神，我们的江山社稷是靠这些神保护的，把它们都得罪了，江山社稷就不保了。还有一说是修铁路会从根本上毁灭中国文化，因为中国文化中重要的一点是"严男女之大防"，火车车厢是一个闷罐子，陌生男女在里边几天几夜，成何体统？"男女之大防"不就没有了吗？所以一次次地反对。李鸿章由于有过建电报的经历，就想复制这个经验，先不予争论，悄悄地做，建完之后大家觉得好就成了。他在自己的势力范围建了北洋水师，因为北洋水师是现代化舰队，需要烧煤，他就提出得建现代化的煤矿，用机械挖煤，朝廷同意了。于是他就请英国人在唐山建了开滦煤矿。李鸿章很狡猾，一方面，他想要做的事情，想方设法一定要做成；另一方面，他会遇到红灯绕道走。当时铁路一词，英语是 railway，中国一直没有术语化，railway 叫什么的都有，有的人叫铁路，也有的人叫新马路、新路、快速路，还有的人叫硬路。李鸿章知道，朝廷最忌讳的是铁路这个词，所以 1879 年他建成开滦煤矿的同时，悄悄地修了一条 9.8 公里的铁路，他在给朝廷的奏折上说，我还修了一条新马路，因为确实也没有规定那种东西必须叫铁路，朝廷根本就没有介意，就批准了。李鸿章最了解中国国情，知道欲速则不达，他建了这条铁路之后，并没有用蒸汽机车拉煤，而是用几匹骡拉着一车皮煤，在铁轨上跑，跑完 9.8 公里卸下来，再用其他的骡车把这些煤拉到北洋水师码头。但是，当时有一个英国的工程师觉得很奇怪，因为他不了解中国国情，认为是中国政府没钱，买不起蒸汽机车。此时正好开滦煤矿有一个锅炉没有用，他就把它改装成了一个蒸汽机车车头，他也没有汇报给李鸿章，就把蒸汽机车弄到了铁轨上。结果，铁轨上长长的车皮，还装满了煤，蒸汽机轰隆一响，附近的人吓得魂飞魄散，觉得这是妖魔鬼怪，马上就报告给了朝廷。朝廷大怒，要求李鸿章拆掉铁路。李鸿章做事总是留有余地，打马虎眼，他知道大家最忌讳的是蒸汽机车，就把蒸汽机车头撤掉，再恢复到用骡拉车皮。他总觉得还是不拆这个铁路，让大家有一个适应的过程。等到 1883 年，中法战争快要爆发的时候，他向朝廷提出来说，要打仗了，北洋水师的煤光靠骡拉不够用，还得用蒸汽机车，朝廷同意了。

铁路在中国的生根，也可以看出洋务运动的艰难，这和日本形成了对比。1869年，日本确定了修建铁路的方针，1870年设立铁道事务局，东京—横滨铁路于1872年首先通车。再看中国，1884年，当时的沿海大臣们，分别从英国、德国、法国购买了舰队，建立了北洋水师、南洋水师、广东水师、福建水师。在此之前，中国没有现代化舰队，都是沿海、沿江的地方官买一些木船，派一些熟悉水性的人在船上，主要是防江盗、海盗。基本上是哪个地方建的，就归哪个地方官管。建立了现代化舰队之后，左宗棠第一个意识到，应该有一个全国统一的管理机构。他给朝廷上奏折说，一定得成立海军衙门（相当于今天的海军司令部），来统一调度海军。李鸿章也意识到了这一点，他在1883年建立舰队之前，就给朝廷提建议说，一定要成立海军衙门，来统一指挥。结果朝廷拒绝了，拒绝的理由是：被洋人欺负太甚，我们用洋人的军舰，已经是无可奈何之事，中国千百年来的传统就是吏、户、礼、兵、刑、工六个职能机构，现在要在政府机构设置中再学“狄夷”，设立一个海军衙门，太丢人了。大家想一想，这又不是政治体制改革要求撤销某个部门，而是地方主动要求把权力交给中央，要求多设立一个部门，朝廷居然拒绝了。可见清政府不仅没有远见，连基本常识都没有。1884年，中法马江海战，现代化的福建水师被法国舰队完全打沉，就暴露出一个问题，没有一个统一的指挥机构，其他的广东水师、南洋水师、北洋水师，很难及时调过来增援。这时候左宗棠、李鸿章就抓紧这个机会，给朝廷打报告说，一定要建海军衙门。朝廷到这个时候才明白建海军衙门的重要性，1885年成立了海军衙门。这件事情说明，清政府总是在付出巨大代价之后，才知道要改革一点，而且建立一个海军衙门，根本谈不上是改革，居然都要付出一个舰队被打沉的代价。另外，中国的政治往往是急不得，但是也不要灰心丧气，总要等机会，等到机会一来，出现重大转机，再趁机提出。

海军衙门成立后，慈禧用她最信任的醇亲王奕𫍽来担任海军大臣。他一上任，李鸿章觉得修铁路的机会来了，就对他说，我的北洋水师很强大，请你到天津来视察北洋水师。奕𫍽从来没见过现代化的军舰，他一视察，发现现代化的军舰确实厉害。北洋水师当时是东亚第一大舰队，大炮打得很准，射击激起的海浪非常高，他觉得站在军舰上非常威风。奕譞非常高兴，李鸿章就趁着这个机会跟他说，这些铁东西这么大，在海上航行靠的是锅炉，用锅炉就得烧煤，我们这一次演习用的煤用骡车拉了几个月，所以必须得修铁路运煤。奕譞从前也是坚决反对修铁路的，现在马上明白了，要修铁路给码头运煤才能够供应上军舰用。奕譞说我支持你修铁路，但是现在条件不成熟，你先抓紧时间把原来那条 9.8 公里长的铁路，往北洋水师的码头修，也不要上奏折，一上奏折就会有反对的，朝廷就会拒绝，拒绝之后再提出来就很困难了。李鸿章有了奕譞的支持，就抓紧时间把这条铁路从开滦煤矿修到了北洋水师的码头。1888 年底，奕譞觉得时机成熟了，就以海军衙门的名义给朝廷正式上奏折说，由于军队要运煤，要求修铁路。这时候，慈禧也拿不准主意，就让各级官员们讨论，这一次支持和反对的各占一半，有位地方大臣张之洞表示支持修铁路，在诸多大臣的赞成下，1889 年慈禧下了懿旨，在全国修铁路。从李鸿章 1872 年提出来修铁路，到慈禧 1889 年同意，中间经过了 17 年。修铁路又不是一件侵害官员利益的事，是带来好处的事，都要经过 17 年，清政府还能作出什么政治体制的改革？清王朝始终坚持自己"天朝上国"的面子，实际上最后是害了自己。

从上述情况可以看出，只要提到学习外国，就是"用夷变夏"，这顶帽子在当时是很大的，包括曾国藩、李鸿章在内的一些官员谁都不敢提，因为顽固派始终掌握着话语权。所以，我认为中国文化中有一种"泛道德主义"的现象，比如说关于要不要建铁路、要不要建电报，他们往往不从资金和技术层面来讨论应不应该，而是首先上纲上线，说你是"卖国"，是"用夷变夏"，是破坏中国传统文化。这个"泛道德主义"的上纲上线，对中国近代的进步起了严重的阻碍作用，这个阻碍作用，到甲午战争就充分地表现出来了。

（二）《日本国志》

在甲午战争前，中国人谁都没想到会被日本打败，实际上有一个人想到了，这个人叫黄遵宪。1877 年，黄遵宪被派往驻日本大使馆做参赞。他从前也跟所有的中国人一样，觉得日本不值一提，但是他到日本的时候，日本明治维新已经进行了 10 年。他是个头脑很灵活的人，跟其他外交官不一样。他马上觉得日本有了大变化，所以写了一本书叫《日本国志》，详细地介绍了日本明治维新以后的政治、经济、军事，尤其是军事方面的变化。但是《日本国志》这本书，却是等到甲午战争打败了，《马关条约》签订以后，才由广东一家叫富文斋的民间书局出版。此书一出版，一下子风行天下，所有人都读这本书。但是人们马上发现一个问题，就指责黄遵宪说，如果早出这本书，我们早知道日本的变化，有可能不会轻易开战，也有可能会做认真的准备，《马关条约》，几亿两白银，台湾、辽东半岛的割让这些事就都不会发生了。实际他们都冤枉了黄遵宪。黄遵宪作为驻日使馆的官员，觉得日本很重要，写成了这本书之后，就交给了李鸿章，希望李鸿章推荐出版。李鸿章也觉得这本书很重要，1888 年就推荐给了总理衙门，希望官员们特别是外交官读这本书，但是总理衙门根本没有理会，就压在那儿了。过了将近一年，黄遵宪又找到了张之洞，张之洞也觉得这本书很好，在 1889 年又将这本书推荐给了总理衙门，总理衙门还是将其束之高阁。到了 1890 年，黄遵宪觉得官方出书无望，就找到了广州富文斋民间书局，还给了一笔钱，希望它能够出版。之后，黄遵宪就被派往英国使馆，那时候联系又不方便，就没有再催促这事。富文斋书局虽然拿了钱，但它也不觉得日本有什么好了解的，就把稿子压着没出。等到甲午战争中国打败了，富文斋出版社突然想起还有一本关于日本的书，赶紧印制，此书印完恰好《马关条约》签订，立即风行天下，一时洛阳纸贵。康有为、梁启超就是从这本书中了解了日本明治维新。这么重要的一本书，为什么总理衙门不出版？这其中是有原因的。

因为 1877 年，总理衙门曾经出过一本书，是中国第一个驻外大使（驻英国大使）郭嵩焘写的。临行前总理衙门让郭嵩焘把所见所闻记录下来，寄回国供官员们了解。郭嵩焘从上海坐船一路到法国、英国，把所记下的日记分批寄给总理衙门，最后总理衙门把他的日记汇编成一本书，叫作《使西纪程》。这本书一出来，引起了剧烈的、几乎全面的反对，因为他介绍了英国、法国的富强繁荣，所以人们攻击他是长敌人之威风，灭自己之志气，是卖国贼、汉奸，言辞十分严厉。慈禧也勃然大怒，下令将这本书毁版不许再印，总理衙门出版这书的官员也受到严责。慈禧还准备把郭嵩焘弄回国来治罪，还是李鸿章设法保护，他才免于判刑。经过这场风波，哪还有人敢出一本介绍日本好的书呢？后来的事情也证明了，总理衙门压着这本书，起码对他们自己是有利的，说明他们对当时朝廷政治形势的判断是准确的。因为1890年郭嵩焘去世，念其从前对清朝还是有过大功的，李鸿章总觉得朝廷对他有点不公，就给慈禧上奏折说，他人已经死了，能不能给封个谥号，被慈禧一句话否决了，说他写的书倡导异端邪说，不治他的罪就罢了，怎么可能封谥号？可见朝廷反对出这种书。清王朝总是要在经过巨大的挫折之后才明白道理，这就是它的一个悲剧。从对待《海国图志》《使西纪程》《日本国志》这三本书的态度，我们看到了清王朝的一个基本的对外态度和它的悲剧命运。

三、白缴了学费

中国人在甲午战争失败后开始反思，通过了解日本明治维新，开始从制度上找原因。一个最直观的认识就是政府对于经费的使用不受限制，这还与慈禧动用海军军费为自己修建颐和园有关。1889年慈禧同意在全国修铁路，但是当时政府没有钱，因为李鸿章是以给海军码头运煤的名义提出修铁路的，所以修铁路的钱都是由海军衙门打的报告，从海军军费里出。实际上慈禧要修颐和园、要祝寿，大笔的费用也都是用海军的钱。为什么？这得从颐和园的立项说起，海军成立以后，海军大臣奕譞说，现在我们有了海军舰队，有了海军衙门，但是还没有海军军官，应该成立海军军官学校，于是就在北京西郊挖了一个湖，命名为昆明湖，建立大清帝国海军军官学校，这就是颐和园，所以颐和园的立项是海军军官学校。因为慈禧也知道，在那么困难的情况下，用国家的钱为自己修园，恐怕历史上会留骂名。她就让海军出钱修，如果查档案，颐和园是帝国海军军官学校。因为修铁路、修颐和园都用了海军军费，所以就使北洋水师受到了影响。我们的北洋水师成军比较早，北洋水师成立之后，日本觉得受到

中国第一艘装甲甲板巡洋舰——清朝海军"济远号"巡洋舰　　　　文化传播／供图

了威胁，也开始建舰队。而我们的北洋水师在 1888 年成军之后，就没有买过新的军舰，甚至连正常的维修也没有，弹都不能满舱。这 10 年之间，军舰的动力系统发生了重大变化，日本的舰队，虽然总吨位比北洋水师小，但航速和火炮的射速都比北洋水师快。因为北洋水师没有钱，李鸿章当时提出来要维修更换锅炉，根本不可能实现。日本为了建设海军，天皇首先做示范减少宫廷开支，全民捐款买舰，又通过财政拨款，发行公债、发行海军债券，得到大量的融资。可以对比一下，一个是把自己的宫廷开支缩减用来买军舰，一个是把买军舰的钱用来给自己修花园，可以说不用打仗，胜负已经大体决定了。

　　这件事情就给先进的中国人一个重要的启示，尤其看了《日本国志》，觉得重要的是日本有国会，政府花的每一笔钱都要经过国会辩论，不能乱用。而中国的政治文化传统是，国家就是皇帝的，他想怎么用钱就怎么用钱，从来没有皇帝用钱得经过国会批准的。只能说如果是个开明的好皇帝，他知道应该怎样用；如果是个不开明的或者昏庸的皇帝，把钱用错了，没有任何一个机制能够制约他。事实证明，由于统治者随心所欲地乱花钱，他当时觉得很爽快，后果则不堪设想。实际上甲午战争是清王朝走向灭亡的重要一步，而这一步恰恰是跟慈禧乱花钱有重要的关系。所以一定要有一个机构，限制或者讨论哪一笔钱怎么花，花到哪儿。虽然它会影响一些效率，但是这是现代国家必须走的一步，只是怎么个走法，是另外一码事。

这时候康有为、梁启超等少数中国人意识到了这一点，觉得中国要学日本维新变法，这也是甲午战争的一个后果。他们就说动了光绪皇帝进行维新变法。康有为、梁启超特别了不起，当时刚刚签订完《马关条约》，甲午战争中国被打得那么惨，那么多人被杀，还割让了台湾、辽东半岛，中国人对日本同仇敌忾。他们在那个时候提出来一个口号说，要看到敌人的长处，要以强敌为师，日本有优长，中国要学习日本。在那个年代，他们提出来中国应该学习日本，除了他们的见识以外，还要有勇气，这是一种理性的爱国精神。

按道理讲，甲午战争付出这么多的学费，统治集团中最有权威的人，或者绝大多数人就应该认识到，应该改革了，应该重新作出来一些政策调整了。但是，这个任务是由广东两个毫无政治经验的书生来承担的。康有为当时 40 来岁，梁启超才 20 来岁，连知县都没有做过。他们没有任何政治经验，只是提出来一个很好的改革观念。但是光绪皇帝也找不到其他人，当时在整个官僚体系内，支持改革的人极少，所以只能用康有为、梁启超这样一批没有权力的人，给他们任命一些官职，进行戊戌维新。但是由于反对力量太强大，变法只进行了一百天，就被慈禧镇压了。中国付出这么大的代价，本应该是整个统治集团认识到应该进行改革，但是统治者不但没有吸取教训，反而把革新派镇压了，等于说中国这笔学费白缴了。

四、"天朝"体系的最后崩溃

甲午战争的另一个后果是使"天朝"体系最后崩溃。我已经讲到，中国当时是"天朝上国"，周边其他国家都是中国的藩属国，要给中国进贡。但是从鸦片战争之后，一些国家就逐渐停止向中国进贡了。据查，老挝最后一次向中国进贡是 1853 年，进完贡回去的时候，太平天国运动已经开始了，它进贡的人被抓，知道中国发生动乱，就不再向中国进贡了；越南在 1884 年变成了法国的殖民地，也没法向中国进贡；缅甸成了英国的殖民地；琉球被日本吞并了。所以，到甲午战争之前，中国只有唯一的一个藩属国就是朝鲜。甲午战争中国失败，《马关条约》第一款就确定："中国认明朝鲜国确为完全无缺之独立自主，故凡有亏损独立自主体制，即如该国向中国所修贡献典礼等，嗣后全行废绝。"这就意味着"天朝"体系的最终崩溃。

五、日俄战争，清王朝的覆灭

甲午战争还证实一点，就是战争的遗产如果处理不好，会导致新的战争。

《马关条约》除了将台湾割让给日本以外，还有一条就是将整个辽东半岛割让给日本，这一点触犯了俄国在中国的利益。俄国联合法国、德国在《马关条约》签订后不久，就正式向日本提出照会，必须把辽东半岛归还给中国，同时三个国家的舰队也在日本海上出现，对日本形成了威慑。日本知道敌不过三国，只好同意把辽东半岛还给中国。当然为了妥协，俄国又让中国政府付给日本一笔"赎辽费"作为补偿。所以，甲午战争不仅使中国人觉得奇耻大辱，日本人也觉得奇耻大辱，明明吞下去的东西，硬是被迫吐了出来，而且还是被毫不相干的俄国人强迫。俄国也觉得，帮助中国要回来那么重要的一块地方，总要得点好处，所以就要求在中国东北修铁路，租借旅顺、大连为军港，等于说东北成了俄国的势力范围。

对于甲午战争的"奇耻大辱"，日本一直耿耿于怀，它突然意识到，自己只是东亚强国，还不是一个世界性的强国。经过"十年生聚"，它已经做好了充分的准备，在 1904 年突然发动了日俄战争。所以 2014 年又是日俄战争 110 周年，日俄战争对世界、对中国的影响不次于甲午战争，因为谁都没想到，日本那么小一个国家，跟当时的世界强国俄国打，能够打赢。它的胜利给整个亚洲，或者是非白种人国家一个巨大的激励，包括中国人在内。因为开始打仗的时候，中国两派就在预测谁能赢，是在中国的东北打仗，但是中国人更关注谁能赢。

少数人像流亡海外的康有为、梁启超，认为日本能赢，因为日本的政治制度更先进，它是君主立宪国家。而反对君主立宪的人认为俄国能赢，因为俄国是世界强国，又是沙皇君主专制，君主专制就比君主立宪效率高。结果打了一年多，日本赢了，日本一赢，就给了我们今天称之为第三世界的国家以特别大的鼓舞。因为世界近代史以来，一直是欧洲的白种人到处殖民，到处侵略，从来没有一个有色人种能够打败欧洲白种人国家，这是第一次一个亚洲的黄种人的国家，打败了欧洲的白种人国家。人们一下子意识到，原来不是人种问题，是政治制度问题，只要政治制度先进，小国也能打败大国。戊戌变法之后，康有为、梁启超流亡到海外，对于他们的君主立宪主张，没有多少人支持。但是日俄战争使中国政治版图发生变化，人们突然觉得，立宪能强国，日本就是个例子。所以，从前不关心或者反对康有为、梁启超的人突然支持立宪，从 1904 年到 1905 年，支持维新立宪的人风起云涌。

日俄战争后，日本也有变化。在日俄战争之前，日本从明治维新起，就觉得要全盘学习西方。它最早提出来一个口号叫作"洋才和魂"，类似于中国的"中体西用"，意思是说可以用外国的枪炮，但是真正灵魂的东西应该是日本的。后来，又改口号叫作"脱亚入欧"，至少从观念上想全盘西化。但是，日俄战争使它的民族自信突然高涨，原本一股不占主流的"归亚"思想，成了一个占主导地位的思想。所谓"归亚"具体来说就是：对内发扬日本传统、武士道精神；对外认为亚洲一直被欧美白种人所侵略，现在得由日本来统治亚洲来和白种人抗衡，同时也加快了侵略中国和其他国家的步伐。

所以我认为，如果一场战争的遗产处理不好，会导致另外一场接一场的战争。日俄战争日本胜利之后，就要求和俄国平分在中国东北的权益，要把长春以南的铁路归日本，可以像俄国一样在铁路沿线驻军。外国军队在一个国家的领土上驻军，就很容易制造一些事端。所以后来就直接引发了九一八事变。从甲午战争到日俄战争，再到九一八事变，一环扣一环。2014 年是第一次世界大战爆发 100 周年，1919 年第一次世界大战结束，签署《巴黎和约》，就为第二次世界大战埋下了隐患，因为它遗产处理得不好。当时英国经济学家凯恩斯参加了和谈，他只是一个小小的官员，地位不高。作为经济学家，他认为如果对德国的制裁过重，德国赔付不起，会造成巨额的通货膨胀，最后德国就会复仇。但是当时没有人接受他的建议，他就退出了。他回到牛津大学当了教授，第二年写了一本书叫作《和约的经济后果》，他认为迟早会爆发另外一场战争，这场战争是德国的复仇，后来的第二次世界大战就证明了他的预见性。所以对战争的遗产一定要慎重地处理好。

日俄战争在中国引起的后果，是政治力量的改变。此时中国政坛出现了三支力量：一个是同盟会，即革命党人，虽然这时候力量非常弱小，但是已经形成力量；一个是立宪派，力量特别大；一个是清政府，要维持现状。立宪派的基本观点是，人都是有理性的，都是想不通过革命、造反这种激烈的行动，而是通过自上而下的改革。所以梁启超虽然被清政府通缉，他一直和革命派论战，说革命的震荡会使老百姓受苦，会血流成河，要相信清政府会改革的，一定要使政府从上而下地改革。孙中山就揪住一点说，不经过流血的改革是最好的，但是一个大前提是清政府得改革，如果它不改就得革命，我断定它不会改革。在双方的论战中，大多数人支持梁启超，因为绝大多数人是有理性的，不希望社会经过大动荡而达到一个目的。经过甲午战争和日俄战争，大家都觉得中国要立宪，要改革。清政府在压力之下，突然决定在1906年宣布进行改革，预备立宪。这时候，人们欢声雷动，到处是游行、庆祝，高呼"大清王朝万岁！"认为能避免革命之苦了。这样一来，原本支持革命的人就不多，现在就更少了。慈禧下了懿旨，说要政治体制改革，要立宪等等。但是由于现行的行政机构还很落后，所有的现代化的部门都没有，得先把这些建立起来，才能进行政治体制改革。用我们今天的话说，就是得先有行政改革才有政治体制改革，这个路线图是对的。这时，支持清王朝的人很多，就没有多少人支持革命党了。问题是行政改革要裁撤一些机构，就触犯到官员的利益，关键时刻，一个隐藏了一二百年的矛盾暴露出来了，就是满汉矛盾。慈禧在最后确定的官制中，列了几个方面不能改变，其中最重要的是军机处不能撤，此外还设立了一些新的部门。改革方案一出来，天下哗然，满族官员的权力更大了，汉族官员的权力更

小了。这时候的慈禧可能是昏了头了，她
新成立一个外务部，外务部大臣由汉族官
员担任，想以此说明对汉族官员的重视，
但是恰恰弄巧成拙，其他各个部都只有一
个尚书，唯独在外务部上面又设了一个管
部大臣，而这个管部大臣是由满人来担任
的，这让大家觉得整个改革是假的。这时
候，立宪派起来抨击她，因为立宪派知道，
如果清政府不改革，就可能引发革命，而
他们是坚决反对革命的。革命派就很高兴
了，因为他们早就预言清政府不会改革，
支持革命的人就多了起来。

19 世纪 60 年代的慈禧

　　1908 年夏天，正当立宪派在国内活动
激烈的时候，传说梁启超要回国领导立宪
派运动。慈禧发了一个通缉令，说梁启超
是叛国的头号罪犯，要求沿海、沿江的总
督大臣发现梁启超，可以就地正法。这就证明，此时慈禧还惦记着 10 年前梁启
超卷入她与光绪皇帝权力之争的事。此事就更加证明孙中山说的是对的，清政
府不会改革。梁启超很悲哀，他写了一篇文章，已经承认了中国改革的失败。
实际上从 1905 年起，中国的前途是革命还是改革，就有两种力量就在赛跑，只
要清政府出台一个政策，就会导致革命和改革力量的升降，而清政府每出一台
政策，几乎都使支持革命的人越来越多。清政府对于梁启超的通缉令一出，立
宪派就很悲哀，梁启超是他们的领袖，而他们在国内是合法的，是主张反对革
命的，结果他们的领袖被作为最大的通缉犯，他们还能说什么？梁启超就写了
一篇文章，名字叫作《现政府与革命党》。这篇文章有一句话特别精彩，他说：
革命党者，以扑灭现政府为目的者也。而现政府者，制造革命党之一大工场也。
实际上他知道，清王朝不改革，最后很可能是他最不愿意看到的大动乱、大革

命的下场。这时候，立宪派很着急，他们都是士绅，越是中产阶级以上的有钱人，越是希望社会稳定，不希望激烈的变革。他们认为清政府不改革，很可能引起革命，革命的后果很可怕，他们就希望督促清政府改革。

清政府到底是真想改革还是假想改革？这一点历史学家也有争论。我认为是真是假，就看标准如何定。标准定低一点，可以说它是真心想改革；标准定高一点，它是假想改革。最重要的是看它当时的受众，它的社会基础认为它是真是假。作为它的社会基础，那些士绅认为它是真，哪怕它是假的，它也能存在下去；如果那些社会基础认为它是假，哪怕它是真的，它也搞不下去。这是一个政府公信力的问题，政府公信力丧失有几个信号，第一，政府有时候也会有谎言，政府的谎言没人相信，这就是政府公信力下降的一个非常重要的信号；第二，我觉得更重要的信号，政府说的是真话都没人相信，大家宁愿相信各种流言蜚语，这样一个政府已经是岌岌可危了，这是一个政府最危险的信号。

这时候，立宪派想通过压力来促使清政府改革，于是他们就在国内发动了和平请愿运动，但是清政府一次次地拒绝甚至镇压，致使本来最温和的立宪派越来越激进。尤其是 1910 年，中国的立宪派温和派迅速地激进化，第三次请愿时，全国大商会的领导都来参加，要求清政府立宪。上海商团的代表是上海商会的副会长沈缦云，他与军机大臣庆亲王奕劻比较熟悉，就向奕劻介绍说形势很危急了，希望朝廷赶紧立宪。奕劻对此完全没有感觉，他觉得天下是爱新觉罗的，只能我们说了算，哪能轮到你们几个商人让我们干什么？就拒绝了。沈缦云突然发现清王朝的最高统治者完全意识不到危机，所以第三次请愿还没有结束，他就带领着上海商会代表团回上海了，临走之前他说了一句话，特别精彩也特别悲哀，他说："釜水将沸，而游鱼不知，天意难回，人事已尽。"他一回到上海，就领导上海商会集体加入同盟会。革命和改革的赛跑，到这时候革命几乎就赢了。

此时清政府也感觉到了压力，它在 1911 年 5 月初，决定撤销军机处，成立内阁。但是它恰恰违反了立宪一个最基本的原则，因为君主立宪，皇族成员是不能当内阁阁员的。但是中国的传统认为天下就是皇家的，非要当官才表示爱新觉罗是这个国家的统治者，就派了好多皇族成员当部长，总理是庆亲王奕劻。结果立宪派就更失望了，他们总觉得这会引起革命，其中有一些人就觉得确实不能跟清王朝在一起了，就有更多的立宪派商人去跟革命党人联络，而清王朝还没有意识到这一点。那些最富有的人往往是最希望社会稳定的人，不希望社会有剧烈的变动。他们就去跟庆亲王谈判，说按照规定，各部的部长不能由皇族成员担任，我们可以妥协一步，希望朝廷也妥协一步，内阁总理大臣就别由皇族担任了，找个一般的满族人担任就可以了，结果朝廷还是把他们训斥一顿。这时候连最富的人也知道，不能再跟朝廷在一起了，就和清王朝产生了巨大的离心力。

没过多久，清政府又为自己的倒台加了一把火，1911 年 5 月又出台了一个"铁路国有"政策。清政府后来允许修铁路，但因为没有钱，就允许民间修铁路，组办铁路公司。这时候，清政府跟美国几家银行谈判成功得到了大量的贷款，知道铁路能赚钱，就要把铁路收归国有，但又不愿意按照市场价去赔偿，就想低价收购。这就引起了川粤商人的强烈反对，开启了"保路运动"，进而引发了湖北武昌新军的起义，辛亥革命爆发。

我有一个观点，是立宪派、商人和士绅决定了清王朝的成败，革命派只是革命的导火索。革命开始的时候，湖北的立宪派首领、大商人汤化龙当场就表态支持新政府，并要求东南各省的立宪派都支持，结果东南各省的立宪派纷纷支持革命。比如说江苏省，跟巡抚陈德泉商量一起革命，之后就独立了，一点暴力都没有。为了显示是"革命"，只是拿着竹竿把巡抚衙门上的瓦捅掉两块。湖南省稍微打了一仗，内外接应就把长沙攻克。其他很多省几乎就没开枪。广东省在 4 月份黄花岗起义的时候，打得那么厉害，而在这时候，商会领导跟两广总督商量独立。两广总督说，我是清朝的官员，但我不反对你们，我自己偷偷跑了，你们就宣布独立吧。

这里有一个很重要的现象，研究对比太平天国的时候，太平军攻下一个城，很多的汉族守城官员自杀、殉节，死忠于大清王朝。而这时候汉族官员只要一被动员，就都起来革命了，没有一点心理障碍，为什么？归根到底，还是清政府 1906 年的改官制，让满族人拥有绝大多数的权力，这是一个政府政策的失误。就是对官员而言，它划定了一个高度清晰的利益圈，而这个利益圈又太窄、太清晰，汉族官员不在利益圈之内。一个高明的统治，这个利益圈应该是模糊的，不让每个人都觉得有一个很明显的利益圈，自己是圈外之人，一切政策为这一少数核心利益圈之内的人服务。

中国的近代史始于 1840 年，实际上真正的一些变化，是从甲午战争之后才开始的。甲午战争之后，清政府本应主动改变，但是，清政府总是非常被动地变革，总是在下个阶段才做上个阶段要做的事。下个阶段做上个阶段做的事，就要求做得更多，它又不愿意做得更多，结果就越积压越多，最后是一个总崩溃。1911 年 10 月 10 日辛亥革命爆发，到 1911 年 10 月 30 日，已经有十几个省宣布独立了，清政府一天之内下了三个诏令：释放政治犯；可以组党；制定了宪法"十九信条"。但是已经没有人信了。所以清政府总是步步被动。

任何一个社会、任何一个时代，总会有少数的边缘人，对这个社会、政权充满了敌意，要推翻它。但是，如果一个社会是比较良性的社会，不断地改革，不使矛盾尖锐，那种人永远是社会的边缘，不可能成为社会的主导；但是如果这个体制本身有问题，又不去改革，不能调试适应变化的矛盾，这个矛盾就会越来越尖锐。这时候，民众甚至会有一种情绪，宁愿和你同归于尽。当这种情绪成为普遍情绪的时候，就为那种最边缘、最极端的人物提供了一个土壤，使他们一跃成为主导社会变革的人，成为历史风云人物。

甲午战争还给我们另外一个启示。甲午战争前，中国曾经是当之无愧的东亚第一。甲午战争使日本崛起，确立了它东亚第一强国的地位，再通过日俄战争，确定了世界强国的地位。我们知道，普法战争是因为德国的崛起，第一次世界大战也是因为德国的崛起，第二次世界大战还是因为德国的崛起。就是说在人类历史中，地区的军事均衡总是相对的，几十年、上百年，总会有原来的弱国变为强国，原来的强国相对变弱。如果说每次这种力量的均衡变化，都要通过战争来定格，人类将永远无法摆脱战争的后果。所以我认为，人类应该有智慧，在 21 世纪不通过战争的形式，来为地区力量的强弱变化定格。

通过甲午战争了解战争本身意义有限，要通过战争了解整个近代史，了解战争怎么发生的，中国为什么会失败，它的后果又是什么。这个对我们了解历史更有意义。

（讲座时间　2014 年）

张　帆

元朝对中国历史发展的
影响

张　帆

　　张帆，1967年生。1992年于北京大学历史学系取得历史学博士学位。北京大学历史学系教授。曾任北京大学历史学系主任、中国元史研究会会长、中国蒙古史学会副会长。

　　主要从事元史、中国古代政治制度史等领域的研究。著有《中国古代简史》《辉煌与成熟：隋唐至明中叶的物质文明》《元代宰相制度研究》。合著《元代文化史》《中国历史·元明清卷》等。发表学术论文 50 余篇。曾入选"北京市新世纪社科理论人才百人工程"和教育部"新世纪优秀人才支持计划",并两次荣获国家级教学成果二等奖和北京市教学成果一等奖。所编教材《中国古代简史》获北京市教委颁发的"北京高等教育精品教材"称号。

元朝是我国第一个由北方民族建立的统一王朝,也是唯一一个由草原游牧民族建立的统一王朝。纵览元朝的史事,各方面都显示出它在中国历史上占据着比较特别的位置。元朝的建立和统治延续了百余年。在这段时间过去以后,我们再看它给历史留下了哪些影响,这不但是一个值得讨论的问题,同时也关涉到现在对元朝的定位与评价。

我们应该明确,应当如何界定元朝对中国历史发展的影响。在元朝统治期间发生了很多事情,历经十多个皇帝,它的各种政策、制度也比较复杂,那么

元朝建立者忽必烈画像

其中哪些因素对以后的中国政治、社会发展产生了作用，这是需要加以鉴别的。对此我们可以有几方面的理解。

第一，有些东西是自然发展的，从逻辑上推断，没有元朝，它们也会呈现出这样的状态，最多是进度、规模稍有差异而已。虽然说历史不能假设，然而发展趋势确实如此。比如过去人们经常讲的，元朝时期程朱理学开始在全国思想界占统治地位。但实际上，程朱理学占据统治地位是一个自然的趋势，当时社会上对于这个学派的确表现出一种普遍接受的倾向，即使元朝不曾出现，它也会如此。还有讲到元朝的经济发展成就，人们经常谈到棉花种植的推广，也是一样的道理。没有元朝，棉花种植也会逐渐推广，它作为成本较低、产量较大的一种纺织原料，在当时社会上确实有很大的需求，而且逐渐有了推广的条件。又比如说在俗文学方面，杂剧、散曲等体裁在元朝以前就有一定的基础，没有元朝同样也能发展起来。因此上述种种，严格说来都不能算是"元朝对中国历史发展的影响"。

第二，还有这样一种情况，元朝的确带来了某种影响，但在元朝灭亡之后，这个影响就逐渐消失了。举例来说，比如对不同区域和民族的人群给予区别对待、读书人社会地位下降等现象，在元朝灭亡后并没有被延续下去。这些虽然可以算是"元朝对中国历史发展的影响"，但比较次要、不够长远，因此我们在这里也暂时不予讨论。

第三，把前两种情况排除以后，我们会发现在元朝统治下的社会的确出现了某些现象，它们和前面的历史基本接不上，但和后面的历史能接上，并没有随着元朝的灭亡而消失——这才是最主要的"影响"，也是我们重点要谈的。值得注意的是，这里的其中相当一部分影响与金朝有关。金、元都是北方民族建立的王朝，前后相承，对中国历史有相同方向的推动。在很多时候，金朝和元朝对历史带来的影响是混在一起的，很难截然划分；然而，毕竟金朝的疆域和统治时间都较元朝有限，所以它的影响会比较小。下面要谈的问题，或多或少都有金朝的背景，但是无论如何，元朝的影响是主要的。以上就是我们在进入正式讨论之前的一些梳理和交代。

一、"大统一"

元朝影响的第一方面就是"大统一"。在这里加上"大"字，也是对元朝统一范围的强调。在元朝之前，现今中国版图上的区域呈现多个政权分立的局面，元朝分别将它们收入囊中，出现了久违的统一格局。与此同时，元朝领土的统一规模也要大于过往王朝，比如之前的北宋，其统一区域其实只局限在汉族地区，较元朝而言要小得多，这两种"统一"并不是相同的概念。再比如被我们称之为"盛世"的汉唐，这两个朝代的统治者的确曾经开疆拓土，打了很多胜仗，其版图一度也很辽阔。然而跟元朝相比，汉唐时期尚未对边疆地区形成稳定的控制，大规模的统一往往也是短期，甚至是瞬时存在的局面，或者是仅仅维持着名义上的朝贡体制。

从上述两方面来看，元朝"大统一"的广度和力度确实要超过以前的所有王朝——这不仅被历代史家公认，频繁地在官私史书的记载中出现，而且元朝人在当时就对此津津乐道。对国家统一、版图辽阔以及统治稳定的歌颂，可以说是元朝的"时代主旋律"，从而体现出元朝人对于自身所处朝代的一种理解。由此，我们不妨顺便谈一个问题，即元朝能否代表中国？就主流观点来看，元朝统治者的入主中原、建立政权，存在一个汉化的过程；他们接受了汉族社会的典章制度，也确立了儒家思想的指导地位。就中国古人的家国观念而言，他们对于文化传承的重视要高于血缘，少数民族政权如若接受了中原传统的制度与文化，就会获得人们的认同。这种观念当然与我们今天对于领土国家、民族国家的认知有所区别，更多程度上是一种"文化国家"观念的体现，但它的确在中国古代占据着主导性的地位。

　　我们可以注意到，讴歌元朝的辞章基本都是由汉族文人所写，他们显然是把元朝当作中国的一个朝代来讨论，同时自然而然地将元朝与以前各朝进行比较，以彰显元朝的优越。如果我们问他们这个问题："你认为元朝能代表中国吗？"他们肯定觉得可以，或者说他们不会觉得这是个需要讨论的问题。当然，在宋元之际，有少数秉持坚定汉民族主义立场的知识分子，坚持不与元朝合作，他们确实认为元朝不能代表中国。但是总体而言，这样的人非常少；随着时间的推移，持有这种观点的人慢慢也就没有了。总之我们现在可以说，在元朝统治时期，绝大多数人还是接受了这个政权，认为它能够代表中国。

　　元史学家周良霄先生曾经专门探讨过元朝统一问题，就其影响做了四点归纳。第一，它初步奠定了中国疆域的规模，为我国现今版图轮廓在清朝的最终奠定提供了不可或缺的基础。第二，元朝的统一换来了国内相对和平与安定的大环境，为南北方经济的恢复和发展创造了条件。第三，它推动了中华民族多民族大家庭的发展，促进了汉族与其他民族的融合与交流，并且逐渐形成了回族、蒙古族等新民族。第四，元朝的统一带动了科学文化的发展，同时进一步拓宽了东西方交流的通道，比如宗教的传播、时人对于域外地理知识的了解的增多，都与此有关。从这几方面我们可以看出，统一确实是元朝的重要贡献，它为中国的历史发展带来了很多积极影响。

　　比如说，我们都知道元朝颁布了一部著名的历法，即由郭守敬编制的《授时历》。凭借当时的天文观测技术与相关理论，他采集、分析并最终推算出来的各种数据，其准确程度都跟近代

北京市海淀区文化雕塑墙的雕塑：郭守敬与《授时历》
尤亚辉/供图

科学水平相当接近，于是《授时历》也向来被视为一部先进、精密的高水平历法。根据历史记载，郭守敬在全国各地分别设立了 27 处观测站，它们跨越了很大的纬度范围，北到西伯利亚、南到南海诸岛，为广泛收集原始数据营造了充分的条件，而这无疑得益于元朝的统一以及辽阔的版图。

元朝统一造就的强盛国力，将传统的朝贡外交体制发展到了一个新的高度，推动了中国与其他国家地区的联系。这也大大拓宽了元朝人的眼界，他们对世界的认知较前代变得丰富起来。我们现在能看到当时人绘制的世界地图，虽然比例不尽准确、细节也多有疏漏，但不论是在图上标注的众多域外地名，还是大体呈现出来的地理轮廓，都能反映出元朝人对于当时世界地理格局的认识超越了前代。就文字史料而言，比如元朝航海家汪大渊在其著作《岛夷志略》里详细记述了他的旅行见闻，涉及 200 多个国家和地区，是研究古代亚非区域历史地理的珍贵资料。还有一些重要的地方志，如《大德南海志》，记载元代广州地区赋税、物产、对外贸易等情况，也间接涉及了许多海外地理知识。这方面的积极影响其实并不限于元代一朝，明朝初年郑和下西洋依赖的各项基础，诸如航海技术和海外地理知识等等，其实都跟元朝的"大统一"息息相关。

二、专制的强化

元朝影响的第二方面是专制的强化，这可以说是具有消极含义的。我们不妨先作一个简单的辨析，即一般人提到"元朝给历史发展带来的消极影响"，首先想到的可能是战争破坏与烧杀抢掠；但是如果以长时段的眼光观察历史，就会意识到这种事情可能并不算是最根本的消极影响。中国历史上经历了多次改朝换代，大都造成比较严重的破坏，这并不完全是由新王朝统治者民族属性造成的。同时，这些破坏又会在之后的时日里得到逐渐恢复。因此，我们更需要重点关注的是一些能够长期发挥影响的因素，比如政治体制或者政治理念的变化。通过对元朝政治生态的考察，我们会发现它和前代有所不同，但却影响了其后的朝代，显示出元朝在其间的影响——这也是我们主要讨论的内容。其中较为突出的一点便是专制的强化。

在这里我想插一句，历史教科书一般都会把中国古代政治体制称之为君主专制，专制主义、专制集权这类词用得也很多。关于这些词到底应该怎么用，学界有很多讨论。有些学者认为"专制"一词对于中国历史并不贴切，它反映的是西方人对于东方社会的一种偏见，因此建议不要用"专制"来描述中国历史。这方面的争论比较复杂，没有时间细讲。不过，我认为"专制"这个词可以用，它比较能够说明中国古代王朝的特征，同时我们的历史课本对这个词一直也都是接受的。

作为一种政治体制的君主专制，自秦朝建立以来，在之后的历史发展中有着漫长的演变过程。到了唐宋时期，特别是在宋朝，专制程度其实已经有所削弱。就好像是拧螺丝一样，拧得不是那么紧了。但是到了元朝，就又将螺丝拧紧，专制重新加强，并且直接影响到其后的明朝和清朝。

中国秦朝以下的政治体制，以君主专制为前提，以官僚机器为统治工具。官僚机器自身有一套相对成熟完善的运行规则，君主在很多时候也需要尊重以及遵守这套规则，形成一种制衡状态。而且，官僚机器在运行过程中，也倾向于把君主囊括其中，按照规程实行统治。这样的制衡状态，在宋朝表现得比较典型。宋朝统治的总体特色表现为做事不太走极端，士大夫群体的自主性比较强，不同意见、不同势力相对来说可以互相包容，讨论重大决策时也能尽量做到集思广益——有这样一些在今天可以称为"开明专制"的做法。诚然，其统治有效率低下、程序庞杂烦冗等缺点，但是无论如何，专制程度明显有所削弱。而明朝的情形却显然不是这样。比如我们都知道明朝有一种被称为"廷杖"的做法，官员因为与皇帝意见不一致，说了皇帝不爱听的话，于是就被恼怒的皇帝下令暴打一顿，打死或者打残的现象时有发生——这就又变回了典型的"家天下"做法，即更接近一个家长在责罚仆人，而不是讲道理、按规则地进行管理。大家都知道明朝的廷杖，但不一定注意到，杖责臣下以显示权威的做法，在金、元两朝已经比较常见了。

总之，宋朝的君主专制能够容纳一些近似"民主"的成分，君臣相对都比较理性，有事情可以协商，不讲道理、肆意妄为的情况比较少。与之相反，明清时期君主的专权及其蛮横程度却明显提高，这就跟金朝、元朝这两代的政治氛围有很大关系。金、元两朝的统治者来自北方民族，其社会与国家的发展形态当时都还处于早期阶段，君主权力至高无上，官僚机器很难对其形成约束，反而被其高度控制。君主具有明显的为所欲为倾向，把整个国家视为己有，或者说是以一种家长的身份统治国家、掌控政权；所有人只能无条件听命于统治者。应当说，早期国家的政治生态大都有这种特点，也就是我们刚才所说的"家天下"。因为国家的治理机构、管理制度都不健全，需要仰仗和依靠君主的个人魅力、个人权威进行统治。而这样的统治者对于国家的管理，其实也不过是对家庭管理的一种直接放大。所以在这种情形之下，君主和官员的关系就不完全是上下级关系，更像是一种主仆关系，甚至是主人与奴隶的关系。统治阶级的内部关系在中国历代的表现各不相同，金、元两朝把北方民族社会的主从隶属关系再一次带到了中原王朝的政治领域，使得"家天下"的色彩大大强化。

所谓"家天下"，指的就是帝王把国家、土地和臣民都当作自家的私产来看待。与其相关的一个重要表现就是分封制。自秦朝开始建立中央集权以来，分封制随着时间的推移逐渐式微。唐宋时期，国家至多封给皇族一个表示相应待遇的头衔，不会再将一片土地直接分封给他们。不论是作为政治理念的"家天下"，还是作为政治制度的分封制，到宋朝都已相当淡化；然而到了元朝，却都又进一步强化起来，包括注入了草原分封制的因素。这也深刻影响到后面的明朝，以至于出现了"靖难之役"这样的藩王叛乱夺位事件。

另外，宋朝统治者一般不会处死官员，这种做法被称为"不杀大臣""不杀士大夫"。在政治斗争中被打倒的一方，不会被直接处死，这体现出宋朝政治气氛的理性化。然而，这种情况在元朝就有了显著改变，不要说一般官员，宰相被杀也是常有的事。这本质上也是一种"家天下"统治理念的体现：无视规则流程和法律体系，决策与日常行政运作往往被统治者的个人好恶所支配；统治者的权力无从约束，甚至无限膨胀。到明朝、清朝，对政治斗争失败者的直接消灭同样十分普遍。

不过，元朝在政治领域专制的强化往往主要停留在理念层面。草原游牧民族出身的统治者并不擅长细致严谨的管理工作，往往只习惯于搭建粗线条的大致原则，具体的贯彻执行则疏漏百出。于是就导致了一种奇怪的现象，一方面元朝皇帝要总揽大权，官员群体并无独立的地位和权力可言，更像是为其"家天下"费心操持的管家和仆人；另一方面，皇帝自己其实又不怎么管事，对细化皇权并且逐一落实的过程缺乏经验与耐心，因此使得以元朝丞相为典型代表的若干官员，实际上又掌握着比较大的权力。这种情形在明朝初始就被朱元璋彻底颠覆，他甚至直接把宰相制度废除了——元明两朝在这方面的表象的确很不一样，然而就其本质而言又并无区别，二者所蕴含的深层政治理念是相同的，都是对"家天下"形态的强化，这无疑也体现出历史复杂的一面。

元朝的专制强化，在狭义层面是皇权的加剧和扩张，就广义以及相关问题而言，诸如君主与臣民的人格差距、对臣民的人身控制、蓄奴现象等，其实也都有相应的表现。贯穿中国古代历史的君主专制政体，其实是一种"大政府、小社会"的治理模式，强调国家对社会的紧密控制。这样的情形也是到了唐宋，特别是在宋朝有所好转。比如，宋朝官府对于老百姓的人身控制，相对而言比较松，诸如人口流动、户籍迁移等事宜，虽然不至于非常随意，但总体来说还是相对容易；择业方面的自由度也还算宽裕。元朝的户籍管理就比宋朝严格很多，其中的"诸色户计"制度，就是元朝加强社会控制的鲜明例证。所谓"诸色户计"，就是将居民按职业划为若干种户，推行全民当差服役的制度；职业一经划定，便要承担相应的赋役，世代相承，不得更易。元朝统治者把国家的各项需求分解到不同行业，由此将社会成员的身份与职业固定下来，当作工具使用。皇帝或国家对百姓的人身控制明显强化，这自然是专制的表现。之后的明朝也是这样的情形，一直到明朝后期才又慢慢地放开。

我们还可以就蓄奴问题多说几句。中国传统社会早先一直有很强的奴隶制因素，不过也是在宋朝时得到了相当程度的缓解：宋朝的奴婢、丫鬟等职业，大都是契约雇佣关系，没有完全失去自由，也基本不存在奴隶身份无法改变的问题。然而，元朝统治者把草原社会的奴隶制注入中原，战争中大量俘虏沦为奴婢，蓄奴现象便在元朝重新抬头，并影响了之后的明清两朝。奴隶制因素的湮灭和重新抬头，反映了不同时期社会层次的区分度。就是说，在宋朝，纵然仍有贫富之分、贵贱之别，不过全体社会成员在人格上趋于平等，很少出现有人生来就是受人奴役、世代相传的"贱民"身份这种现象。元朝则又把这种区分度、这种社会成员之间的严重不平等重新拉大了。

在这里我想补充一句，我们认为元朝专制程度有所强化，并不是说元朝之前的王朝原本不专制，直到元朝统治者入主中原后才将其带入，而是说专制统治很长时间以来是中国王朝的传统，皇权一直存在膨胀的潜能，只不过其扩张往往又引发了制衡因素的加强。元朝的情况则是皇权与其制衡因素之间的张力基本消失，皇权单方面膨胀。另外，当历史发展到一定时期，有些专制因素已经逐渐淡化，或者出现了一些松弛趋势；然而在元朝，又将这些缓和的苗头熄灭，专制重新强化。而且这方面的影响不仅限于元代，同样延续于明朝甚至清朝。强化专制的螺丝一旦被拧紧，再松开是很难的。

三、制度的断裂

元朝影响的第三方面是制度的断裂。不过我们首先要强调，就中国古代制度史而言，这里所说的"断裂"其实是一个次要方面，总体来看还是延续的。比如君主专制、官僚制度与国家机器的设置、监察制度、法律制度等，大体框架基本做到了历代承袭，在元朝也是一样。如果不是以延续为主，那倒可能真的会引发一个问题，即我们刚才提到的"元朝还是不是中国"，但这种情形实际上并没有发生。在这个大前提之下，我们再来讨论元朝在制度层面出现的一些断裂。

具体来说，唐朝后期到宋朝这一段的制度是很繁琐的，之后的金朝对此进行了大幅度的简化，看上去简单很多。元朝的制度比金朝乱一些，但这是元朝自己搞乱的，并不是恢复之前的繁琐。总之，中国古代制度史上的"变革"有很多发生在宋与金、元两朝之间，宋朝政府的一些行政手段、管理方式以及成形制度，到金朝、元朝逐渐不见了；宋朝的很多制度名词也从金、元开始消失了——这就是我们所说的"制度的断裂"。

比如说，宋朝有一些照顾中高级官员权益的制度——这可以说是官僚机器自我保护、自我获利的机制，也是政治制度自身发展、磨合与慢慢积累的结果；但是很多都没有被金、元两朝继承。宋朝官员当到一定级别之后，薪水就会分成两部分发放，一部分是级别工资，一部分是岗位工资。也就是说，即使没有岗位，官员也可以凭借行政级别领取一份基本工资。金、元就不行了，官员有岗位才有工资拿，没岗位的话一分钱不发。作为北方民族的元朝统治者，对于这种复杂微妙的制度设计是难以理解的，同时其"家天下"的政治理念也不可能让官僚阶层获得如此显著的优待。此外，还有很多形式主义、繁文缛节的做法，也是历经多个朝代形成的一套完整体系；但是元朝统治者对其更是不明所以，索性把它们直接废除。制度上的断裂就是这样产生的。

断裂并不全是坏事。有些东西，比如烦冗低效的形式主义做法、维护特权的制度等，不予继承是有合理性的；但宋朝有一些适应商品经济发展的制度，之后也没有被元朝全部继承，就有些可惜了。随着唐宋时期社会经济的发展，国家治理手段也得以逐步跟进，出现了一些比较先进的管理方法。然而，元朝统治者对于成熟的商品经济以及与之配套的制度建设感到陌生和费解，同时也没有了解乃至顺应其发展的意识与耐心，反而采用若干简单粗暴的原始方法，以粗线条的管理方式取而代之。

我们可以举例说明。比如，宋朝政府对商业发展采取一些带有扶持性质的政策，其前提是政府要向商业活动征税。那自然是商业发展得越繁荣，政府收缴的税额也就越多，形

成一种双赢的局面，因此商税制度相对也就比较健全。对于宋朝在某一地区多处设立征税关卡的做法，过去认为这是打击商品经济、横征暴敛的表现，但根据学者研究，这可能是错误的理解。实际上，并不是说每过一个关卡就要收一次税，而是在一定区域范围内，商人只要在一个关卡交过税，其余关卡就都不用交了。之所以多设关卡是为了防范逃税，即便有人把这个关卡绕过去，下一个就不一定能绕过去。所以，这是在商品经济繁荣的环境下为了保证税收而设计的制度，并不是重复收税、加重税负的举措。元朝统治者自然也察觉到了商业活动存在的偷税漏税隐患，特别在基层集市体现得尤为明显。但他们的解决办法，却不是通过增设机构、加派人员等方式去加强管理，而是直接取缔民间集市贸易──这种管理理念与制度建设水平显然很落后，当然，也没有做到。

再比如，宋朝有一套很发达的政府采购制度，设计相对完善合理，涉及采购政策、采购程序、采购管理等多项内容。然而元朝在这方面的措施制度就要简易得多，可以说几乎不再存在"政府采购"的意识与概念，而是由统治者直

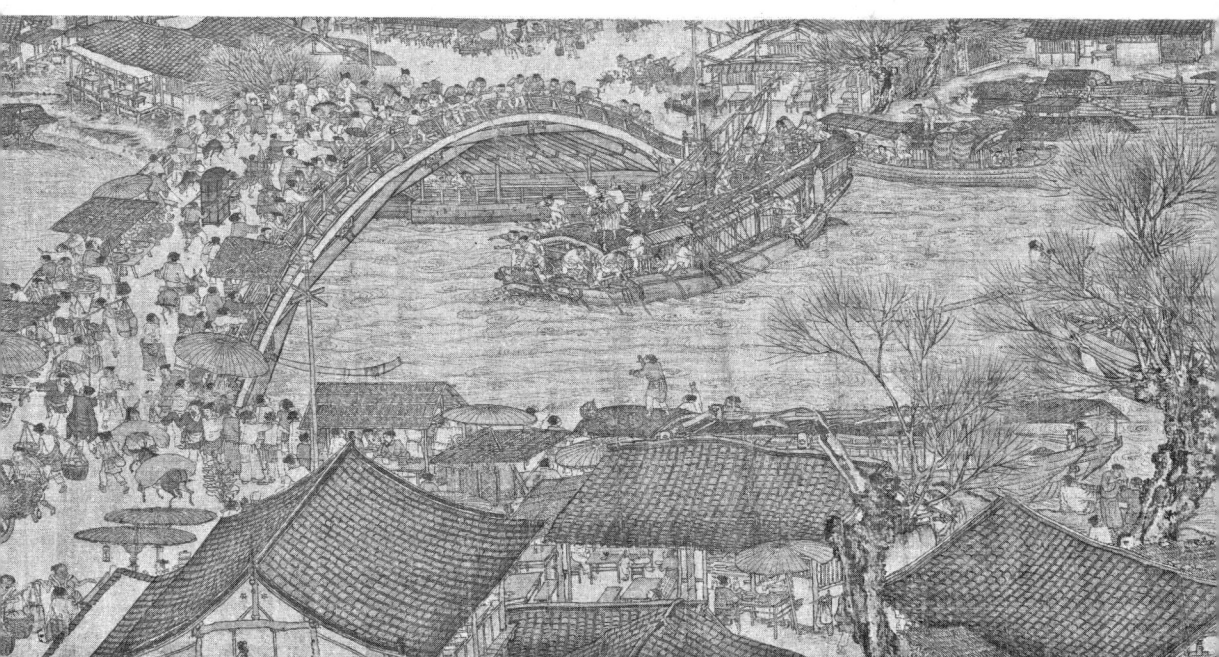

宋代张择端绘《清明上河图》表现了北宋商品经济的繁荣

接指定一部分人生产所需特定物品，被指定者不得改行、世代相传——这种原始管理手段的复归，表现出元朝的治理风格实际上并不太适应商品经济的繁荣以及商业社会的发展。

制度断裂这个问题比较专门，也很复杂，仍然有待深入研究。总体来说，由于元朝实行的行政手段多流于简单粗暴，摈弃了许多细化的东西，所以历史学家孟森先生对此评价"自有史以来，以元代为最无制度，马上得之，马上治之"，即元朝在国家治理方面的水准不高。所谓"元朝最无制度"，并不是指元朝没有制度，而是说元朝的制度过于粗线条。中国历代统一王朝，一般来说，一旦统治完全稳定，统治基本可以延续两三百年；然而作为拥有雄厚军事力量的元朝，征服期间战无不胜，却维持一百多年就灭亡了，这反映出来的其实是管理水平的粗陋和低下。面对错综复杂的社会情况、层出不穷的现实问题，元朝统治者只局限于搭建粗线条的统治框架，无力进行更为细致扎实的制度建设，从而加剧了各种类型社会矛盾的积累，最终对其统治造成了颠覆性的影响。而且，制度断裂的问题实际上延续到元朝以后。明朝虽然建立了一套比较规范和系统的制度，但在管理细致方面，也没有恢复到宋朝的水平。

四、经济的波动

元朝影响的第四个方面是经济的波动。诚然，评价一个时代的经济发展水平需要具体指标，而历史上的这些指标往往残缺不全，有记载的指标又不见得准确，所以我们在很多时候只能通过一些概括性的史料进行粗略判断。对于元朝经济发展水平的探讨，也是一个较有争议的话题。

研究宋史的学者，认为宋朝经济发展繁荣，但这种良好的势头却被元朝的入侵破坏了，并且元朝的经济水平也较宋朝出现了倒退。他们更为关注并且强调元朝在经济领域的负面影响。至于元史学者，就会从战争对经济的破坏程度、破坏范围以及战后经济的恢复等方面，为元朝作一些辩解。当然，他们也不可能说元朝的征伐战争没有对经济造成破坏。其实，经济受到战争破坏是历史上反复出现的常态，改朝换代时往往如此，而且后面都会逐渐有所恢复，体现出"由治而乱，由乱而治"的循环特点。但是如果仔细观察，我们会感到元朝征伐战争造成的经济破坏力度，恐怕要比别的朝代更迭时期更大一些。这是草原游牧民族对于农业经济的隔膜所导致的。他们往往采用杀鸡取卵式的烧杀抢掠，一段时间内会完全忽视经济发展的可持续性。

总体而言，元史学者对于元朝经济所进行的一些研究或辩解，并非全无道理。这方面还应该提一下经济史专家李伯重先生，他分析了宋元明时期江南农业的一些具体数据，认为这段时期的发展水平没有太大变化，不应当说元朝经济有明显倒退。李先生不是治元朝断代史的学者，其结论可能比较客观。他对元朝经济的专题研究，我觉得多少能够替元朝经济作一点辩护，不过其力度也是有限的。

我们看元朝各个行省的人口数字，就能发现一些问题：江浙行省、江西行省、湖广行省的人口加起来占到全国的 4/5 以上，尤以江浙行省最突出。换句话说，元朝的人口分布在江南最密集——这也进一步印证了江南地区的经济确实没有受到很大冲击，复苏的状况也比较好。但其他地区的人口萧条，只能认为是经济严重破坏的结果。比如四川，在宋朝是仅次于江南的全国第二大经济中心，然而宋元双方在四川展开长达数十年的拉锯战，把这个经济中心几乎彻底毁掉了，历经整个元朝都难以恢复元气，直到明朝中期才又慢慢发展起来。所以，我认为元朝的经济水平，就算不能说用倒退和逆转来形容，至少也是迟缓或迟滞，或者出现了局部的倒退。在元朝奠定统治以后，也确实有所恢复，但是总体而言没有恢复到很高的水平。

五、余论

今天我们总结元朝的影响，可以归纳为这四个大的方面：大统一、专制的强化、制度的断裂和经济的波动。还可以由此再概括一下，从政治、经济和文化这三个领域入手，予以进一步讨论。我们会发现，元朝统治对中国历史发展的最大影响集中在政治领域。版图的开拓是个政治问题，专制的强化也是个政治问题，制度的断裂在很多时候还是个政治问题。在政治这个层面，元朝对后世的影响确实不可低估。其次是经济领域。征服战争使得社会经济遭受了相当大的打击，不过这种打击不是均衡的，也没有完全造成一蹶不振的后果。经过元朝的百年稳定统治，还是得到了明显恢复，但也没有恢复到宋朝时期的繁荣——这自然跟元朝历时较短有关系，如果它的统治再多维持一百年，恢复到宋朝水平的可能性也是有的，不过这种假设并无意义。我们只能说，元朝在经济领域造成的影响，虽然与政治领域相比稍小一些，但是也非常值得我们关注。

元朝统治对中国历史影响比较弱的地方在哪儿呢？那就是文化方面，这是很有意思的。在中国的传统文化领域，那些在元朝出现的新现象，比如程朱理学统治地位的奠定、戏曲小说的繁荣等，基本都是因循既有的道路发展，并没有因为边疆民族的入主造成什么特定的曲折或者转向。魏晋南北朝时期，曾经有一次大规模的边疆民族入主中原，并且从文化的角度对内地带来了鲜明而深远的冲击，其中最典型的现象就是佛教的广泛传播。在此之前，佛教在中国的传播范围相当有限、影响也比较小；但是由于各少数民族政权在这方面的推动，陡然提升了佛教在中国的地位。随着佛教进一步中国化，在之后的隋唐时期，它几乎成了主流文化。与此相比，元朝统治所带来的一些外部文化因素，比方说伊斯兰教、基督教，也对中原产生了一定影响。但当元朝统治结束之后，我们就会发现这些影响其实都不是很显著，根深蒂固的东西比较少。如果一定要强调的话，也就是伊斯兰教的传播推动了回族在元、明时期的形成——这应该算是元朝从文化角度对中国传统社会带来的最大影响了。但就总体而言，元朝的统治并没有切实影响到中国传统文化的基本格局与主流发展趋势。

我们之所以反对"元朝不能代表中国""崖山之后无中国"等说法，也有这方面的理由，即元朝的统治并没有对中国文化造成颠覆，甚至连比较明显的曲折都未曾出现。这很大程度上是因为中国传统文化发展到宋朝，已经非常成熟了，同时也更有韧性。当它面对外来文化冲击之时，已经不会轻易出现松动，最多就是予以有限的吸纳，但本质上的渗透与改变是不太可能的。中国文化真正受到外来因素的强有力冲击，要到晚清才会发生。

　　以上，我分四个方面向大家介绍了元朝对中国历史发展的影响，之后我又从政治、经济、文化三个领域进行归纳，认为元朝在政治方面的影响最大，在经济方面的影响次之，在文化方面的影响似乎比较小——这也是我对元朝历史定位的一个大概总结。

　　　　　　　　　　　　　　　　　　　　　　　　（讲座时间　2017 年）

汪朝光

从近代"千年之变"到
当代改革开放

汪朝光

汪朝光，1958年生，江苏南京人。先后毕业于南京大学（历史学学士）、中国社会科学院研究生院（历史学硕士）、复旦大学（历史学博士）。曾任中国社会科学院近代史研究所研究员、民国史研究室主任、近代史研究所副所长。现任中国社会科学院世界历史研究所所长、研究员。兼任中国现代史学会副会长、中国孙中山研究会副会长兼秘书长、中国

辛亥革命研究会副会长。享受国务院政府特殊津贴。曾为美国哥伦比亚大学及斯坦福大学、挪威卑尔根大学、日本中央大学、印度中国研究所访问学者，并任日本京都大学人文科学研究所客座研究员。

长期从事中国近代史和中华民国史研究。代表作有：《中华民国史》（第4、11卷）、《中国近代通史》（第6、10卷）、《1945—1949：国共政争与中国命运》和《和与战的抉择：战后国民党的东北决策》等，并在国家级核心期刊发表论文百余篇。

随着1840年鸦片战争的爆发，中国进入近代历史时期。中国的近代史，一方面是逐渐沦为半殖民地半封建社会的过程，一方面也是争取民族独立、实现民族复兴、建立现代国家的过程。"改良、改革"与"起义、革命"，成为中国近代历史发展中交替出现的旋律。最终在1949年，中国通过由共产党领导的新民主主义革命的胜利，完成了实现民族独立和解放、为实现民族复兴奠基的历史性任务，并逐步开启了改革再出发的历史进程。今天，我们就从改革开放①的角度切入，来观察思考近代以来中国的发展历程。

一、近代中国所处的内外环境

（一）内部环境

五千年的中国历史有三个阶段可以认为是比较强盛的：汉、唐、清时期，也就是汉武帝时期，唐贞观—开元时期，以及清康雍乾时期。经过康熙、雍正、乾隆三朝的发展，到 18 世纪中叶，中国在面积、人口、经济发展等方面都达到了历史上的最高峰。在当时，中国已经拥有一千多万平方公里的广袤疆土，拥有超过 4 亿的人口，生产总值占世界的 1/3 左右，从而当之无愧地处于"东亚文明的中心地带"。

然而中国的发展是存在隐患的，其生产量是传统经济而非机器文明时代的产物。在传统文明中，生产量靠的是个体的力量，往往是人多力量大，人数越多产量就越大。所以中国的生产量看似很高，实际上很大程度是由人口数量决定的。但在同时期，西方已进入工业文明时代，产业革命已如火如荼地展开。

（二）外部环境

经过新航路的开辟，世界各国的联系愈发紧密，一个全球化的时代开始萌芽。此时，中国的传统文明、传统生产方式发展到顶峰，从某种程度上来讲，这也意味着其发展到了极限，因此，它的弱点就会被凸显出来。

而当时的英国或者法国，虽然生产量远不如中国，但它们的生产是机器文明的产物，而机器文明一旦发挥出其潜力，是传统文明远不能及的。举例来说，我们总结太平洋战争日本失利的原因，是其犯了一个战略性的错误。尽管日本当时有着不俗的军事实力，它的海军、空军、陆军都有着相当的战斗力，但是其现代生产力远不如美国，综合国力也无法跟美国相比。所以日本最强的海军联合舰队的司令长官山本五十六是不太愿意与美国交战的，他的理由很简单：你数数美国有多少烟筒，就知道日本怎么能跟美国打这一仗呢。当然，由于军国主义的狂妄，战争最终无法避免，于是日本精心策划了珍珠港事件。可以说珍珠港事件在战术上是奇迹、是完胜，但是在战略上是完败。半年后的中途岛战役，日本联合舰队一次损失四艘航母，从此一蹶不振，因为其国力有限，再无能力造出更多的新航母。相比之下，美国在珍珠港事件之前只有几艘航母，而到第二次世界大战结束时，其拥有的航母数达到一百多艘②。

当我们观察前近代中国的时候，我们一定要注意到，它的高度发展是传统生产方式的产物，在世界一体化进程中，当西方国家进入新时代之时，中国仍处于传统文明时期，因此中国需要转型。但是"船大调头难"，广阔的地域、众多的人口和深厚的历史积淀，使得中国的现代转型历程充满了艰辛曲折。

二、近代的两次改革

（一）洋务运动

1. 洋务运动的背景

从外部环境来看，鸦片战争中国战败，清政府被迫与英国签订了《南京条约》，之后又和法国、美国签订了《黄埔条约》《望厦条约》等等，从此之后中国就被不平等条约体系所束缚，这给清政府带来了极大的震动。

对于不平等条约，人们往往只注意到它的割地赔款的内容，但其对中国的危害远不止于此。不平等条约是一个体系，这个体系有三大核心内容，即协定关税、治外法权和片面最惠国待遇：关税是国与国之间主权的象征，是由贸易双方协商制定的，而这里协定关税的意思是，关税基本是由外国决定的，因此长期以来中国的关税率不到 5%，非常不利于中国的自主发展；治外法权是指外国人在中国不受中国的法律管辖，最初是有关外国人的案件不受中国法律管辖，后来是外国人和中国人之间的有关案件也不受中国法律管辖，最后发展到在租界内的中国人也不受中国法律管辖，租借区域俨然成为国中之国，严重影响中国的国家主权；一般而言的最惠国待遇是给予交往双方的，而片面最惠国待遇是只给外国的，除英、法、美、日、俄等直接侵略中国的国家之外，一些名不见经传的国家根据"一体均沾"的原则，也可享受最惠国待遇。这些规定使中国失去了独立自主的地位，严重损害了中国的利益，给当时的领导集团——清政府，带来了很大的冲击与刺激。

与此同时，国内正逢太平天国起义。太平天国被认为是中国历史上规模最大的一次农民起义，起义历时14年，而且建立了政权与清政府对峙。太平天国起义有其合理反抗的一面，但其整个过程也造成了中国社会的急剧动荡，同时使得清政府不得不开始有所反思。

在这种内忧外患之下，当时的人们，尤其是直接面对西方的，如林则徐、魏源等人，已经认识到改革的必要，于是他们提出了"师夷长技以制夷"的主张。

2. 洋务运动的内容

鸦片战争时，林则徐作为前线的最高指挥官，认识到中国的冷兵器完全无法抵御西方的热兵器，到后来，清政府借用洋枪洋炮镇压太平天国，更加领会到二者间的巨大差别，这就促成了近代中国第一次改革也就是洋务运动的发生，其内容主要是从技术层面向西方学习。

洋务运动的内容主要有以下几个方面：

军事方面，组建新式军队。西方的威胁来自海上，由此刺激清政府决定建立一支现代化海军，于是北洋舰队应运而生。当时北洋舰队的军舰在质量和数量上，都是远东第一。北洋舰队最大的两艘铁甲舰"定远号""镇远号"排水量超过七千吨，可以说，后来百年间的中国海军舰队，都没有出现过如此大的军舰。北洋舰队是第一次改革的一个直接的成效。

经济方面，建立机器工业。这时的机器工业，主要是围绕军事来建立的，比如当时建立了很多军用造船厂，如江南造船厂。随着军事重工业的发展，相配套的轻工业，如纺织工业也逐渐发展起来。总的来说，中国的近代工业开始发展，其最重要的一个工业遗产——江南机器制造总局，也就是现在上海江南造船厂（江南造船集团有限责任公司）的前身，至今仍有遗存。

在其他方面，清政府也有一些相应的改革。如设立了总理各国事务衙门③，专门管理对外事务，再如设立京师同文馆，派人出国留学等。

3. 洋务运动失败的原因

改革要成功，如果用中国俗话说，需要天时地利人和。第二次鸦片战争结束后，中国有约 30 年的时间处于一个相对安定的环境之中。国内，19 世纪 60 年代中期，太平天国起义失败，国内环境大体稳定；对外，除 1884—1885 年的中法战争外，没有发生其他大的对外战争，而中法战争战场集中在越南和中国广西（还有福建和中国台湾省的海线），处于中国的边陲地区，对国内政治的影响较小。可以说，改革的天时、地利已然具备，但改革最终没有成功，究其原因，在于人和方面：

（1）缺乏掌权者的支持。洋务运动的主导力量不是清政府的决策层，此时清政府的掌权者是慈禧太后，她是保守派，而比较热衷于洋务运动的主要是一批汉族的官僚大臣，如曾国藩、李鸿章、左宗棠等，因为他们直接处在与外国交涉的第一线，他们深知如果不改革，就无法应对来自西方的挑战。但实际上，他们并没有真正的决策权，而只能在各自掌管的领域去推动改革，这说明清政府的决策层和真正的执行团队之间是脱节的。

（2）执行团队的认识有限。曾国藩、李鸿章、左宗棠等洋务运动的主力，长期受中国传统教育熏陶，深受传统思想的束缚。尽管他们已经意识到改革的必要性，但是他们没有真正认识到中国和西方之间的差距，也没有认识到究竟该怎样去变革。

（3）指导思想的局限。洋务运动的指导思想是"中学为体，西学为用"，他们认为中国的制度等方面都是优秀的，只是在技术层面有所缺乏，需要作出调整。因此，建立了北洋舰队，创建了一些机械工厂等等。但从之后中国的发展来看，他们的认识是有局限的，改革是系统性的工程，而他们这样的改革有很大的局限性。

4. 洋务运动和日本明治维新的比较

在鸦片战争后不久，魏源写了《海国图志》，介绍世界各国的情况，但该书在中国没有引起很大反响；可是这本书传到日本，却受到了相当的重视。日本上上下下都认为应该从《海国图志》中、从中国在鸦片战争的失败中吸取经验教训，并从中学习与西方的相处之道。在 1853 年黑船事件日本遭受西方侵略后，从 1868 年明治维新到 1894—1895 年的甲午战争击败中国，日本仅用了 30 年时间就通过改革成功崛起。

中国比日本早进行改革却遭受失败，而日本却取得成功，这是因为，首先明治维新中，明治天皇和整个决策团队、执行团队保持高度一致，对改革的看法，是从根本上进行改革。其次与中国的历史、地域、人口有关系，在整个洋务运动时期，虽然中国受到西方强烈的冲击，但由于中国面积广阔，时人没能从根本上意识到我们面对的威胁和侵略的严重程度，而反观日本，疆域狭小，其紧迫感远远超过中国。

（二）清末新政

1. 清末新政的背景

尽管洋务派在积极地进行改革，可是由于其在战略层面存在问题，对中西的认识不清，最终还是以失败告终。1894 年甲午战争爆发，被认为是远东第一的北洋舰队完全不堪一击。甲午战争给中国的冲击，远甚于鸦片战争，因为这是中国与日本的战争，而日本长期被认为是受中国文化影响的，却仍以惨败收场，战后还要割地赔款，割去了台湾及辽东半岛④。可能台湾在清政府看来只是一个偏居边陲的岛屿，但是大连、旅顺紧靠着沈阳，紧挨清政府所谓的"龙兴之地"，这给清政府带来的震动是巨大的。

在甲午战败后，列强掀起了瓜分中国的狂潮，争相在中国划分势力范围，比如山东半岛成为德国的势力范围，广州湾成为法国的势力范围。香港新界的租让也是在这一时期，威海卫租让给英国，俄国把触角伸进东北。

1900 年，八国联军侵华，再一次攻占了中国的首都，在彻底压服中国之后，强迫中国签订了《辛丑条约》，赔款白银四亿五千万两，本息共计九亿七千万两。《辛丑条约》还规定，中国要"认罪"赔偿。清政府派大臣去西方"道歉"赔偿，并处分了若干官吏。

但《辛丑条约》对中国更大的危害之一，是明确规定北京至山海关沿线 12

处地方，外国可以驻兵。这意味着外国在中国有"合法"的驻兵权，意味着以北京为中心的中国政治中心门户大开。《辛丑条约》还规定，在北京设立使馆区，在使馆区外国可以驻兵，而使馆区就在北京的东交民巷，距紫禁城的直线距离不过一公里，可想而知，当清朝的统治者进行决策时，势必会受到列强态度的影响，这对中国的国家主权有莫大的伤害，对中国的政治有莫大的影响，中国受到了直接的武力威胁。

因此，这时中国的各个阶层都感到，中国必须要进行改革，否则就会亡国灭种。作为最高统治者的慈禧太后也意识到，再不改革直接影响的是统治集团的利益，于是清政府展开了近代中国的第二次改革——清末新政。

2. 清末新政的内容

清末新政自 1901 年开始至 1911 年结束，相较于洋务运动，它是一场带有体制性变革的改革。在教育方面，清政府于 1905 年废除延续了 1300 余年的科举制度，建立现代教育制度；在法律方面，清政府进行了司法制度的改革，如改变了死刑的方式，取消了杀头、砍头及凌迟处死，判处死刑改用枪决或者绞刑，同时还有《公司法》等各种改革，民国时期很多司法制度都源于此时的司法体制改革；在官制方面，改变了中国几千年来沿用的，但已不能适应现代社会政治管理需要的六部制度，更改为与西方接轨的制度，如设教育部、外务部、内政部、民政部等等。除此之外还包括预备立宪、建立新军等等。

尽管清政府进行了诸多努力，但清末新政仍然没有成功，最终辛亥革命爆发，清政府覆灭。

3. 清末新政失败的原因

（1）战术层面，改革缺少顶层设计。改革是需要设计的，否则很难有成效，而清末新政正是缺少了这种设计，对此有非常明显的两例：

一是科举制的改革，由于作八股文章已无法适应当时社会的发展，1905 年清政府废除了科举制，建立了新学制。但是在废除科举之前，清政府未有任何铺垫，一夜之间，千百万士人再无安身立命之地，这些人从小接受传统教育，从未接触过现代科学，因此很难接受或者学习这些，所以这一群体对清政府感

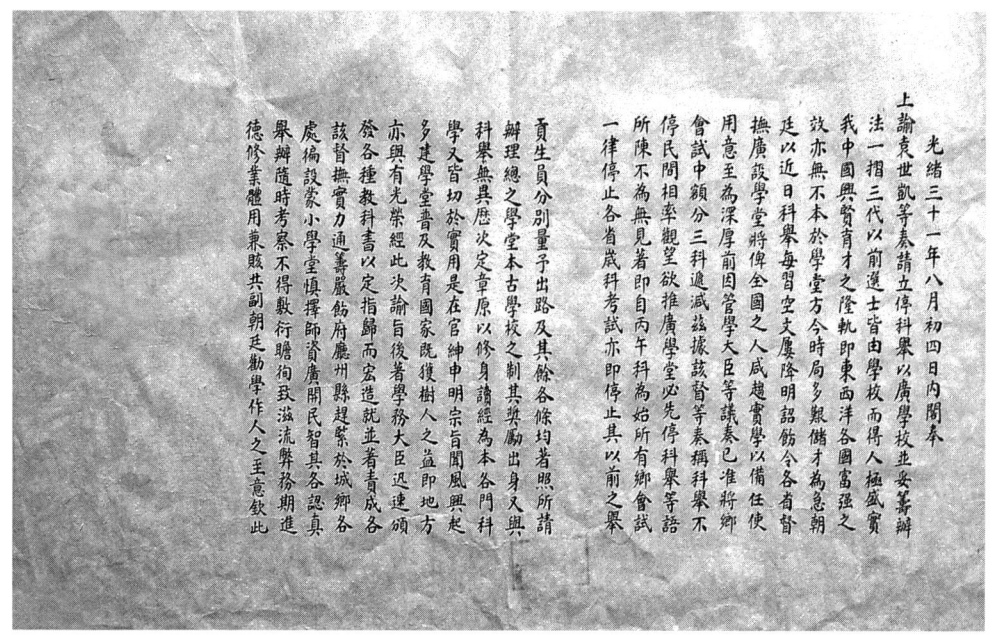

清政府颁布的废除科举制的上谕　　　　　　　　　　　　　　　　　　孔兰平 / 供图

到非常不满，于是他们就成为反清或者革命的社会基础。

改革是需要有步骤、有设计的，科举改革虽然很好，但是清政府的设计显然不够，并没有考虑到改革可能导致的问题，没有相应的救急方法，也没有考虑如何疏通士人的不满，因此加剧了社会的动荡。

二是铁路国有化，这也是辛亥革命爆发的重要缘由。1901 年实行新政之后，全国上下都认识到，铁路是利器，要建铁路才能刺激经济、鼓励流通，当时争执的重点川汉铁路，原本是清政府准备出资兴建的，但是由于缺乏资金，而民间筑路的热情又很高，于是清政府同意由民间筑路，并成立了川汉铁路公司。但由于川汉铁路的技术条件要求太高，清政府觉得民间修建不了，而当时外国也同意出资资助，所以清政府又决定还是收回，由官府来建，这引发了社会反对，形成"保路运动"，成为压倒清政府的最后一根稻草。

其实，川汉铁路国有化未必是一个很糟的政策，由于川汉铁路沿线自然环境恶劣，技术难度很高，川汉铁路最核心的路段，湖北宜昌到四川万县，是

2010 年才建成的，所以民间当时确实是无力修建的。但清政府先是决定国营，后来又同意民营，再仓促决定将其收归国有，反而使自己成为矛盾的焦点，加速了自己的灭亡。所以改革需要慎重行事，出尔反尔是无法成功的。

（2）战略层面，时机不当。新政失败很重要的原因在于时机，清末新政已经失去了改革的最佳时机，不是说中国不应该改革，而是由清政府进行改革的时机已然失去，因为在每一个历史关头，清政府给人的印象都是保守的、落后的，都是不能顺应时代发展的。再加上戊戌变法被清政府残酷镇压，义和团运动被清政府利用之后背叛，最终还签订了《辛丑条约》。1901 年以后的清政府，已经没有足够的社会权威和影响力来主导改革，所以在战略层面上，清政府是无法进行改革的。

此时，清政府处在一个尴尬的境地，如果不改革，就会万民所指，最终垮台，而改革又使本已不得民望的它更难担当。很多人都想，与其如此，不如推翻它，自己来改。这说明改革需要上下一致，任何改革没有民众和社会的呼应都是不能成功的。而新政恰恰是在清政府已经失去人民信任的时候推行的。

因此，改革就是要在正确的时间做正确的事。新政改革，对清政府而言，或许事做得并不错，但时机却已失去了，也可以说是在一个错误的时间，做了一件貌似正确的事。综观清末新政，其目标和手段是相矛盾的，其手段做得越好，离它的目标反而越远；其决策团队和执行团队虽然大体一致，但执行团队很多是少壮派，思想冒进，急于求成；在改革过程中，清政府经常犹豫不决、出尔反尔，缺少合理设计。这启示我们，改革要有充分设计，并坚决地执行下去，否则一个好的改革也未必能成功。

三、从改革到革命

（一）辛亥革命的意义

经过洋务运动和清末新政的两次失败，清政府的改革之路逐渐走入死局，人们逐渐意识到改革之路在中国无法走通，因而转向了革命，于是辛亥革命爆发，推翻了清政府的统治。

辛亥革命的成功，是近代以来中华民族复兴的重要关节点。有人怀疑它的意义，认为它并没有真正解决中国的问题，但民国的成立，将中国从王朝帝制变成了共和国，虽然这个共和国徒具形式，但仍具有重要的意义。辛亥革命推翻了在中国存在了两千多年的帝制，在辛亥革命之后，无论是袁世凯称帝还是张勋拥清帝复辟都没能成功，可见，绝大多数的中国人接受了共和国这样的形式，这就意味着与共和有关的思想观念和结构框架会逐渐落实下来，它会对中国的思想观念产生很大的冲击作用。

（二）西式民主实验的失败

辛亥革命之后，中国经历了两个时期：一个是北洋时期，一个是国民党时期。在辛亥革命后的短时期内，革命派曾经进行了政治体制改革，以西方式的共和民主制取代东方式的帝王专制，但仍是失败了，失败的原因很多，这里只举两个例子予以说明。

其一，西式民主政体的基础之一是政党制，民国初年，党派总数超过300个，但这些所谓的政党，一没有党纲政纲，二没有民众基础，三没有固定党员。当政治环境变化后，在袁世凯政府的高压下，他们毫无抵抗能力，很快销声匿迹。

其二，西方民主的一个基本内容是选举，而选举在中国也没有做好。中国在1911年到1948年进行了四次选举。借用台湾学者张朋园的说法是，四次选举一次不如一次。根据1912年公布的《国会组织法》和《议员选举法》的规定，国会采用两院制，参议院议员由地方议会选举产生，众议院议员由地方普选产生，每80万人选出1人。对于选举人的资格，除了年龄（21岁）和居住年限（在选区住满2年）的限制外，还规定具备年纳直接税2元以上、有价值500元以上不动产、小学以上毕业等资格之一的男性国民方有选举资格。

选举法规定的参选条件颇为苛刻，首先是将占人口半数的女性排除在外，其次是将占男性人口多数的文盲排除在外，再次又将收入不多的城乡贫民阶层排除在外，这就使有选举权者大大减少。更有甚者，即便是有文化、有一定财产的男性，也未必符合参选条件。因为根据选举法的规定，直接税指田赋、所得税和营业税（所得税和营业税当时尚未开征），不动产系指土地、房屋和船舶。因此，没有田产、不能交纳直接税者，或没有自有地产、租屋而居者，或虽有地产但未经小学毕业的工商业者亦无缘选举。根据现在的统计，选出的国会议员多半是旧官僚和士绅，真正出身于资产阶级的，比例不到3%。所以这个体制本身不足以维持资本主义政体在中国的发展，这种《选举法》也不能为资本主义在中国的发展奠定一个良好的体制基础。

在袁世凯掌握政权后，先后下令解散国民党，解散国会，废弃《中华民国临时约法》，实行《中华民国约法》，总统拥有几乎不受限制的权力，辛亥革命的政治遗产被废弃，民初短暂的西式民主政治实验亦以失败告终。

（三）国民党政权的两面性

到北洋政府的中晚期大家逐渐意识到，西方多党制并不适应中国的社会发展，中国要有一个现代的、有组织力的政党来主导。1927年国民党在南京当政，从改革的角度看，它也作了改革，取得了一些成绩。比如实现了关税自主，废除了治外法权，不平等条约被取消（虽然往往是名不副实的）。同时国民党还进行了一些法制和经济体制的改革，另外，国民党强调民族主义，所以他们坚持了抗战。

但总体而言，国民党的改革并不算成功，其负面表现更突出，所以它只在大陆执政了22年就失败了，其中原因很多，这里只从国民党政权的结构层面分析，主要是因为：

1. 国民党政权太过精英化

国民党政权的中上层官员多数具有较高的文化水准，可以说是专业化、精英化的官员团队，问题在于，当时中国的70%还是文盲，绝大部分中国百姓属于下层百姓，而国民党如此精英化的执政团队，完全不了解底层民众的想法，他们和地方百姓之间缺少有效的勾连。在民国史资料中，很少看到国民党某部长或某省长去地方视察，蒋介石走了若干省份也基本上都在省会，除打仗外，很少见到他去到哪一个县城或乡镇中去视察，这就导致其政策会偏向精英层，难免和社会多数脱节。相比较而言，共产党则深知百姓在想什么，需要什么，这是非常重要的。

2. 国民党的组织力较差

党的领导一定要体现在具体的组织上，国民党的组织力较差，不能充分发挥党的组织作用。国民党缺少基层组织，党部一般只能伸展到县级，无法深入到广大的农村和都市基层。而且在其政权架构中，军的分量大于政，政的分量大于党，党往往是政的附庸，因此国民党虽然注意到党的领导在现代中国的作用，但是在实践中并没有办法真正实行。反观中国共产党，从一开始就注意到这个问题，三湾改编要求支部建在连上，确立了党对军队的领导，之后在共产党领导下，所有类似于连一级的单位都有支部，比如工厂里的车间、农村的生产队等等，这是能够体现中国共产党领导的最重要的组织保证，同时在实践中取得了非凡的成功。

3. 国共分裂

1927 年国共分裂，对国民党来说，造成了严重的内伤。因为在国共合作期间，大量的基层组织成员是共产党员和思想倾向于共产党的左翼知识青年，国共一分裂，不仅是共产党，大量有理想、有抱负的国民党基层党员也被清除，而那些想当官发财的地主豪绅填补了这个空缺，这就导致了国民党的腐化。有外国人敏锐地注意到，国民党 1927 年当政，到 1928 年时，有很多国民党部长每逢周六晚上就要到当时更为发达的上海去度假。在 1931 年顾顺章叛变之后，由于徐恩曾周末去了上海，所以周恩来埋伏的特工钱壮飞才成功地把顾顺章叛变的消息报告给周恩来，免去了一场灾难。由此可见，国共分裂给国民党带来了严重的负面影响，使其组织更涣散，腐败行为更蔓延发展。

（四）新民主主义革命的成功

新民主主义革命经历了若干的艰难与曲折，但最终由中国共产党领导了革命

中国共产党到达陕北后，延安成为中国共产党领导全国人民抗战的中心、解放战争的总后方。图为抗战时期的延安宝塔山

的成功。我们应该认识到，像毛泽东、周恩来、刘少奇这样的共产党领袖，像共产党这样的执政团队是非常优秀的。共产党革命成功有三大法宝：统一战线、武装斗争和党的建设，而国民党只知道正规化的武装斗争，不知道军事斗争的灵活性，再有完全不懂统一战线，也没有很好的党建。1945年党的七大召开之后，七大的文件也曾被国民党所获得，在蒋介石日记中有相关记载，他认为共产党的党章很好，于是让其秘书陈布雷好好研究学习，但陈布雷等人研究的结果是共产党的党章很好，可我们做不了。共产党的三大法宝是：理论联系实际、密切联系群众、批评和自我批评。就批评和自我批评这一项，国民党就做不到，国民党只有批评，没有自我批评，使其官员难以律己，最后只能是失败。

四、改革再出发

（一）中华人民共和国成立的意义

1949 年中华人民共和国的成立，为中国的改革和现代化开辟了远大的前景，人民共和国对于改革和现代化的意义在于：

1. 实现了中国历史上真正的统一

以前中国的统一有很多是名不副实的，中央的管辖难以到达县以下。1949年以后，中国做到了真正的、前所未有的统一，这对中国的现代化有非常重要的意义，包括统一市场的形成等等，国家的每一件大事都能传达到基层，这意味着从中央到地方有高度的一致性，这对中国的发展有非常重要的影响。

2. 中国实现了近代以来完全的独立

近代以来，不论是清政府、北洋政府还是国民党政府，都要看列强的脸色，只有共产党执政实现了真正的、不屈服于任何人的独立自主，将国家的命运牢牢掌握在自己的手中。

3. 中国基层社会发生了大的变革

中华人民共和国成立后，农村包括城市基层发生了很大的变革，教育、医疗卫生，包括平等观念都得到了普及。中国人很早就讲平等："王侯将相宁有种乎？"但是共产党领导的革命，把中国的平等观深入到了每一个普通百姓心中，使每个人都意识到：我是国家的主人翁，我应该对国家负有一份责任。这一点是非常重要的。现在的改革开放，从每个个人来说，是要改变自己的命运，那么千千万万民众的朴实的、自发的改革观汇合到一起，就恰恰形成了改变整个民族命运的力量。

因为有了这些根本性的变化，才为中国的现代化建设开辟了宏大的前景和可能性，而改革也是其中的一环。

现在我们说的改革开放，特指 1978 年之后的改革开放，但是 1949 年以后，我们其实也有一定程度的改革开放。比如 20 世纪 50 年代的"156 项重点工程"，它也是某种开放，只是开放的对象是苏联以及东欧国家。比如 20 世纪 70 年代

中国的 "四三方案"，这是第二次大规模的引进，这次引进的对象全部是西方国家，从 1972 年开始，我国花费 43 亿美元，从西方引进了大量的现代化技术项目，北京的燕山石化、上海的金山石化、唐山陡河电厂等等都是当时引进的。所以对改革开放，我们应该有一个多样化的理解，对待历史，我们要有连续性的观点看待，尊重前人的实践过程。

（二）1978 年开始的改革开放

1978 年以后的改革开放，是近代以来在中国最具意义、最具战略战术规划、也最具成果的改革开放，同时取得了伟大的成绩。由农村到城市，由点到面，由沿海到内地，由浅层次到深层次，这就是我们今天所说的改革开放，我们今天大家理解的改革开放。这个过程仍在发展，仍需深化。

五、改革历程的经验总结

回顾近代以来的改革历程，我们可以总结出如下的经验教训：

（一）要抓住历史的机遇

洋务运动、清末新政以及国民党 1927 年至 1937 年的执政，不能说完全没有历史机遇，但是他们都没有把握住。想要抓住机遇，需要我们有大局观和大势观，需要把客观可能性和主观能动性结合在一起。

回顾过去，在 1949 年到 1978 年间，中国之所以没有走完全改革开放的道路与历史机遇有着密切关联。当时正值冷战，两大阵营对抗，美国视中国为敌人，封锁中国，而到了 1969 年之后，中苏发生边境冲突，双方关系急剧恶化。在这种历史条件下，如果要实现 1978 年以后的改革开放，就有很多的困难。而到了 1978 年，国际局势发生了变化，国际上美苏对抗，都需要拉拢中国，中国内部因为人心思变，邓小平敏锐地捕捉到了这个机遇，开启了改革的历程。

（二）要确定正确的路线和政策

毛主席曾说："思想上政治上的路线正确与否是决定一切的。"当然，这个正确的路线应该来自实践，实践是检验真理的唯一标准，正确的路线和政策来自实践，需要经过反复的思考、实践、矫正、定型，比如我们的改革开放，就是在不断的实践与校正中进行的。其实，这也就是举什么旗、走什么路的问题。中国有一条切合国情、切合实际，能够符合最广大人民需要、得到最广大人民响应的路线是非常重要的，1978 年以后中国的发展，关键就在于我们实行了改革开放的正确路线。

（三）改革中领袖人物起到关键作用

从历史的角度来观察，领袖人物的作用永远不能被忽略。有机遇、有客观条件，谁来发挥主观能动性？谁来制定正确的路线？这时候就显出领袖和团队的重要。回顾历史，我们可以看到：

慈禧太后，她是顽固保守派人物，完全不能引领中国的发展，因为领袖人物的作用是引领一个国家的发展，应具有超前性，而不只是对过去的总结。

袁世凯，在晚清新政时期也曾有所作为，但他在传统教育下成长，没有能够引领中国发展的新思想。民国成立后，袁世凯也曾得到国人的拥护，但他倒行逆施，葬送了中国发展的机会，所以他是一个技术上的改革派，本质上的保守派。

孙中山，眼光独到，他提出的"三民主义"在相当程度上把握了近代中国发展的脉络和当时中国亟须解决的问题。同时他通过坚持不懈的奋斗，领导革命，推翻帝制，创立共和，可以称得上是伟大的领袖。但是其弱点在于，由于清政府的打

压,他长期在海外生活,致使他对中国国情的认识和了解有所局限,他没有意识到革命最重要的力量所在,起初多半依赖于华侨、会党。以后经过反复的奋斗,他认识到革命的力量所在,实行国共合作,但很快又逝世了,他没有能够真正把其理想付诸实践。所以,孙中山的理论相当不错,但是他没能在实践中运用其理论改变中国。

蒋介石的讲话内容从来都是忠孝仁爱、仁义礼智信、四维八德等。语言反映人的思想,如果没有新思想,就只能总说一些老话、陈话。所以,蒋介石实际上还是一个偏保守的人,只适合守成不适合开创。因此,即便是他的支持者美国对他也不甚满意,认为他过于保守,是独裁领袖。最终,蒋介石也不能成为引领中国发展的领袖人物。

毛泽东,他最大的贡献就是提出"新民主主义路线"。新民主主义是和马克思、列宁的经典理论很不一样的论述,这就是对马克思主义的发展。马克思主

1980 年到 2020 年,40 年时间里,深圳从一个默默无闻的边陲小镇发展为拥有千万人口的现代化国际都市,成为改革开放的缩影。图为深圳城市风光

王东元 / 摄

义从来不是教条的，如果我们用教条来理解马克思主义，它就无法鲜活地发展到今天。同时毛泽东能够引领中国共产党取得革命的胜利也与他对大局和形势的把握之精准有关。他的秘书胡乔木在写回忆录时提到，毛泽东一生当中最紧张的有两个时期，一是抗战胜利后敢不敢和国民党决裂，在美国支持国民党的情况下，我们敢不敢打？二是抗美援朝，中华人民共和国刚刚成立，能不能和世界头号强国正面相撞？事实证明，毛泽东对形势的判断是正确的，他的决策经过实践的检验是成功的。直到晚年，毛泽东决定实现中美缓和、中日建交，都对后来的改革开放有很正面的意义。所以我们党把孙中山、毛泽东、邓小平，列为 20 世纪中国三大伟人，是有其出发点和重要意义的。

邓小平讲求实践，但是通过实践表现出来的是他睿智的思考。举例来说，邓小平 1977 年复出后自告奋勇去主管科学教育，做的第一件大事就是在当年恢复高考，这个决策使万众归心，扭转了过去 10 年民众的不满和积怨。因为邓小平知道中国老百姓的想法和需求。1992 年邓小平南方之行发表的系列谈话，又把中国推上了更为开放的改革道路，这些都是他了不起的成就。

（四）要重视软实力的问题

软实力问题也就是价值观问题，如何形成具有中国特色的软实力、形成具有对世界有影响力的中国价值观，是值得我们思考和努力的。例如，好莱坞电影通过讲故事、大场面和高科技，吸引了很多观众，也让这些观众在潜移默化中接受了美式价值观。所以，如何形成有中国特色的，既有历史传承又有现代意义的价值观，是个值得思考和实践的大问题。

（五）改革开放要自主可控

改革开放一定要自主可控。打破闭关自守，实现现代转型，既要融入世界，也要自主可控。自我封闭就会脱离世界潮流，因停滞而落后，因落后而挨打；但丧失独立自主的开放，又会受制于人，沦为外国势力的附庸。其中的关键在领导，而在近代中国，这个领导责任历史性地落在中国共产党人肩上。

六、结语

近代以来，中国面临的根本任务是怎样从一个传统的老旧国家转型为一个现代富强文明的国家，其本质也就是实现中华民族的伟大复兴。中国现代转型的完成和现代化的实现，是个长久的过程，需要几代人的努力奋斗。借用孙中山先生的一句话，"革命尚未成功，同志仍须努力"。从民族复兴的进程看，这个过程还没有结束，还有许多艰难的任务等待着我们去完成。

我们今天的中国，走到一个历史的节点，习近平总书记在党的十九大报告中提出，2020 年全面建成小康社会，2035 年基本实现社会主义现代化。21 世纪中叶，把我国全面建成富强民主文明和谐美丽的社会主义现代化强国。今天的中国，已经比近代历史上的任何时期都更接近实现民族复兴的目标。我们不能妄自菲薄，也不能妄自尊大。我们走到今天，已经成功地走到了完全实现现代化的门口，但是"行百里者半九十"，我们仍然有很长的路要走，因为至今从没有一个十多亿人口的国家实现现代化的先例。十多亿人过上现代化的生活，将超过现今所有被公认为现代化国家的人口总和，那将是中华民族的伟大复兴，将是对人类文明伟大的贡献！也是近代以来所有中国人梦寐以求的伟大目标，值得我们为之百倍努力和奋斗！

注释：

①此处不单指 1978 年以后的改革开放，而是作为一般性名词来理解。

②其中包括不少改装的护航航母。

③但它还不是真正的外务机关。

④后来法、俄、德三国干涉还辽，辽东半岛又还给了中国，中国也因此多赔了三千万两白银。

（讲座时间 2018 年）